THE STRATEGIC LAYOUT
AND EVOLUTION OF
THE KOREAN
ECONOMY

韩国经济的战略布局
与发展变迁

李冬新　著

中国财经出版传媒集团
经济科学出版社
Economic Science Press

图书在版编目（CIP）数据

韩国经济的战略布局与发展变迁 / 李冬新著 . -- 北京：经济科学出版社，2022.8

ISBN 978-7-5218-3952-4

Ⅰ.①韩… Ⅱ.①李… Ⅲ.①经济发展 – 发展战略 – 研究 – 韩国 Ⅳ.①F131.264

中国版本图书馆 CIP 数据核字（2022）第 209631 号

责任编辑：刘战兵
责任校对：刘　昕
责任印制：范　艳

韩国经济的战略布局与发展变迁
李冬新　著
经济科学出版社出版、发行　新华书店经销
社址：北京市海淀区阜成路甲 28 号　邮编：100142
总编部电话：010 – 88191217　发行部电话：010 – 88191522
网址：www.esp.com.cn
电子邮箱：esp@esp.com.cn
天猫网店：经济科学出版社旗舰店
网址：http://jjkxcbs.tmall.com
北京季蜂印刷有限公司印装
710×1000　16 开　16 印张　250000 字
2022 年 8 月第 1 版　2022 年 8 月第 1 次印刷
ISBN 978 – 7 – 5218 – 3952 – 4　定价：64.00 元
（图书出现印装问题，本社负责调换。电话：010-88191510）
（版权所有　侵权必究　打击盗版　举报热线：010-88191661
QQ：2242791300　营销中心电话：010-88191537
电子邮箱：dbts@esp.com.cn）

本书系国家社科基金项目"'一带一路'背景下东亚新型经济合作模式构建研究"（项目号：18BGJ001）和山东大学（威海）青年学者未来计划项目"新形势下东亚新型经济合作模式构建研究"（项目号：20820201007）阶段性成果。

总　序

东北亚作为一个地缘区域，包括中国、日本、朝鲜、韩国、俄罗斯、蒙古国六个国家。东北亚国家之间有着天然的链接与利益的紧密联系，在长期的历史相处与交往中，形成了独具特色的"东北亚情结""东北亚文化"与"东北亚认同"。

历史上，中国与朝鲜半岛国家和日本曾书同文，结成了"汉字文化圈"，思想文化交流基础深厚。

近代，随着日本的逐渐崛起，东北亚经历了综合实力对比的变换、关系和秩序格局的翻转，其中，最重大的转变是，中国竞争力下降，而日本走上了扩张道路，原有的地区秩序打破。

现代，东北亚地区关系与格局历经了重大的转换。第二次世界大战中，中苏美结成反法西斯同盟，日本战败。战后，苏美反目，发生冷战对抗，中国发生内战，新中国诞生并向苏联"一边倒"，蒙古国加入苏联阵营，日本成为美国的盟国，朝鲜半岛一分为二，韩国成为美国的盟国，朝鲜加入了苏联阵营，由此，东北亚陷入以冷战为背景的对抗格局。值得提及的是，二战后，由于美国直接介入东北亚事务，并且在日韩有驻军，在关系与利益界定上，东北亚中的美国因素变得非常重要。因此，论及东北亚，不能不提美国。

这种格局自20世纪60年代初开始发生变化。中苏关系破裂，中美建交，中日实现邦交正常化，而朝鲜半岛的分裂与对抗延续。冷战结束后，东北亚地区关系与格局发生了新的变化。中俄实现了关系正常化并进一步确立了战略协作伙伴关系，中韩实现关系正常化，而朝鲜半岛出现新的对抗，特别是朝鲜发展核武器，使得地区安全关系复杂化，中国的迅速崛起，不仅使得中美关系发生转变，也对东北亚地区的综合关系产生影响。引人注目的是，作为冷战产物的朝鲜半岛分裂格局并没有因为冷战结束而发生转变，而2018年开启的美朝对话、南北和解，虽然带来求解的希望，但能否为半岛带来真正的和平，东北亚地区能否构建基于长久和平的新机制，还有待观察。在世界上，像东北亚这样充满大变数的地区为数不多。

在发展上，东北亚是一个创造奇迹的地区。二战以后，日本经济获得快速恢复，在不长时间内跃升为世界第二大经济体，韩国实现经济起飞，进入发达经济行列，中国实施改革开放政策，经济实现腾飞，超越日本成为世界第二大经济体，而被安全同盟体系分割的中、日、韩三国，以开放的市场为平台，发展起了经济的紧密联系，并且建立了三国合作机制。事实上，东北亚地区的联系与合作发展起了多层次、多形式的机制，有官方的，也有民间的；有大区的，也有次区的；有经济的，也有社会文化的；等等。

从教学与研究角度看，东北亚既是国别，也是区域，具有区域与国别的综合性和交叉性。区域与国别教学和研究本应是一个独立的学科，因为任何单一的学科都不能说清楚区域的问题、国别的问题，以及区域与国别交叉的问题。区域与国别教学和研究，一则需要探究作为合体的区域综合性问题，二则需要探究作为单一的国家特殊性问题，因此，区域与国别，二者既相互联系，又各有不同。从本源上说，国别是研究的基础，国别研究内容"包罗万象"，有经济、政治、社会、语言、文化，也有地理、资源、人口、科技等。区域作为国别存在的地缘和利益依托，涉及国家间的关系、区域秩序与治理。在当今时代，区域链接越来越紧密，所涉及的领域也越来越广。尽管东北亚没有建立起像欧盟那样的区域组织，但是发展和提升具有东北亚特色的区域机制与区域治理，具有越来越重要的现实意义，越来越具有紧迫性。

当然，东北亚不是一个封闭的地区，而是一个具有很强开放性与外向性的地区，这显著地表现在各国的对外关系、安全机制、经济关系的构建上，在许多方面，区内的联系甚至弱于区域外的联系。比如，在安全领域，至今没有一个区域性的机制，再比如，在经济领域，自贸区构建的重点在域外，区内贸易、投资比重低于区外比重，在区域观方面，公众与政治家的认同感基础并不牢固。因此，国别性是东北亚地区的凸显特征。

2017 年，山东大学决定在威海校区建立东北亚学院。东北亚学院集教学与研究为一体，具备多学科配置，拥有从学士、硕士到博士学位的授权，被确立为新兴交叉学科发展的试点单位。我们编撰这套《东北亚研究丛书》就是为了推动作为新兴交叉学科构建的东北亚教学与研究体系，也是为了让人们能够从不同领域、不同视角更深入地了解东北亚。

张蕴岭

中国社会科学院学部委员，

山东大学讲席教授，

东北亚学院学术委员会主任

目　　录

第一章

韩国的经济模式与转型

第一节 韩国经济模式与转型总述

韩国从地理位置上来看处于朝鲜半岛南端，与中国比邻而居。自 20 世纪 60 年代起，韩国经济高速增长，韩国迅速崛起为新型工业化国家，并于 1995 年成为世界第十一大经济体，人均国民总收入（GNI）由 1960 年的 120 美元增加到 2020 年的 3.1881 万美元，成为发达国家，这一历史进程被称为"汉江奇迹"。1996 年，韩国正式加入 OECD（经济合作与发展组织，简称"经合组织"）[1]，随后被世界银行列为高收入经济体。韩国发展基础和发展战略与中国有相似之处，通过对韩国经济发展模式和转型历程的各个阶段进行梳理分析，有助于更好地理解韩国经济转型发展路径，对中国当下和未来经济发展与转型具有很大的启示作用和借鉴意义。

韩国在立国和独立初期实行进口替代战略，经济发展高度依赖美国援助。领导人将主要注意力集中在政治军事斗争，相对忽视经济建设，导致韩国经济落后于同在半岛的朝鲜，人均国民生产总值不到朝鲜的 1/3。经济发

---

[1] 经济合作与发展组织，简称经合组织（OECD），是由 38 个市场经济国家组成的政府间国际经济组织，旨在共同应对全球化带来的经济、社会和政府治理等方面的挑战，并把握全球化带来的机遇。OECD 成立于 1961 年，总部设在巴黎。经合组织的宗旨是：促进成员国经济和社会的发展，推动世界经济增长；帮助成员国政府制定和协调有关政策，以提高各成员国的生活水准，保持财政的相对稳定；鼓励和协调成员为援助发展中国家做出努力，帮助发展中国家改善经济状况，促进非成员国的经济发展。

展滞后进一步加剧了社会民众对执政者的不满，几经动乱，军事强人朴正熙上台，韩国进入朴正熙时期，也就是韩国"真正开始发展经济"的起飞时期。本章将分为韩国经济模式与转型总述、韩国经济不同模式转型历程、总结三个部分，通过梳理呈现韩国经济发展模式与转型的概貌。

第二节　韩国经济不同模式转型历程

一、第一次经济转型——20世纪60年代初

韩国第一次经济转型是从农业向劳动密集型轻工业转型。20世纪50年代，韩国是一个以农业为主的国家，依靠内向型经济发展。进入20世纪60年代，西方发达国家开始产业调整，将一些劳动密集型产业转移到发展中国家。韩国政府抓住这一契机，大力发展纺织、服装、鞋等轻工业产品，利用本国廉价的劳动力资源，实现了经济增长方式由内向型向外向型的转变，主导产业由传统农业转向轻工业。劳动密集型轻工产品的出口，拉动了韩国经济的增长。①

1961年，韩国陆军少将朴正熙发动"五·一六"政变，建立"国家重建最高委员会"，开始了军政府时期。此时，军政府面临的经济社会形势已经非常严峻。为此，朴正熙一方面设立中央情报部，严厉镇压政敌异端，另一方面成立经济企划院，统筹经济规划、财政预算和外来资本。基于政变前民主党政府的经济发展计划，军政府出台了韩国第一个经济发展五年计划，以期通过经济建设成就来"合理化"军事政变。60年代韩国经济开始起步，以第一个"五年经济发展计划"为标志，韩国开始工业化进程。此时，韩国政府开始实施以促进出口为特征的外向型经济发展战略。为促进出口，韩国将韩元贬值100%，并将多元汇率体系转为单一汇率体系。当时韩国劳动力成本较低，出口主要以轻工业产品为主，进口中粮食占较大比重。在采取措施扩大出口的同时，韩国还制定了《外国资本促进法》，鼓励外资流入。外资在当时占有十分重要的地位，据统计，1962年外资在韩国国内投资中所

---

① 潘志. 韩国经济转型发展历程的阶段性分析［J］. 科技视界，2015（12）：41，162.

占的比重高达 83%。由于韩国当时国内市场狭小，人均国民收入偏低，但人口众多，廉价劳动力资源丰富，而自然资源储量较少，朴正熙政府调整韩国经济发展模式，将之前的进口替代战略转变为出口导向战略，积极引进外资，弥补国内储蓄缺口，从而扩大投资，尤其注重投资发展具备比较优势的出口加工业，如纺织业等劳动密集型轻工业。第一个五年计划期间，韩国经济增长迅速，初步摆脱了对美国援助的依赖，逐渐实现了经济自立，极大地提高了韩国进一步促进经济转型发展的信心。朴正熙当局很快就把经济转型发展的重心由轻工业转向重工业。但这对资源资金双重匮乏的韩国来说，无疑是极大的挑战，因为美国当局逐渐限制对韩援助。

为了进一步引进外资，推动韩国经济发展，在美国的支持下，朴正熙力排众议，推动韩国与日本于 1965 年正式建交。随着韩日关系趋于正常化，韩国获得了日本大量赔款，朴正熙当局用这些资金推动了第二个五年计划的经济建设，包括昭阳大坝、京釜高速公路等基础设施建设，以及浦项制铁等重工业项目。同时，韩国还以美国战略盟友的身份，出兵参加了越南战争，由此获得大量的美国军事援助和军事订货，进一步促进了韩国经济增长，为韩国重工业化奠定了良好的发展基础。

朴正熙上台之后，认为韩国国内市场狭小、居民购买力低、资源短缺，进口替代战略不适合韩国现实。由于韩国劳动力丰富，以美国为主的西方市场对韩国完全开放，因此开始转向出口导向战略，提出了"贸易立国，出口第一"的口号。韩国的外向型发展战略大体可以分为两个阶段：第一阶段是 20 世纪 60 年代以轻纺工业品为主的出口导向战略，抓住了美欧日发达国家和地区由于劳动力成本上升进行产业升级、让出劳动力密集型产品市场的机遇；第二阶段是从 20 世纪 70 年代开始以重化工业品为主的出口导向战略，抓住了美欧日受能源危机影响进行产业升级、让出资源和资本密集型产品市场的机遇。[①]

在实施政府主导的出口导向型发展战略[②]过程中，韩国形成了一系列的政策和制度体系，包括强势政府、五年计划、财税激励、大财阀，以及金融抑制、信贷分配、工会限制等。

---

① 潘志.韩国经济转型发展历程的阶段性分析［J］.科技视界，2015（12）：41，162.
② 申东镇.韩国外向型经济研究［D］.大连：东北财经大学，2011.

（一）建立强势政府 [①]

朴正熙利用军事力量镇压反对派，实行强权统治，为经济高速增长提供了长期稳定的政治环境。为保障经济发展计划和产业政策能够贯彻执行，朴正熙削弱了国会的作用，使国会沦为政府推进经济政策的"举手器"和"通过部"，把经济工作的决策权和领导权集中于经济企划院和总统秘书室，形成了高度集中的中央集权体制。经济企划院全面负责制定国民经济发展计划编制与执行预算、动员和配置国内外可用资源、对投资和技术发展计划进行调整、国外经济合作等重大经济事务，任用了一批经济专家和军人分别担任决策与执行部门的官僚。

（二）制定五年计划及配套机制

韩国政府从 1962 年到 1996 年先后制定了 7 个五年计划，这些计划尤其是早期的发展计划得到了较好的贯彻实施。为了确保计划得到贯彻，政府采用广泛的奖励和惩罚机制。韩国政府不仅采取了差别税收、信贷分配等激励措施，而且采取了税务审计、终止或收回银行贷款等惩罚措施。税务审计是指税务局对纳税申报单进行系统而周密的调查，目的在于惩戒那些与韩国政府经济政策不配合的企业，韩国大多数企业负债率都很高，终止银行信贷或收回贷款对企业而言往往会造成毁灭性的打击。

（三）实行财税信贷激励

韩国政府通过官办金融，直接控制商业银行的行长任命、信贷分配和利率水平，对符合政策导向的产业和企业给予超低利率的贷款支持，对出口绩效好的企业给予大力支持，比如给予企业进入其他行业的权利、配给较为短缺的外汇资金支持以扩大进口等。在 1966~1972 年的高利率时期，出口信用贷款利率比一般利率水平低 17 个百分点。20 世纪 70 年代，为了支持重化工业的发展，韩国政府直接对扶持的特定行业提供低利率的中长期贷款，并进行大规模的税收减免，根据测算，在重化工业导向发展时期，韩国重化工

[①] 国泰君安证券.韩国经济转型秘籍［J］.资本市场，2015（12）：54-75.

业的实际税负比轻工业低 30~35 个百分点。

（四）调节汇率政策开拓市场

20 世纪 60 年代之前，为了配合进口替代战略，韩元长期处于高估状态，官方汇率 1955 年为 36.8 韩元 / 美元，1960 年为 62.5 韩元 / 美元。为了实施出口导向战略，1961 年，韩元大幅贬值至 127.5 韩元 / 美元。同时，韩国政府废除复汇率制，实施单一浮动汇率制，韩国在提升出口竞争力的同时对进口实行了数量和关税管制，尤其是重点保护的重化工业和农业部门，其进口自由化一直到 1978 年以后才逐步取得进展，而韩国投资自由化和资本自由化一直到 1997 年金融危机以后才完全放开，培育私营企业和自主品牌。与其他发展中国家不同的是，韩国政府主要通过扶持私营企业来实现发展战略，而不是直接建立国有企业。韩国政府出口导向型战略一开始就使企业生产面向国际市场，并对出口业绩好的企业给予政策扶持。因此韩国企业竞争意识较强，企业在国际市场上通过竞争扩大出口份额，在国内通过竞争赢得政府资源。韩国国有企业主要集中在电力、金融等公用事业和服务业领域，而这些领域也在 20 世纪 80 年代加快了私有化进程，与中国台湾、马来西亚等过度依赖产品代工的发展模式不同，韩国企业很早就开始在国际上建立起自己的品牌，并且十分重视品牌知名度和技术开发的投入。

（五）重视基础设施、教育和研发投入

韩国政府致力于改善经济基础设施的短缺状况，在 20 世纪 60 年代中期，电力供给已经超过需求。随着主要交通干线的开通，运输瓶颈得到极大缓解。韩国历来重视教育，1985 年，韩国 20~24 岁年龄段的人口进入高等学校的比例比日本、联邦德国、法国和英国，以及中国台湾都要高。韩国政府同样重视研发投入，建立了政府支持的研发机构引进先进技术，20 世纪 70 年代韩国政府支持的研发投入占到总投入的 50%~70%。

（六）保持收入分配公平

韩国是既实现高速增长又保持收入分配公平的成功案例，原因是，1948 年，韩国建国后，实施了彻底的土地改革，并限制农田拥有量。韩国在 20 世纪 60 年代大力发展劳动密集型产业，解决了大量人口的就业问题，

工人工资保持了较快的增长。20 世纪 70 年代，韩国开展的"新村运动"①改善了农村的生产生活条件，塑造了民众"勤勉、自助、协作"的精神，缩小了城乡收入的差距，对多套住宅课以重税，限制高档耐用消费品的进口。韩国教育重视优胜劣汰，教育公平性较好，同时，韩国社会流动性较强，社会地位更多地取决于个人成就。

二、第二次经济转型——20 世纪 70 年代初

韩国经济发展模式第二次转型是由轻工业向重化工业转型。20 世纪 70 年代的石油危机使得国际贸易形势发生了变化，东南亚国家劳动密集型产业的发展，也使韩国出口产品的优势开始丧失。为此，韩国开始对产业结构进行调整，集中力量发展具有更高附加值的造船、钢铁、石油化工、汽车等行业，重化工业的发展为韩国经济的快速发展奠定了基础，使其完成了经济的腾飞。

进入 20 世纪 70 年代，随着西方国家经济增速放缓甚至出现滞胀，韩国劳动密集型产业外需下降，同时还面临东南亚等后发国家和地区的价格竞争，韩国传统优势产品出口市场空间缩小，故开始着力促进重化工业的发展。1973 年韩国公布并开始实施"重化工业发展计划"，大量投资向重化工行业倾斜。这一时期是韩国造船、钢铁、汽车、电子、石化等工业的萌芽期，也是韩国城市化进程开始加速的时期。重化工业的发展对经济拉动效果十分明显，1972~1978 年韩国 GDP 年均增长 10.8%，重化工产品在出口中的比例亦由 1972 年的 21% 上升至 1978 年的 35%。同期，韩国发起了著名的"新农村运动"，大大提高了农村地区的生产和生活水平。

---

① 韩国政府是在 20 世纪 70 年代初开始在全国开展"新村运动"的（1970 年 4 月，在全国地方行政长官参加的抗旱对策会议上，朴正熙提出了"建设新村运动"的构想），目的是动员农民共同建设"安乐窝"，因为当时占全国人口 70% 以上的韩国农民生产和生活状况落后，而政府也缺乏资金。20 世纪 70 年代末，政府行政领导推出"新村运动"，全国各地以行政村为单位自发组成了开发委员会主导"新村运动"，吸收全体农民为会员，并成立了青年部、妇女部、乡保部、监察会和村庄基金。运动的主要内容包括农民自发修筑乡村公路、整治村庄环境、帮助邻里修建房屋、兴办文化事业、关心和照顾孤寡老人等。到 20 世纪 80 年代，"新村运动"逐渐完成了由民间主导加政府支持到完全由民间主导的过渡。在这期间，韩国为"新村运动"立了法，对"新村运动"的性质、组织关系和资金来源等做了详细规定，还成立了全国性的领导机构"新村运动本部"，并在各直辖市和道（相当于省）成立"新村运动指导部"，在各市和郡（相当于县）成立救持会，健全了"新村运动"指导网络。韩国在长期开展"新村运动"的过程中，形成了"勤勉、自助、协作"的基本精神。"新村运动"不是要改变社会结构，而是通过挖掘民众中潜在的"美"和"善"，弘扬民族的传统美德，弥补政府工作的疏漏和社会发展的盲区，疏解民众的不良情绪，以促进社会和谐。

经过第二个五年计划的过渡和准备，进入第三个五年计划后，朴正熙当局于 1973 年发布"重化工业化宣言"，正式宣布韩国进入重化工业化时期，确定钢铁、有色金属、机械、造船、汽车、电子、石油化学、水泥、陶瓷器及纤维工业这十大产业作为韩国战略投资重点，在税收、外汇、信贷、关税、建设项目等方面，对企业实行产业倾斜，从而加快重化工业等资本密集型产业的发展，带动第二产业在三大产业中所占比重超过第一产业。韩国出口结构随着产业结构的调整而发生变化，为韩国对外贸易注入了新的发展动力，进而在投资出口主导的经济发展模式背景下直接拉动经济快速增长。在第三个五年计划期间，韩国出口总额突破 100 亿美元，带动人均国民收入突破 1000 美元。韩国正式跻身"亚洲四小龙"行列。

然而，韩国政府对经济运行的强势干预，尤其是对企业集团的非均衡化倾斜发展政策却扭曲了政企关系，大企业或企业集团与政府官员形成盘根错节的复杂关系，财阀在国家政治经济生活当中的势力影响膨胀，再加上政府为了推动重化工业化而实行的政策性金融措施，以及商业银行的倾斜性放款行为，影响了市场对资源的有效配置，并导致分配不公，造成韩国经济金融体系脆弱，为难以应对东亚金融危机的挑战埋下伏笔。

到 20 世纪 70 年代中后期，韩国经济非均衡化发展过程中社会民生问题逐渐暴露出来，收入分配差距、区域差距、城乡差距等结构性问题日益凸显，再加上朴正熙当局专权作风趋于强硬，引发民众不满。虽然韩国第四个五年计划已经明显转而重视经济民生均衡化发展问题，但在多重矛盾的背景下，1979 年 10 月 26 日，朴正熙遇刺身亡。同年，受国际政治经济环境影响，再加上韩国经济发展模式结构性问题，韩国经济增长大幅度下降，亟待进一步调整转型。①

三、第三次经济转型——20 世纪 80 年代至 90 年代

韩国经济发展模式第三次转型是由重化工业向高新技术产业转型。20 世纪 80 年代，西方国家开始实行贸易保护主义，冲击了韩国的出口导向型经济。同时，发达国家借着新一轮技术革命，大力推进产业结构升级。为应对危机，韩国开始着手战略调整，提出"科技立国"发展战略，重点发展

---

① 潘志.韩国经济转型发展历程的阶段性分析［J］.科技视界，2015（12）：41，162.

信息技术、自动化技术、新材料、航空航天技术等高新技术产业，韩国经济开始向技术密集型和知识密集型产业转型。

朴正熙身亡后，经过短时期的混乱，韩国陆军少将全斗焕发动"双十二"政变，重新实行军人执政。然而，迫于国内外压力，全斗焕当局开放选举，军政府出身的卢泰愚继任总统。此后，韩国完成了政治转型，金泳三当选总统，成为朴正熙身后韩国第一任文人民选总统。除了政治转型，韩国还大力推动经济转型。韩国政府提出"稳定、效率、均衡"的方针，并将第五个五年计划由经济发展计划改为经济社会发展计划。随着技术革命的深化发展，以及新自由主义在欧美国家的兴起，韩国政府逐渐调整经济管理方式，转变政府职能，由直接出面推动重化工业化发展，改为发挥市场机制，改善竞争秩序，政府投资侧重研发层面，以保障韩国出口竞争力，推动韩国竞争优势由价格、成本转向质量、品牌等非价格因素。韩国出口趋于好转，贸易赤字下降，到 1986 年实现了贸易盈余。

20 世纪 80 年代韩国经济开始自由化并开始着手进行结构调整。70 年代的过度发展带来了一系列问题，韩国政府要求大企业进行合并重组，结构调整主要集中在汽车、重机械制造、冶炼、造船和海外工程建设领域。这一措施促使韩国产生了一批大财阀，加深了这些大企业集团的市场垄断。同时，韩国开始银行业私有化，降低民间资本进入金融领域的障碍，金融服务开始逐步走向多样化和成熟。这一时期韩国对外国直接投资的限制亦有所放宽，1984 年修改了《吸引外资法》，取消了对外资持股比率和利润汇出等的限制，对外资的审批亦转向负面清单管理系统。1986 年后，韩国进入第六个五年计划时期，在低汇率、低油价和低国际利率的背景下，韩国出口进一步增长，带动韩国经济总量和人均国民收入增加。随着政治转型，韩国进一步调整政府职能和市场秩序，经济社会发展趋于稳健，使韩国得以成功举办 1988 年首尔（汉城）奥运会。

四、20 世纪 90 年代后的韩国经济转型之路

1992 年，韩国开始执行第七个五年计划。1993 年，金泳三总统上台后，停止了军政府背景的卢泰愚当局的经济计划，改为实行新经济计划，提出进一步推动政府职能、产业结构和金融机制改革。当时，知识经济在欧美国家兴起，韩国高度重视信息产业，大力发展电子信息、精密机械、精细化工、

新材料、新能源等产业，提高产业的技术附加值。到亚洲金融危机爆发前，韩国已经跃居发达国家行列。

进入20世纪80年代以后，韩国高速追赶期遗留的老问题与转型期产生的新问题交织在一起，引发了"韩国病"，韩国在金融危机前已经表现出一些落入中等收入陷阱的症状。①

进入转型期，韩国面临着政治、经济、社会系统性的转型任务：政治由军事独裁转向民主，发展模式由政府主导转向市场主导，经济增长动力由要素驱动转向创新驱动，产业结构由重化工业为主转向高新技术产业为主，产业政策由倾斜性转向中性，对外开放由选择性、局部性转向全面性、全局性，国际竞争由两头挤压转向突围升级。

20世纪90年代是韩国经济逐步融入全球化进程的时期。90年代经济区域化蔚然成风，新的国际贸易体制逐步形成。韩国积极参与乌拉圭回合谈判并于1995年成为WTO创始国之一，1995年韩国人均收入首超1万美元，1996年韩加入OECD，标志着韩国正式进入发达国家行列。同期韩国还先后加入了亚太经合组织（APEC）、亚欧会议（ASEM）等国际组织。

1997年韩国发生金融危机。80年代以来的过度经济扩张过程中，韩国积累了大量外债，外债在GDP中所占比重快速增长，1994年已接近GDP的25%，其中，短期外债所占比重极高，1996年曾高达58%，而韩国本身外汇储备并不充足。大企业为实现自身快速发展不惜大举借贷进行投资，导致企业负债率居高不下，企业财务结构十分脆弱。据统计，1997年前韩国企业平均负债率超过400%，30家大企业的平均负债更高达518%。此外，在金融危机发生的前一年即1996年，韩国贸易收支状况较差，韩宝钢铁、起亚汽车等若干大企业又相继破产，更加重了韩国整体的经济脆弱程度。

1997年10月，亚洲金融危机爆发，韩国股市随之暴跌，韩元汇率急剧下降。截至11月21日，韩国外汇储备消耗殆尽，政府迫不得已向国际货币基金组织（IMF）申请了135亿美元的紧急贷款援助，暂时渡过了这场危机。

危机过后，韩政府根据与IMF达成的协议，开始对其经济进行改革，主要着眼于提高宏观经济的稳定性。通过在公共领域、企业领域、金融领

---

① 国泰君安证券.韩国经济转型秘籍［J］.资本市场，2015（12）：54-75.

域、劳动力领域进行大幅度结构调整和制度改革，迅速地摆脱了金融危机的阴影，提前偿还了 IMF 借款，外汇储备大幅增加，1997 年韩国外汇储备仅为 38 亿美元，截至 2009 年 1 月，其外汇储备为已增至 2017.4 亿美元。

曾经支撑韩国经济高增长的供求条件逐渐耗竭，曾经创造奇迹的体制现在成了改革对象。如果说政府主导的出口导向型体制成功地实现了经济起飞，把韩国从低收入陷阱中解救出来，那么，现在这一体制在经济转型期则成了跨越"中等收入陷阱"的障碍。从市场失灵与政府失灵的低收入陷阱，到政府主导的起飞与高增长，再到市场主导的降落与成熟，这是一种规律性现象，是哲学上的否定之否定，是事物演进的基本方式，金融危机前，韩国政府采取了一些应对措施，但进展缓慢，深层次结构问题没有得到根本解决。

（一）实施宏观稳定政策

20 世纪 60~70 年代的经济高速增长伴随着严重的宏观失衡，重化工业导向的发展政策导致了过多的投资需求和货币投放，加上财政赤字以及两次石油危机的冲击，引发了持续的高通胀，削弱了韩国产品的价格优势。1979~1980 年韩国出口和经济增长先后出现疲软。1979 年朴正熙遇刺，韩国政治出现动荡。

1980 年，全斗焕上台，在制定第 5 个五年计划时，提出宏观稳定政策和民间主导的经济增长模式，为了实现宏观稳定，政府接受 IMF 的建议，实施财政和货币紧缩政策，M2 增速由 1975~1982 年的 35% 下降到 1983~1985 年的 20%。1982 年，韩国政府开始追求财政平衡，削减财政支出，并取得了明显效果。1981 年，韩国财政赤字占 GDP 的比重达 43%，到 1987 年则实现财政盈余占 GDP 的比重达 0.2%。财政整顿与石油价格回落使韩国的 CPI 由 1981 年的 20% 下降到 1983 年的 5%。此后通胀水平长期低于 10%，财政整顿使韩国中央政府债务水平下降到较低水平，这为应对 1997 年金融危机奠定了基础。虽然部分地牺牲了增长和就业，但韩国财政整顿政策取得了较大的进展。

但是，韩国货币政策在稳定物价方面没有发挥有效作用，主要是因为政府仍然直接控制信贷投放以及中央银行直接创造贷款。同时在 1986~1988 年的"三低"时期，韩国经常账户出现了顺差，为了保护出口竞争力，韩国推迟了韩元币值调整，投机热钱流入导致了被动的国内货币投放。①

（二）实施产业合理化政策

20世纪70年代末，韩国的重化工业出现了产能严重过剩和企业效益恶化。1979~1983年，韩国政府实施了3轮重化工业投资调整，对调整对象企业提供救助措施和信贷支持，尽管如此，重化工业在20世纪80年代中期仍然面临较大困难，而且调整政策进一步加剧了韩国财阀的市场垄断，过剩产能也没有退出。因此，1985~1990年，韩国政府又实施了系统的产业化合理政策，主要措施是对政策指定对象给予税收减免、信贷支持和限制行业新进入者。无论是投资调整政策，还是产业合理化政策，都是依靠反竞争措施，通过增强垄断和限制行业准入来实施。与此同时，韩国政府大量提供信贷和税收优惠支持，1986~1988年，韩国政府对无力偿还债务的企业，其超过资产部分的债务被免除。在此期间，总计9863亿韩元的债务被免除，16.406亿韩元的债务被延期，41947亿韩元的利息支出被推迟或缩减，4608亿韩元的长期贷款以低利率的方式被重新提供，2414亿韩元的税收优惠被提供给扶持的公司。为了弥补商业银行的损失，韩国中央银行给6家银行提供了17221亿韩元的低息借款。②

这些韩国政府主导的调整措施虽然在短期避免了金融危机的爆发，但却增大了长期风险，增加了政府、企业和银行之间的道德风险，20世纪80年代银行与企业之间的风险关联被增强了。民间主导的增长方式也没有实现，韩国财阀在这一过程中资产规模得到了扩张。

有观点认为，如果在20世纪80年代韩国政府能够允许无力还债的企业倒闭，那么1997年企业的负债率和银行的呆坏账率也不会那么高，金融危机的冲击也不会那么深。

（三）推动金融自由化

20世纪80年代和90年代初，韩国金融自由化进展缓慢且很不平衡。

①　1986年以后，进入低汇率、低油价、低国际利率的所谓"三低"时期，使出口连续几年大幅度增加（1986年增加14%，1987年增加36%，1988年增加28%），经济增长率连续三年达到11%，1991年人均国民生产总值达6757美元。
②　任泽平.韩国在增速换挡期面临的挑战、应对与启示［J］.发展研究，2018，000（003）：15-36.

本来 20 世纪 80 年代的通胀稳定时期为韩国利率市场化改革提供了良好的环境，但企业负债率过高，因为担心利率上升而导致偿付压力，利率市场化进程被一再推迟。1984 年、1986 年和 1988 年，韩国政府都曾推出过相关政策措施，但均没有取得实质性的进展，直到 1991 年，四个阶段的利率市场化改革方案才推出，但一直被推迟，直到 1996~1997 年才完成。

信贷控制广泛存在于重化工企业、中小企业、农业等部门，1985~1987 年，韩国中央银行给 6 家银行提供了 17.221 万亿韩元的低息借款以实施产业合理化政策。1992 年，韩国中央银行给 3 大投资信托公司提供了 29000 亿韩元的资金，来支撑暴跌的股市，但却最终失败并亏损严重，韩国政府不得不通过中央银行借款来弥补。市场对韩国中央银行直接提供借款引起了越来越多的批评，但是这种状况在金融危机前改善有限。

20 世纪 80 年代初，韩国掀起了一波商业银行私有化浪潮，但政府对商业银行的干预仍然存在，包括银行行长任命、信贷分配、资产管理等，虽然 1993 年政府不再直接任命商业银行行长，但其影响仍然长期存在。

20 世纪 80 年代至 90 年代初，韩国大量非银行金融机构涌现，这些机构所受管制较少，存贷比高于商业银行，资产配置所受限制较少，市场进入较为容易，没有政策性贷款的义务。很多财阀控制了非银行金融机构，并游说政府进一步放松管制，因此，20 世纪 80 年代非银行金融机构快速发展，由于非银行金融机构的发展，商业银行失去了大量的市场份额。意识到商业银行所面临的不利竞争局面，韩国政府开始允许商业银行通过信托账户经营信托业务，商业银行的信托账户快速发展，其占韩国国内负债的份额由 1984 年的 5% 迅速上升至 1993 年的 40%。

1993 年，韩国政府放开了商业票据市场利率，并允许商业银行的信托账户投资商业票据，投资上限也由信托账户资产总额的 40% 提高到 60%。这些改变使商业票据市场快速发展，商业票据在企业融资中的比重由 1990~1992 年的 2.5% 上升到 1993~1996 年的 13.1%，在 1997 年更是达到 17.5% 的峰值，韩国企业票据融资相对于银行贷款所受的约束较少。

在推动金融自由化的过程中，韩国审慎监管机制却没有相应跟上，金融系统的风险不断增加：首先，快速扩张的商业票据市场和银行信托账户没有受到审慎监管。一般账户和信托账户的监管标准不一样，前者紧后者松。其次，韩国监管标准过时，难以发现银行的问题，对非银行金融机构的监管标准在实践中甚至几乎没有。再次，不同的部门行使监督权力造成了职能重叠和混乱，韩国中央银行的银行监管院负责商业银行的监管，财政部负责非银行金融机构的监管，商业银行的一般账户由银行监管院监管，信托账户由财政部监管。韩国中央银行主要关心商业银行对政府指导的信贷分配和执行情况，而对商业银行的风险控制关注不够，而韩国财政部则没有能力执行对金融机构的监管。最后，韩国政府对金融基础设施建设重视不够。①

（四）实施进口自由化和资本市场开放

韩国曾在1978年宣布实施进口自由化，但在1979~1980年由于石油危机的原因而被搁置，1984年以后随着贸易经常账户的改善，进口自由化再次被提上日程。1989年，韩国政府开始减少数量管制（进口配额限制），以缓解与美国的贸易摩擦。

1981~1995年，韩国平均法定关税税率由34.4%下降到9.8%，进口自由化率由60.7%上升到92%。韩国进口自由化政策并不是为了提高国内消费者的福利，而是为了提高国内企业的国际竞争力，尽管如此，到20世纪90年代中期韩国贸易自由化程度已经达到了OECD的水平。

资本市场开放大大滞后于贸易自由化进程，主要是基于对控制国内货币供给和实际汇率波动的考虑。20世纪70年代和80年代初，由于韩国经常账户出现赤字，资本流出的管制甚至被加强。20世纪80年代中后期，随着经常账户转为盈余，FDI（对外直接投资）流出的管制被放松，同时加强了对国外借贷的管理。在此期间韩国政府开始偿还外债，1990~1993年，随着经常账户再度转为赤字，韩国政府开始放开长期资本流入的管制，1992年1月股票市场开始对外开放，外国投资者可以在上限的约束下投资韩国名单上规定的企业。

尽管如此，在20世纪90年代初韩国国内资本市场对外开放程度非常有限。1992年在OECD列出的资本账户开放项目中，韩国管制程度达到89%，大大高于OECD国家17%的平均水平。直到1993年6月，为了加入OECD和加快韩国融入全球化的需要，政府开始推行三个阶段的金融自由化和市场开放计划，1994年12月，韩国开始实施外汇体制改革，韩国在1997年金

---

① 国泰君安证券. 韩国经济转型秘籍［J］. 资本市场，2015（12）：54-75.

融危机之前的资本市场改革基本是被动的。

韩国政府在金融危机之前放开了企业贸易融资和银行短期海外借款,但是却推迟了其他方面资本流动的开放。20世纪90年代中期,韩国政府减少了对银行和非银行金融机构海外经营的约束,认为金融自由化不会影响国内宏观经济稳定,而且会有助于提高国内金融企业的国际竞争力,1994~1996年,韩国的国内商业银行在海外开设了28家分支机构,海外借款大量流入国内以满足投资驱动的景气繁荣。由于对短期海外借款的限制大大少于长期借款,因此金融机构的短期海外借款迅速增长。

货币错配①与期限错配②不仅使金融机构而且使整个国家经济都面临巨大的风险,而韩国政府在此期间并没有加强必要的监管,在金融危机前韩国在金融自由化和资本市场开放的过程中,审慎监管机制建设一直滞后,韩国银行监管院直到1997年6月才对商业银行提出外向流动性比率准则。

(五)鼓励竞争

直到20世纪90年代初,韩国政府存在广泛的市场干预,进入和退出并不是由市场而是由政府决定。1980年,韩国制定了《反垄断和公平竞争法案》。1981年,韩国成立了公平贸易委员会,但是市场竞争政策在20世纪80~90年代并没有得到很好的执行,韩国政府主导经济发展的传统和惯性力量较强,政府仍然通过设置进入壁垒、实施产业合理化政策、控制价格等手段干预市场。这在制造业和服务业普遍存在。韩国管制放开和私有化进程缓慢在一定程度上也制约了市场竞争政策发挥的作用,政策的反复在很大程度上造成了混乱和扭曲,监管改革不应是简单地放松管制,在有些领域也应该加强监管,而后者在韩国的改革进程中没有受到应有的重视。

作为市场竞争政策的重要方面,韩国私有化改革也并不顺利,1968年,韩国交通、采掘、制造等行业实施了私有化,20世纪80年代,银行和化工行业实施了私有化。1987年,政府宣布对韩国电信公司、韩国电力公司、浦项制铁公司等大型国企实施私有化,但是韩国的私有化措施

---

① 货币错配(currency mismatch)是发展中国家在经济金融全球化过程中所普遍面临的问题。大规模的货币错配对一国金融体系的稳定性、货币政策的有效性、汇率政策的灵活性和产出等方面会造成巨大的不利影响,甚至引发货币乃至金融危机。

② 期限错配是指资产端期限与负债端期限不匹配,主要表现为"短存长贷",即资金来源短期化、资金运用长期化。

只取得了部分成功，社会各界担心股市的压力和经济向财阀集中，国企管理层和工人也强烈反对私有化。1993 年金泳三政府宣布将 133 家国企中的 58 家企业出售，但是在执行过程中也遭到了同样的反对，最终执行效果大打折扣。

20 世纪 80 年代，韩国限制财阀扩张的政策开始实施，修订后的《反垄断和公平竞争法案》对财阀之间交叉持股给予了限制。后来，韩国对财阀企业相互债务担保、内部交易、多元化经营、所有权结构等方面也有诸多限制，但是这些措施并没有阻止韩国经济集中度的上升。1980~1990 年，韩国采掘和制造业领域最大的 100 家公司产值占全行业的 40%~45%，就业率占 20%，并没有明显下降。

由于"大而不倒"的预期，韩国政府对财阀扩张提供了隐性担保，当企业濒临破产时，企业越大越可能得到政府救助。国内市场太小，财阀难以通过专业化经营实现规模经济，自然选择多元化经营，对进口的管制也使得多元化战略容易取得成功。1987 年的"民主化宣言"以后，财阀对政府政策的影响不断上升，最根本的解决办法在于解除政企关系、强化公平竞争政策、实施利率自由化、开放国内市场等，而这些改革措施直到 1997 年金融危机之后才得以实施。

（六）增加福利开支

1987 年"民主化宣言"发布之后，政府公共支出快速上升，一般性财政支出占 GDP 的比重从 1987 的 18% 上升到 2009 年的 30%，福利支出增长强劲，1977 年建立的国民健康保险只覆盖 500 家企业，但是到 1989 年则覆盖到所有人群。韩国政府致力于提供住房供给，1990~2000 年，家庭住房保障率从 72.4% 上升到 96.2%。除了福利支出，20 世纪 90 年代初用于道路、地铁、水利、供水等领域的经济建设支出大幅攀升。随着初中和高中升学率的提高，韩国政府用于教育的支出也在快速增长。

（七）认识与应对 [①]

在 1980~1997 年金融危机前的转型期，韩国经历了四届政府、三任总统：

---

① 国泰君安证券 . 韩国经济转型秘籍［J］. 资本市场，2015（12）：54-75.

全斗焕（1980~1988 年）、卢泰愚（1988~1993 年）和金泳三（1993~1998 年）。韩国经济在 20 世纪 80 年代仍然保持了高速增长。1979 年，朴正熙遇刺后，靠政变上台的全斗焕继续实施军事独裁统治，而军人出身的卢泰愚把主要精力放在政治稳定上，因此 20 世纪 80 年代韩国经济改革相对缓慢，更多的是被动适应调整。进入 20 世纪 90 年代，韩国转型压力日益凸显，金泳三通过竞选上台开始主动进行改革。金泳三在竞选纲领中分析了当时韩国面临的形势并提出了对策。他认为，在政治方面，民主与反民主的斗争随着"6·29宣言"①已经过去，未来的主要任务是建立民主政权和文人政府，应建立透明开放的政治环境，重新修订选举法、政治资金法和信息公开法，建立小而高效的服务型政府，"用玻璃制成权力的殿堂"。在经济方面过去实现高增长的"药方"已经不能发挥效力了，政府主导、低工资、容易引进的技术、政府资金扶持、国内市场保护等条件已经不复存在了，必须实现由量的积累转向质的飞跃。因此，政府积极采取措施，调整职能，促进自由市场经济，实现金融自律化。推进大企业专业化经营，推动科技创新，通过金融实名制、不动产实名制及综合税制等措施实现经济正义。1993 年 2 月，金泳三就任韩国总统以后，面对广泛蔓延的"韩国病"现象，金泳三提出了任内要解决的三大任务：清除腐败、搞活经济和确立法治。主要措施包括以下几种：

1. 改组政府

金泳三认为政治的基础在于人事，在新组建的内阁中，文官、专家、学者占较大比例，与以前历届内阁中军人占大多数明显不同，实现了由军人政府到文人政府的转变，金泳三更换了军队中大多数重要职务的将领，确立了军队不介入政治的原则。

2. 公布官员财产

金泳三认为"韩国病"的根本病因在于腐败，清除腐败必须从自身做起，高层要率先垂范，需要大力开展上层净化运动。上任伊始，1993 年 2 月，金泳三公布了他和直系亲属的财产，随后 300 多名政府官员和国会议员也公布了家庭财产状况。1993 年 5 月 20 日，韩国国会通过了《公职人员伦理

---

① 面对国家即将主办奥运会的尴尬局面，在各方面的强大压力下，为了改变政治形象，1987 年 6 月 29 日，执政的民主正义党代表委员兼总统候选人卢泰愚通过电视，向国民发表了八点民主化宣言（即"6·29 特别宣言"），同意反对派提出的直接选举总统的要求，紧急宣布了一系列民主改革的措施。此宣言标志着韩国民主化进程的正式启动。

修正法案》，要求政府高级官员、高级公务员、国会议员等共 3 万多名公职人员必须于 7 月 12 日到 8 月 11 日一个月内进行财产登记，其中 1100 多名公职人员还必须进行财产公开。在巨大舆论压力下，这一法案得到了较好的执行。

1993 年 8 月 12 日，金泳三以《总统紧急命令》的形式，要求在金融交易中实行实名制。金泳三提出："金融实名制是建成新韩国必须越过的关口，若不实行金融实名制就不可能在这个国家从根本上杜绝腐败，也不可能实现政治和经济现代化。金融实名制是改革中的改革，是我们这个时代改革的中枢与核心。"

3. 实行综合所得税制、金融实名制和不动产实名制为财政改革奠定基础

1995 年年初，金泳三政府推行了以自理纳税为主要内容的税制改革，实行了综合所得纳税制度，扩大了财源，实现了税收公平。

4. 推动市场化导向改革

金泳三政府制定并实施了《新经济五年计划》，提出七大任务：一是鼓励投资，恢复经济景气；二是扶持中小企业；三是促进技术研发；四是取消对经济的行政管制，提高企业活力；五是改善农渔结构，稳定生活必需品价格；六是国民观念革新；七是政府推动了简政放权、国企私有化、金融自由化等方面的改革。[1]

（八）进展与问题 [2]

1980~1997 年，韩国面对经济增速换挡期的挑战，进行了经济转型的努力，并取得了一定的进展。

首先，沿着正确的方向，开启了民主政治和市场经济不可逆转的潮流。从 1987 年 "6·29 宣言" 开始，到金泳三文人政府改革，基本完成了军人独裁统治到文人民主政治的转变，实现了政治清明，使金大中政府能够集中精力在经济改革上。从 20 世纪 80 年代初的经济稳定政策，到 20 世纪 90 年代初促进民间主导发展的经济改革，自由、竞争、公平、开放等市场经济的核心理念在改革的争论和推进过程中被广泛宣传和接受，市场经济观念被启

---

① 全泳三：提出 "新经济五年计划"［EB/OL］.https：//www.163.com/news/article/5HOU4NGQ0001121M.html.

② 国泰君安证券 . 韩国经济转型秘籍［J］. 资本市场，2015（12）：54–75.

蒙并深入民心。

其次，奠定了一定的制度基础，为韩国进一步深化改革创造了条件。金泳三改革推动了金融实名制、不动产实名制和综合所得税改革，这是建设市场经济最基础的制度要求，既是"必须逾越的关口"，也是"一场硬仗"，为减少政府干预，促进自由竞争、公平税负、产权保护等提供了制度保障，在贸易自由化、金融市场开放、财税体制改革、鼓励企业创新投入等方面取得了一定进展，完善了市场经济的基础架构。

最后，奠定了一定的产业和技术基础，为开启韩国经济增长阶段创造了条件。韩国研究与开发（R&D）投入占 GDP 的比例由 1981 年的 0.7696% 上升到 1992 年的 1.94%、1997 年的 2.48%。20 世纪 90 年代初，韩国在半导体液晶显示器、电子、汽车、造船、信息、光电精细化工等行业领域位居世界前列，具有较强的市场竞争力。

但是，由于种种原因，韩国一些深层次结构问题没有得到根本解决，为 1997 年金融危机埋下了隐患：

第一，政府干预与隐性担保仍然存在，道德风险没有根除。在金融危机前，韩国政府虽然推出了放松管制、国企私营化、金融自由化等措施，但政府随意性的行政性干预仍然广泛存在，这加重了微观主体对政府隐性担保的预期，道德风险没有根本消除，企业无法实现完全市场化经营，这是企业负债率和金融机构资产不良率不断攀升的重要原因之一。

第二，经济改革滞后于政治改革，没有实现同步推进。20 世纪 80 年代民主化时期，军人出身的全斗焕和卢泰愚两任总统将主要精力放在政治稳定上，1993~1998 年民主人士金泳三上台后，将主要精力放在建立民主政治上。受当时形势影响，经济改革始终未成为各界政府最主要的工作，出现了经济改革滞后于政治改革的局面，在金泳三政府时期，由于大力度地反腐败，原有的经济技术官僚不被重用，官员不作为现象较为严重。

第三，受利益集团和舆论影响，改革经常流于形式，并出现多次反复。财阀通过对新闻媒体和研究机构等的控制，制造有利于企业的舆论。国企、工人等各种利益集团利用民主化运动，影响政府决策。而受民主化运动和建立民主政治影响，三届政府的经济决策舆论化导向明显，政府无力实行系统、全面的改革措施，一些重要改革措施在出台不久便被推迟或搁置，很多改革流于形式。

第四，改革的顺序和速度失策。政府在推动金融机构私营化和金融市场对外开放的同时，没有加强风险监管，并且受到了财阀的较大影响，朝着有利于韩国财阀更容易获得融资的自由化方向发展，在内部结构调整不到位的情况下，韩国放开资本账户，加入 OECD，使内部不平衡被放大，风险外露，韩国在推动管制放开的同时，没有加强政府在促进竞争、风险监管等方面的公共职能。

第五，过剩产能缺乏退出机制，货币环境宽松导致无效资金需求和高负债。1989~1997 年，韩国资本对经济增长的贡献率仍保持高位，但重化工业对韩国 GDP 的贡献率明显下降。

在政府隐性担保的情况下，"大而不死"成为企业的生存法则，企业过度追求规模扩张，过剩产能难以退出。在加大金融对外开放和财阀办非银行金融机构的情况下，韩国总体宽松的货币政策环境使企业比较容易获得融资，陷入产能过剩与金融加杠杆的恶性循环之中，大量过剩产能不能退出道导致无效资金需求和高利率，对韩国成长型产业产生了挤压作用。20 世纪90 年代初，韩国半导体、汽车等新兴产业出现了较好的发展势头，但被捆绑在财阀集团内发展，受传统重化工业的拖累。

韩国经济遭受挫折的原因可分为两个方面：一是因照搬日本的经济发展模式所致的政府主导型发展战略和终身雇用主义以及过分追求经济增长的发展优先主义等；二是"唯赚钱主义"思想所导致的贱民资本主义意识，即只要能赚钱大家便蜂拥而上的"田鼠群"劣根性。这些是使韩国经济陷入困境的主要因素。韩国企业和金融部门发生的大量坏账、呆账，从形式上看与日本有些相似，但从本质上讲还是有些不同。因为韩国经济无高科技技术产品的输出，因此输出越多，赤字也就越增加。

五、第四次经济转型——2010 年前后 [①]

韩国经济发展模式的第四次转型是向低碳绿色经济转变。21 世纪后，韩国经济开始进入低速发展阶段。由于国土面积和资源条件的限制，韩国政府提出了《低碳绿色增长战略》，颁布了《低碳绿色增长基本法》，将绿色发展上升到了国家战略的高度。

---

① 庄贵阳，朱守先.韩国的低碳绿色增长战略［J］.中国党政干部论坛，2013（02）：92–93.

2008 年全球金融危机以来，许多国家不约而同地在本国经济刺激计划中推出绿色新政。2008 年 8 月，韩国总统李明博在纪念韩国建国 60 周年大会上提出了"绿色增长"的主张，提议把"低碳绿色增长战略"作为韩国新的远景目标，希望通过低碳绿色增长减少二氧化碳排放、降低能源消耗、提高可再生能源使用率，通过绿色产业发展创造更多就业岗位、改善由于过度依赖原油进口而不断恶化的国际收支，同时实现生态环境友好型的经济增长，提高韩国的竞争力。

（一）韩国低碳绿色增长战略的内容及组织机构

韩国低碳绿色增长战略包括三部分：减少温室气体排放和适应气候变化，确保能源安全；创造源自绿色科技的绿色增长动力；培养绿色生活方式，提升国际地位。为了加快实施低碳绿色增长战略，2009 年 7 月，韩国政府制定了《绿色增长国家战略及 5 年计划》，计划在 2009~2013 年期间，将每年 GDP 的 2% 作为政府绿色投资资金。2010 年 4 月颁布的《低碳绿色增长基本法》及其他法令为低碳绿色增长战略的实施提供了法律保障。根据这一法律，韩国中期减排目标是到 2020 年温室气体排放量比"基准情景"（BAU）减少 30%。

韩国政府专门成立了推进和落实绿色增长战略的组织机构，即直属于总统的绿色增长委员会，由其统率相关事项。该委员会由总理和一位杰出专家共同领导，现由 14 位部长和 36 位来自私营部门的利益相关者组成。绿色增长委员会牵头制定了《绿色增长国家战略及 5 年计划》，并不定期召开"绿色增长委员会会议"，在会上发布相关报告。2010 年 4 月《低碳绿色增长基本法》生效后，韩国环境部新设了"温室气体综合信息中心"，由其负责推行在 2012 年前将能源消耗量平均每年减少 1%~6% 的有关计划。绿色增长委员会还组建了由科学家、IT 企业、金融机构和消费者等组成的专门的咨询团体和地方绿色增长理事会。所有公共机构都将设立"绿色增长首席执行官"，负责促进公共政策的绿色进程。

（二）韩国低碳绿色增长战略的实施难点

虽然低碳绿色转型是大趋势，但韩国政府同样面对困难与挑战，希望通过有效的政策设计，克服实施中面临的困难。

第一，低电价政策抑制通胀。在韩国，电力的生产和供应几乎全部由韩国电力公司完成。韩国的电价由韩国电力公司申请，由独立的电价审核委员会审核，报经韩国财政经济部批准才能实施。国际能源署统计数据显示，在经合组织的 22 个国家中，韩国的电价最低。[①] 在能源价格不断攀升的压力下，韩国电力公司不断向政府施压要求提高电力价格。虽然提高价格有助于节约，但是考虑到电力价格上涨会引起各方的激烈反对，所以韩国政府对电价上调一直态度谨慎，严防由此产生的通货膨胀。因此，韩国电力公司作为国企只能亏损经营。韩国政府认为，单靠提高电价解决不了问题，希望工业企业研发低碳高效技术产品，政府对购买节能产品给予补贴。

第二，为低碳绿色发展提供融资支持。绿色低碳企业的主要资产是无形技术或商业模式，不是实体经济。由于存在信息不对称性，金融机构在逆向选择下，无法评估低碳技术和产品的经济价值。在这种情况下，中小企业很难从金融机构贷款，经常被要求抵押担保。为了实现低碳绿色增长，需要建立适当的融资市场与机制，帮助绿色商业企业抓住市场机遇。因此，韩国政府积极为绿色中小企业建立资金"输血"管道，设立绿色中小企业专用基金，设立绿色技术与产品的认证制度，为绿色增长的投资者提供足够的税收激励，通过金融市场创新促进绿色产业发展。

第三，建立碳排放交易市场机制。韩国国会 2014 年 5 月高票通过《全国碳交易体系法案》，该法案于 2015 年 1 月正式生效。韩国碳交易将囊括全国 60% 的温室气体排放量，主要碳排放大户如钢铁、制造、造船、电力等行业将被纳入其中。毫无疑问，《全国碳交易体系法案》的通过加快了工业生产领域的节能技术发展，从而使韩国在环保产业上获得先机并长期受益。韩国工业协会强调，虽然在实施初期，高达 95% 的排放指标都是免费分配，仅有 5% 需要购买，但这也会给工业领域带来 4.7 万亿韩元（合 42 亿美元）的额外成本。韩国许多企业反对这些强制措施，认为限制碳排放将削弱企业在全球市场上的竞争力，并将影响韩国的 GDP 增长。但韩国政府的研究显示，达到 2020 年减排标准的直接成本仅约为 GDP 的 0.5%，而且以上估值还未考虑能源节约和创新激励之类的好处。韩国政府认为，碳交易机制是韩国控制温室气体排放最得力的途径。

---

① 应对气候变化立法的几点思考与建议 [EB/OL]. http：//www.cma.gov.cn/2011xwzx/2011xqhbh/2011xdtxx/201408/t20140825_258948.html.

（三）韩国低碳绿色增长战略的争议焦点

韩国低碳绿色增长战略实施以来所取得的成就和经验，已得到国际社会的广泛关注和认可。然而，韩国国内对自上而下的低碳绿色发展战略一直存在质疑。批评者认为，低碳绿色战略的核心强调经济增长和国家产业竞争力，而不是对韩国经济和社会真正进行"绿化"，主要受益者是核电和建筑等行业。目前的关注焦点是，韩国新一届政府执政后，四大江河综合工程以及核电政策能否延续。

韩国正在实施的四大江河（汉江、洛东江、锦江、荣山江）综合治理工程被批评为在生态恢复的幌子下开展的一个庞大工程项目。四大江河综合治理项目是要建设 16 个水坝和疏浚河道，预算庞大，截至 2012 年已投入 14 万亿韩币（约合 180 亿美元）。批评者认为这与当前"去大坝化"的国际趋势背道而驰，这不是恢复而是破坏四条河流的生态系统。针对生态主义者的批评，韩国绿色增长委员会杨秀吉主席认为，环境问题的解决始终是艰难的，希望时间能证明一切。他表示，四大江河综合治理工程在防灾减灾方面发挥了巨大作用，并且经受了 2011 年特大暴雨的考验。目前工程已经完成了 98%，相关支流也将着手治理。此外，四大江河沿岸修建了文化旅游设施，开辟了首尔到仁川再到釜山的自行车道，大大改善了环境。

发展核能是韩国的基本国策。2008 年，韩国拥有 20 座核电站（装机容量 17.72GW），核电装机容量占全国总装机容量的近 1/4（24.8%）。韩国原计划到 2022 年国内新建造 12 座核电站，把核能发电的装机容量提高到 32.6%，发电量占全国总发电量的比例从 2008 年的 34% 提升至 48%。截至 2021 年底，韩国一共拥有 24 座运转中的核动力堆，数量位居世界第五。日本福岛核泄漏事件在韩国引起了较大的负面影响。首先是在民间掀起了巨大的反核电站运动，要求韩国政府转换核能源发展政策。其次，反对党强烈要求政府重新审议以核发电为主的能源供应计划，研究"非核"增长之路。最后，新的核电站选址相比过去更加困难，因为地方政府和民众的态度都发生了很大转变。韩国政府对核能的政策取向是在安全的前提下继续发展核电站。为了保障稳定的电力供应，发展核能是不可或缺的措施。韩国要以日本核电事故为契机,对韩国核电站进行全面安全盘点。

近年来,韩国经济增长有所放缓,但GDP年均增长8.6%曾保持了30年。经过40多年的努力,韩已经从一个极为贫穷的农业国一跃成为GDP居世界第11位,外贸总额居世界第12位,拥有发达的造船、汽车、化工、电子、通信工业,网络基础设施名列世界前茅的新兴先进工业国。1996年韩国加入了OECD,成为OECD的第29个成员。2004年韩国又提出2010年人均收入达2万美元的目标。据韩方统计,1962年韩国GDP和人均收入分别仅为23亿美元和87美元,2004年已增至6801亿美元和14162美元,2007年GDP增长率为4.9%,人均国民收入超过2万美元。外贸总额亦从1962年的0.96亿美元扩大到2008年的8572.8亿美元。[①]

据韩方统计,2008年,韩国进出口总额8572.8亿美元,其中,出口4220.2亿美元,同比增长13.6%,进口4352.8亿美元,同比增长22.0%。2008年,韩吸引外资117.1亿美元,同比增长11.3%,对外投资217.1亿美元,同比增长1.4%。[②]

当前,受国际金融危机影响,韩国经济面临严峻挑战,金融市场动荡不安,股市汇市波动剧烈,实体经济困难重重,出口、投资、消费全面低迷,汽车、房地产等热点消费迅速降温。

据韩联社报道,韩国央行2020年7月23日发布的数据显示,韩国2020年第二季度GDP环比下降3.3%,连续两个季度负增长,也创下1998年第一季度(−6.8%)以后的单季最低水平。

报道称,全球经济深受新冠肺炎疫情影响低迷不振,韩国出口首当其冲。出口骤减16.6%,创下自1963年第四季度(−24%)之后的最低水平,进口也减少了7.4%。设备投资和建设投资环比分别减少2.9%和1.3%。居民消费在抗疫补贴的带动下环比增加1.4%。

同期制造业和农林渔业产值减幅超过9%。受批发零售、住宿餐饮和运输业低迷影响,服务业产值也环比减少1.1%。尤其是,制造业增长率为−9%,创下自1963年第二季度(−10.4%)以后至2020年的最低水平。

---

① 韩国经济发展历程[EB/OL].http://www.360doc.com/content/12/0121/07/3458817_548487 37.shtml.

② 数据来自商务部网站"商务参赞访谈"栏目对中国驻大韩民国大使馆经济商务参赞处陈洲的访谈,http://interview.mofcom.gov.cn/detail/201605/1387.html.

韩国开发研究院（KDI）2020 年发布报告，分析了韩国的经济形势及未来经济增长预期，并就政府如何应对经济下行压力提出了建议。报告称，2020 年，韩国国内消费下滑、投资萧条，出口停滞，受内需、外需缩减影响，经济增长缓慢。报告显示，2020 年韩国经济增长率约为 2.3%。报告认为，综合考量内外部整体经济条件，未来韩国经济下行情况不会进一步加剧，但仍有一系列下行风险抑制经济增长。从外部来看，如果中美贸易争端、英国"脱欧"、中东紧张局势等不确定性进一步持续，韩国经济复苏将受到影响。从内部来看，国内实际利率上升，内需上涨有限，将拖累经济复苏。

报告建议，政府应当采取扩张性财政举措来支撑经济复苏，同时采取宽松货币政策来应对低通货膨胀。2020 年，通过逐步削减财政赤字，保障财政可持续性，维持国家负债比率（national debt ratio）稳定；修正货币政策管理体系，让货币政策更多地关注维护物价稳定。此外，如果外部条件能够逐步改善，韩国经济增长或可被拉动，但私有板块的复苏仍将有限。对此，应增加经济结构灵活度以适应迅速变化的经济环境，激发私有板块的经济活力。

报告显示，2020 年韩国失业率为 3.5% 左右，建议通过发展服务业创造更多高质量工作岗位，吸收被技术发展替代的劳动力。

六、目前韩国经济的反思与展望

服务业和制造业比重不断上升、农林渔业比重日益降低。重化工在制造业中占较大比重，尤其是造船、石化、汽车、电子等行业发达并在世界范围具有较高的市场占有率和影响力。经济发展对国外市场和资源依赖程度高，贸易依存度高达 60% 以上。随着多年发展，国内市场接近饱和，国内劳动力密集型产业正逐步向中国等国家进行转移。大企业的作用举足轻重，三星、现代、SK 等大企业集团数量虽少，但创造的价值在国民经济中所占比重超过 60%。

（一）韩国经济存在的不足

第一，疲软的国内消费需求和设备投资衰退。其中，国内消费需求疲软主要是快速膨胀的家庭负债造成的。截至 2021 年 6 月底，家庭负债总额达 1805.9 万亿韩元（约合人民币 10.03 万亿元），创 2003 年开始相关统计以来新高。① 因此，这种结构性的消费需求疲软现象和投资状况在短期内不会有根本的改善。

第二，经济发展模式出现了一定的问题。韩国的经济发展较为依赖出口，出口占 GDP 的比重约为 45%。而韩国出口贸易主要掌握在四大财阀（三星、SK、LG、现代集团）手中，近来四大财阀在国际市场遭遇了较为激烈的行业竞争，导致全球市场占有率持续下降。此外，汽车、制船及钢材等优势产业在世界市场占有率也出现负增长。韩国央行发布的数据显示，韩国 2018 年 9 月出口为 510.8 亿美元，同比减少 5.5%，进口为 378.3 亿美元，同比减少 3.2%；货物贸易收支顺差为 132.4 亿美元，服务项目出现 25.2 亿美元逆差。其中，9 月出口时隔 23 个月出现减少。② 出口下滑成为韩国经济增长放缓的重要原因之一。

第三，内需疲软成为经济增长放缓的重要原因。居民消费对 GDP 的贡献率逐年下降。韩国央行数据显示，2017 年韩国居民消费对 GDP 的贡献率为 48.1%，为 2012 年以来的第六年下跌，数值也跌至有此项统计以来最低。而消费占比下滑很大程度上与工作及收入不稳定、老龄化加剧、家庭负债高等致使消费者不愿或不敢消费有关。这从反映国内消费信心的国民消费者心理指数也能看出。韩国央行统计显示，2018 年 8 月该指数跌至 99.2，较前月减少 1.8，达到 2017 年 3 月以来的最低水平。国内投资减缓也拖累了经济增长。近来，韩国政府打压房价导致建筑活动放缓，导致建筑业增加值大幅下滑，建筑业的投资也出现下降，这拖累了韩国经济增长。2018 年第三季度建设投资环比减少 6.4%，为 1998 年第二季度（-6.5%）后最低；设备投资下滑 4.7%，连续两个季度减少；建筑业投资减少 5.3%，为 1998 年第二季度以来最低水平。短期内建筑业下滑趋势难以改观，未来经济增长前景依然不容乐观。

第四，就业形势恶化的主要原因是内需乏力和企业重组。另有分析称，薪资标准上调也是导致失业人数上升的重要原因。内需不足在一定程度上造成消费需求持续萎缩，投资下降、失业增加。制造业重组也导致了大量失业。过去几年间，为了应对新船订单量的下滑，现代重工、大宇造船、三星重工

---

① 为防止投机情绪过热 韩国政府收紧家庭贷款［EB/OL］.https：//baijiahao.baidu.com/s?id=1714654230401026755&wfr=spider&for=pc.

② 韩国经济形势分析及未来展望［EB/OL］.https：//www.sohu.com/a/276844054_100011365.

等船企已经解雇了数万名工人，随着船企继续实施大规模的重组方案，预计还将解雇更多工人。此外，文在寅政府执政期间大幅提高了韩国的最低工资，缩短了工作时间，并通过一系列再分配措施将临时工转变成正式工。韩国2018年最低薪资提高了16%至每小时7530韩元，为近20年来的最大涨幅。随着用人成本增加，不少中小企业不得不裁减员工，对薪资较为敏感的零售业和酒店业也出现大量失业人员。新冠肺炎疫情爆发后，各企业经营状况不稳定，出现裁员潮，失业人员增多。

第五，旅游收入减少也成为经济疲软的重要因素。因相关原因，近来外国游客特别是中国游客数量锐减，如2017年中国游客数量同比减少48.3%，外国总体游客数减少22.7%，使韩国2017年旅游收入降至133.2亿美元，同比减少22.5%，同期旅游收支自2001年以来首次出现逆差。2018年1~9月旅游项目再次出现126.5亿美元逆差，创下历年同期最高纪录。①旅游项目收入的变动成为韩经济放缓的重要原因。新冠肺炎疫情爆发以来，旅游行业收入更是跌至历史最低水平。

第六，贸易保护主义可能成为经济放缓的重要外部不利因素。近来，美国政府的贸易保护主义政策使韩国出口行业颇感压力，也给韩国经济发展带来不利影响。美国政府2018年5月下旬针对进口汽车及零部件发起"232调查"，波及韩国汽车出口行业，据韩国相关机构预测，韩国整车和零部件行业恐难逃美国贸易保护措施影响，其中汽车零部件行业5年间可能会损失122亿美元。此外，韩国国会预算政策处2018年发布的《美国对韩国进口限制影响报告书》显示，美国对韩国洗衣机、太阳能电池、钢铁等产品的进口限制措施，将给韩国出口造成2.6万亿韩元（约合23亿美元）损失，并导致约1.6万个就业岗位流失。

（二）可行性解决方案

第一，韩国需要减少经济增长对出口的依赖性，而采用一种重视国内消费和贸易的更为平衡的发展战略。如果更重视国内消费和服务业发展的话，那么就业市场的状况就能得到改善。而且，如果韩国国内市场扩大的话，经济不景气的状况就能得到控制，政府在应对外部世界影响时，就能有更多的

①　韩国经济形势分析及未来展望［EB/OL］.https：//www.sohu.com/a/276844054_100011365.

政策选择。

第二，进行金融领域的改革，建立稳定的资本市场结构。为防止外汇危机再次发生，政府决策者应确保财政赤字和流动性存款账户赤字不超过可控制的水平。因此，有必要采取谨慎的策略，调整金融市场开放的速度，促进韩国本国金融机构的扩大。韩国至少应通过浮动的汇率制度来保持其经济政策的相对独立性。

第三，吸引投资和扩大服务业市场。应采取新的产业促进政策，重点应放在产品的研究和开发以及民营部门的投资方面，帮助企业掌握先进技术，迅速适应世界市场的变化。应创造较好的投资环境，鼓励企业家投资、雇工，鼓励国民进行消费。

第四，在转变经济发展模式中，国家要培养高质量的人才队伍。为了培养高质量、高素质的大批人才，以便他们在国内外都能获得高附加值的工作机会，韩国的教育必须进行改革，统一的教育标准化的政策应该抛弃，应该根据各个学科的要求由各校自主决定教育标准，学校教育的效果应该通过各校的竞争来得到提高。

第五，对于市场经济来说，建立一个"规模小而效率高"的政府是比较合适的，因为它能促进经济的良性发展。为了给企业和市场"松绑"，有必要撤销或合并各种专门委员会、特别工作组、计划部门和政府下属机构。另外，公共企业民营化的规模也应当扩大，企业税应当削减，政府的借款也应当减少到最低限度，以确保国家金融的平衡。

（三）韩国经济展望

第一，向适度增长、低物价结构转换。由于人口的增加，为防止失业，韩国经济应保持不低于年均 6%~7% 的适度增长。稳定的宏观经济运作消除了企业经营的不安感，使企业能够建立和执行中、长期投资计划，增强产业竞争力。韩国政府基于上述认识，为实现 3%~4% 的类似发达国家的物价水平，对财政、金融、外汇等宏观经济政策和改善流通结构、进口自由化、促进竞争等多方面的微观经济政策进行了改革。

第二，向民间主导型经济体制转型。韩国政府在经济体制转型过程中，通过财政、金融、外汇政策对利率、汇率等市场价格机制进行直接、间接的调控，对各种产业的投资实行审批制、进口限制等，协调资源分配。

第三，发展教育，积累间接资本。随着世界范围内市场经济的开放进程，商品贸易、资本、技术、人员开始在各国家间自由流动，一个国家的对外经济竞争力主要取决于非贸易领域的效率性。所以韩国政府一改以前的以供应方为主的教育体制，按照产业社会的要求，确定以需求方为主的教育结构，适应开放大趋势。教育领域内也逐步引入对内、对外的竞争机制。

第四，现时期韩国的经济秩序面临着巨变，经济本身也面临着巨大的挑战。由于交通、通信技术的飞速发展，信息化时代的来临，企业活动的全球化，国际经济相互依存度的加深，世界经济日趋成为一个地球村经济统一体。韩国在新的对外经济环境下，应继续促进世界化的政策，提高企业及民间各领域的国际竞争力。

（四）韩国经济发展的经验

第一，确定适合本国国情的经济发展战略，大力发展外向型经济。如果说发展外向型经济是韩国经济起飞的"引擎"，那么依据自身条件确定的经济发展战略则完成了对经济起飞的动力机制的设计。朴正熙当政后，首先着手结束以美国经济援助为主体的经济，根据国内外政治与经济形势的变化，依据对本国内经济起飞条件的判断，通过把本国社会经济发展目标具体化，提出了新的经济发展战略，即进口替代战略。这一战略的主体是，有计划地限制进口工业制成品，以国内产品来代替进口产品，以逐步改变对外国的依赖，促进国内工业的成长和扩大，实现经济自立。事实证明，进口替代战略对于确立韩国经济自立的基础是必不可少的，是经济发展过程中一个不可逾越的阶段。当替代进口型经济发展到一定阶段后，政府当局不失时机地实施经济发展战略的转移，从 1964 年开始实施新的经济发展战略，即发展"出口导向型"经济，优先发展出口工业，利用外资，引进国外先进技术和先进管理经验，设立出口加工区和出口基地，通过外汇收入来带动其他经济部门的发展。为此，政府当局把出口量的大小作为衡量国力的综合尺度。这一经济发展战略的实施，给韩国经济带来了巨大的活力，使韩国经济得到突飞猛进的发展，并栖身于亚洲"四小龙"的行列。从 20 世纪 70 年代中期开始，韩国当局对其经济发展战略做了局部的调整，提出了优先发展重化学工业的工业化战略，以改变重化学工业长期落后的状态，调整和优化工业结构，提高企业和部门的国际竞争力。这一战略的实施，使出口主导型经济发展战略得到进一步贯彻。结果，重化学工业化战略实施的 9 年间（1973~1981 年），韩国重化学工业产品出口额由 8.3 亿美元增加到 99.6 亿美元，增长了 12 倍。

第二，选择适宜的经济增长模式，保证经济的高速发展。经济发展战略的作用机制在于为经济发展确定正确的方式；经济增长模式则使经济发展战略具体化，它所要解决的是通过怎样的方式、途径和手段来实现经济的高速增长。经济增长速度作为经济发展成果的综合表现，其机制在于投入与产出的转换。韩国根据自身的特点，选择了一条多投入、多产出的粗放型经济增长模式。韩国的自然资源匮乏，但人力资源丰富，朝鲜战争后的人口出生率高达 3%，且 20 世纪 60 年代初期尚有高达 10% 以上的失业率。为此，韩国充分利用人力资源优势，发展劳动密集型工业，增加劳动投入量，扩大规模经济效益。其典型的做法就是大力发展出口加工工业。

韩国经济增长模式的另一个特点是：扩大储蓄，提高投资率，增加投资，以高投资率换取高经济增长率。20 世纪 60 年代初期，韩国的投资来源主要依靠以美国经济援助为主体的外资，其后随着美援的减少，开始扩大国内投资。其主要做法是灵活运用利率杠杆，通过提高储蓄利率，吸收存款，抑制消费。从 1965 年 9 月开始，韩国实施"利率现实化"政策，将定期存款的最高年利率由 15% 提高到 30%，其后存款每年增加，从 1964 年的 145 亿韩元增加到 1971 年的 7087 亿韩元，8 年增加了近 48 倍。高投资率带来了高增长率，据测算，韩国资本因素对国民收入增长的贡献率为 24% 左右。如果对其投资率与经济增长率做综合分析，可以发现，两者间的关系基本上可以通过哈罗德—多马模型反映出来。联系上述韩国经济增长的条件来看，这一经济增长模式的选择，依据在于最大限度地发挥自身的优势和有利条件，因地制宜、因时制宜，以劳动和资本的高投入来实现经济的高产出，最终实现经济的高速增长。因此，把发展外向型经济与高投入高产出的经济增长模式视为韩国经济起飞的两翼，是一个非常形象的比喻。

"威权""赶超""经济发展第一""民族主义""南北对峙"将政治领域中的政府超强的干预能力转化为经济发展中的"比较优势"，将"进口替代"下的限制、保护演变成"出口导向"的核心策略，将先发展上游产业、后发展中下游产业的工业发展一般程序设置为"由下而上"逆向发展，从而成功实现由"外围"到"中心"的角色转换。韩国经济高速发展过程中表现出来的这些特征很难用一套纯粹的经济学原理加以解释和说明①，国情特点和外部环境综合因素作用下的韩国经济发展模式的转型对中国当下和未来的经济发展借鉴意义重大，无论是工业化起步阶段还是产业转型时期，中央政府的宏观经济政策和地方政府作用的发挥都不可小视；要合理引导和管控金融与各种类型企业的发展，预防经济风险；要扩大市场开放，回应社会合理的利益诉求；追求多元化高效率经济增长，以低碳环保等多元目标取代经济增长的单一目标等。

参考文献

［1］国泰君安证券.韩国经济转型秘籍［J］.资本市场，2015（12）.

［2］潘志.韩国经济转型发展历程的阶段性分析［J］.科技视界，2015（12）.

［3］任泽平.韩国在增速换挡期面临的挑战、应对与启示［J］.发展研究，2018（3）.

［4］申东镇.韩国外向型经济研究［D］.大连：东北财经大学，2011.

［5］庄贵阳、朱守先.韩国的低碳绿色增长战略［J］.中国党政干部论坛，2013（2）.

---

① 申东镇.韩国外向型经济研究［D］.大连：东北财经大学，2011.

第二章

韩国的经济发展现状

第一节 农 业

韩国位于亚洲大陆的东北部地区，东、南、西三面环海，韩国的山地总面积占朝鲜半岛面积约 2/3，其国境内包括低山、丘陵和平原地形地貌，国内拥有较多有利于自身农业发展的地区。韩国在建国初是一个典型的农业国家，经历了两次农业结构性变革[①]后，韩国实现了农业的机械化生产与农产品进出口规模的扩大。韩国的农业类型以小农经济为主体，主要的农产品种类是水稻。2020 年，韩国农业产值占韩国国内生产总值约 28.6%的份额，其农业年增加值排在世界第 20 位左右。根据韩国统计局 2021 年的统计数据[②]，韩国农业用地总面积为 154.7 万公顷，户均农业面积约 1.49 公顷，农业用地面积约占韩国国土面积的 16%。截至 2020 年，韩国农民总人数已达 231.4 万人，农村户籍人口为 221.5 万人，其中包括 103.1 万户农业家庭。

一、韩国农业资源结构概况

韩国地形具有多样性的特点，山地、平原和海岸线使韩国农业组成包括种植业、畜牧业、林业和渔业四大部分。根据韩国统计局数据统计口径以及

[①] 农业结构性变革指 1948 年李承晚政府的土地改革与 20 世纪 60 年代开始的绿色革命。
[②] 韩国统计局网站，kostat.go.kr。

农业宏观指标发布情况，韩国畜牧业存在部分数据缺失情况，且只包含畜牧业产品生产成本数据，因此本章主要利用种植业、林业和渔业数据分析韩国农业经济的现状。

从图2-1可以看出，2010~2020年韩国农业生产总值总体波动较小，整体呈现上升趋势。在国际农业排名中，韩国农业增加值在全球第20位左右浮动，已经发展为农业水平较高的国家之一。

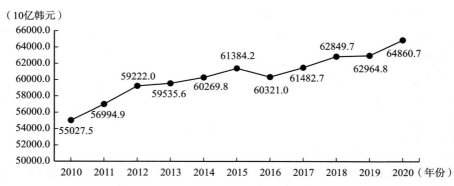

（10亿韩元）

图 2-1 韩国 2010~2020 年农业国内生产总值
资料来源：韩国银行网站，http：//www.bok.or.kr/portal/main/main.do。

从经过季节调整的韩国农业实际GDP数据（见图2-2）可以看出，韩国农业产值的季度变化较大，其产值逐渐呈现以第一季度为主的趋势，并且第二季度的产值比重在逐年减少。根据韩国农林渔业年度报告，2022年韩国农林渔业第一季度的产值为84458亿韩元，与上年同期相比下降了0.03%，环比增长了1.62%。观察2020年以后新冠肺炎疫情持续期的农业产值变化情况，可以看出韩国农业生产起初的确出现大幅下降，但在2021年又逐渐恢复，甚至第四季度的农业生产总值达到六年中的最高值。在后疫情时代，韩国农业第二季度的产值仍然下降，并且达到了六年中的最低值。

通过计算韩国农林渔业产值占全国GDP的份额与农林渔业所分担的全国就业数量（见图2-3），可以看出韩国农业在2010年至2020年十年间的经济贡献率在逐年下降，但在2020年出现反转，农业贡献度有所提升，从就业来看，农业吸纳就业的能力呈提高的趋势。韩国政府在地方推行的"农工地区"计划持续有效地吸纳了韩国郡、镇地区农村劳动力，并有效调整了地区农村产业结构，改善了农村农产品流通设施水平。

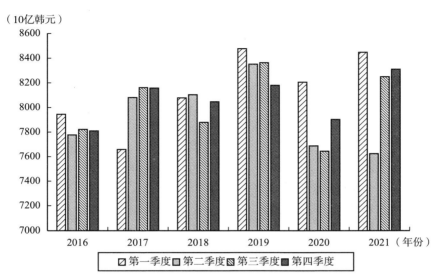

图 2-2　韩国 2016~2021 年农业生产季度值
资料来源：韩国银行网站，http://www.bok.or.kr/portal/main/main.do。

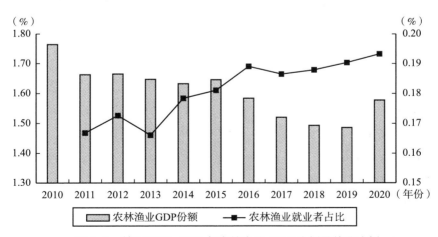

图 2-3　韩国 2010~2020 年农林渔业 GDP 比例及就业比例
资料来源：韩国银行网站，http://www.bok.or.kr/portal/main/main.do。

观察韩国农户的经营条件水平，根据韩国农业经营条件指数（见表 2-1），2021 年第一季度中的农户交易条件指数为 123.7，同比增长 15.5%，比上期改善 9.8%。农户购买价格指数同比上涨 2.1%，农户销售价格指数同比上涨 17.9%。

表 2-1　　　　　　　**2019~2021 年韩国农业经营条件指数**　　　　单位：%

类别	2019 年	2020 年	2020 年	2021 年	2021 年变动情况	
	第四季度	第一季度	第四季度	第一季度	同比	环比
农户销售价格（A）	107.9	113.4	119.9	133.7	17.9	11.5
农户购买价格（B）	104.7	105.9	106.4	108.1	2.1	1.6
农户交易条件（A/B × 100）	103.1	107.1	112.7	123.7	15.5	9.8
农户经营条件（A/C × 100）	106.3	109.4	115.2	126.5	15.6	9.8

资料来源：韩国银行网站，http://www.bok.or.kr/portal/main/main.do。

根据韩国统计局发布的报告，由于韩国农户的销售价格、购买价格、投入品价格均在逐年提高，农户经营包括农业生产要素在内的农业生产成本的提高直接导致韩国农户的产品销售价格逐渐提高。韩国针对农产品价格浮动推行的"农业产品平衡价格制度"将正向补贴农民在销售同期出现的因非农业产品价格变动而产生的成本部分，这项政策可以有效保护当地农民农产品可得利润，稳定国内农产品市场价格水平。

（一）农业用地面积

韩国的农业报告显示，2020 年韩国农业占地总面积为 156.5 万公顷。其中主要包括水田和旱地（upland field）两种类型，水田占地 82.4 万公顷，占农业用地总面积的 52.7%。旱地面积 74.1 万公顷，占农业用地总面积的 47.3%。2012~2020 年韩国农业用地面积具体情况如表 2-2 所示，可以看出韩国农业用地在逐年减少，其中水田面积逐年下降的幅度较大，旱地面积保持小幅波动，但整体也呈现下降趋势。由韩国农业面积也可看出韩国农业的重要性在不断下降。

表 2-2　　　　　　　2012~2020 年韩国农业占用面积　　　　　　　单位：万公顷

年份	农业用地总面积	水田	旱地
2012	173.0	96.6	76.4
2013	171.2	96.4	74.8
2014	169.1	93.4	75.7
2015	167.9	90.8	77.1
2016	164.4	89.6	74.8
2017	162.1	86.5	75.6
2018	159.5	84.4	75.1
2019	158.1	83.0	75.1
2020	156.5	82.4	74.1

资料来源：韩国统计局网站，kostat.go.kr。

从图 2-4 可以看出，韩国农业用地面积呈明显的逐年下降趋势，其中，2015 年和 2020 年的农业用地下降幅度最大，并在 2020 年达到农地可用面积的最低值。韩国的农业自然条件本身就决定其农业用地较少，作为世界上耕地面积最小的国家之一，随着韩国工业化和城市化的快速发展，农业面积还在不断缩减。针对农业用地面积的缩减，韩国政府加大对农业基础设施建设的投入，改善农业机械设备条件，还对引进新设备的农民发放农业机械引进补贴，引导农村地区农产品向深加工、科学化的趋势改进，以缓冲因农业用地的缩减造成的农业损失。

2020 年韩国的水田面积为 82.4 万公顷，较 2019 年的 83 万公顷下降了 6000 公顷（-0.7%），占农业用地总面积的 52.7%，比 2019 年的 52.5% 增长了 0.2 个百分点。2020 年旱地面积为 74.1 万公顷，比 2019 年的 75.1 万公顷下降了 1.0 万公顷（-1.3%）；占农业总面积的 47.3%，比 2019 年的 47.5% 下降了 0.2 个百分点。根据韩国农业用地类型变化情况可以看出韩国农业用地中的水田和旱地利用比例逐渐趋于均等的状态，农业生产结构逐步向均衡化的方向发展（见图 2-5）。2022 年韩国多地由于降水量不足出现干旱情况，严重冲击了韩国农业生产，韩国首都圈河岸沿线地区的水田受到严重影响，保守估计可用的农业水田面积还会进一步缩小。

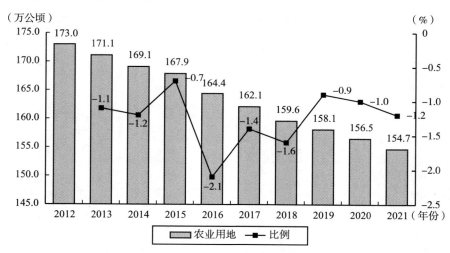

图 2-4　韩国 2012~2021 年农业用地年变化量
资料来源：韩国统计局网站，kostat.go.kr。

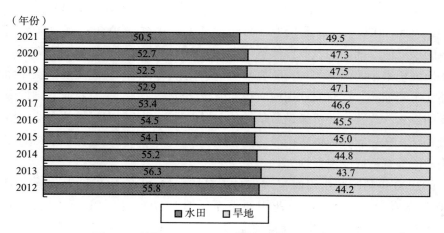

图 2-5　韩国 2012~2021 年农田类型比例变化（％）
资料来源：韩国统计局官网网站，kostat.go.kr。

　　观察农业从业人员所拥有的农业用地面积情况，将 2015 年即上一次农业普查结果与 2021 年的普查结果进行对比（见图 2-6），可以明显看出韩国农业用地面积"小于 0.5 公顷"的农户所占比例最大，其次是农业用地面积介于 0.5~1.0 公顷的农户，这些农业用地面积小于 1 公顷的农户数量占全部农户数量的比例达到 73.2%。农业用地面积 5 公顷以上的农户为大农户，该类农户所占比例约为 3.5%。由此可以看出韩国农户拥有的农业用地面积分布较为分散，土地所有权呈现碎片化分布，不利于进行集中、高效的规模化生产，并且长期以来韩国农业用地的归属情况没有较大的结构性变化。

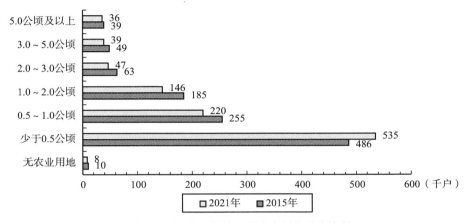

图 2-6　按农业用地面积大小划分的农户数
资料来源：韩国统计局网站，kostat.go.kr。

（二）农业产品主要种类

首先，韩国种植业农户生产的主要产品为水稻、水果和蔬菜。根据五年一次的农产品统计报告（见图 2-7），韩国农户种植"水稻"的份额最大，其次是"蔬菜作物"，再次是"水果"。从变动比例看，6 年间下降幅度最大的是"花艺"产品，除其他作物外，增长幅度最大的是"特殊谷物"。从种类上看，6 年间种植产品结构变化不大。

根据按林业种类划分的林业家庭数据（见图 2-8），2015~2021 年韩国主要的林业产品中，种植比例最高的由"柿子树"转变为"野生作物"。6 年间增长比例最多的林类产品是"桃树和松树类"，减少比例最多的是"橡树类"。

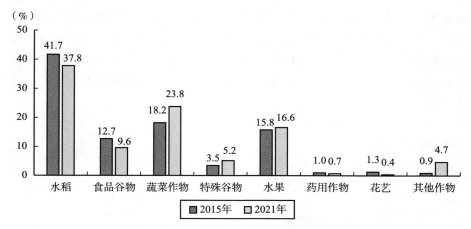

图 2-7　2015 年与 2021 年农户种植产品对比
资料来源：韩国统计局网站，kostat.go.kr。

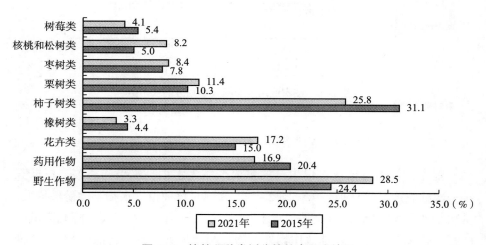

图 2-8　按林业种类划分的林户组成情况
资料来源：韩国统计局网站，kostat.go.kr。

　　在水产养殖家庭的养殖种类中，韩国主要水产品是贝壳类水产、海藻类水产和鱼类。韩国水产养殖规模也较为分散，以小规模水产养殖形态为主，"不足 1 公顷"的水产养殖户占比最高。根据韩国统计局发布，2020 年渔业产品年销售收入"不到 1000 万韩元"的渔业家庭占最大份额，约占 46.6%，而年销售额达到 1 亿韩元以上的渔业家庭占渔业户总量的 13.6%，韩国渔民的收入差距较为悬殊。

（三）农业经营主体

根据韩国发布的 2020 年农业报告，韩国农业从业总人数为 265.1 万人，占全国总人口的 5.1%。其中包括约 118.5 万户的农业从业家庭，每户平均人口为 2 人；65 岁以上人口比重约 41.7%，老龄化程度较高；农民人均年收入 4503 万韩元。2020 年韩国农地种植业人口为 231.4 万人，渔业人口为 10.4 万人（海洋渔业 9.7 万人，内河渔业 0.7 万人），林业人口 23.3 万人。

从韩国按区域划分的 2020 年农业家庭户数分布情况（见图 2-9）可以看出，忠清北道农户数量最高，约为 16.6 万户（占 16.0%），紧随其后的是全罗南道（13.7 万户，占 13.2%）和庆尚南道（12.2 万户，占 11.8%）。与 2015 年相比，忠清北道的农户降幅最大（下降比例约 10.3%），韩国大都市的农户增长比例最大（增长比例约 35.4%）。

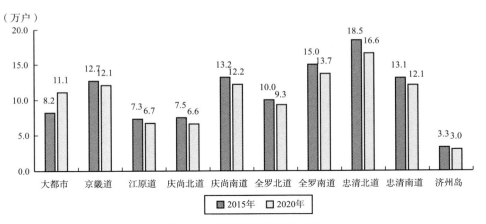

图 2-9　按区域划分的农户数
资料来源：韩国统计局官网网站，kostat.go.kr。

在农户年龄方面，2020 年农林渔业家庭中老年人口（65 岁及以上）[1]的比例为 41.7%（见图 2-10），其中从事农地种植业的老年人口占 42.3%，渔业家庭的老年人口占 36.1%，林业家庭的老年人口占 37.7%，2020 年农林渔业家庭管理者的平均年龄为 65.8 岁，比 2015 年的 64.8 岁高出 1 岁，韩国

---

①　老年人口比例：（65 岁及以上人口 ÷ 总人口）× 100%。

农民的老龄化程度非常严重，大量的青壮年向城市转移，从事农业生产的劳动力缺乏活力，这也直接导致韩国农业相较于其他产业发展迟滞，农产品供应不足，价格居高不下。

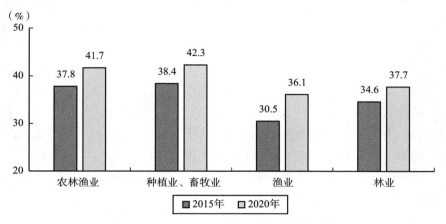

图 2-10　2015~2020 年老年人口比例的变化
资料来源：韩国统计局，http://kostat.go.kr/portal/eng/pressReleases/12/1/index.board。

　　在家庭人口方面（见图 2-11），2020 年农林渔业家庭成员的平均人数为 2.2 人，2 人家庭占农林渔业家庭的份额最大（54.1%），2 人渔户占渔业户总数的 56.4%，2 人林户占林业户总数的 54.8%。因此，2 人家庭经营模式是当下韩国农林渔业家庭的主要类型。

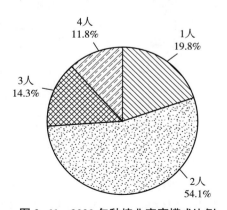

图 2-11　2020 年种植业家庭模式比例
资料来源：韩国统计局网站，kostat.go.kr。

观察农林渔业女性就业者人数情况（见图2–12），韩国农林渔业从业者中男性就业人数明显高于女性，在农林渔几个类别中，渔业的女性从业者比例最大，林业的女性比例最小，但与2015年相比，韩国农林渔业中所包含的女性就业的比例明显上升。

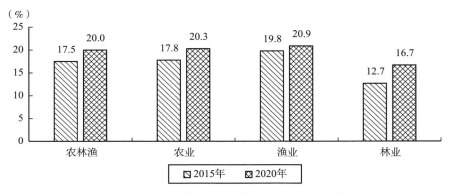

图2–12 2015年和2020年农林渔业女性就业者比例
资料来源：韩国统计局网站，kostat.go.kr。

韩国耕地资源与其人口规模存在较大的矛盾，进而导致韩国农业在向现代化发展的过程中存在诸多衍生问题。韩国逐渐形成了专业的农业企业以应对小规模分散农业经营的劣势和土地资源的有限性，农业企业作为韩国农业组织化经营的形式之一，成为韩国现代农业发展的重要力量。目前，韩国农林渔业企业数量在1.6万家至2万家之间波动，其中农业企业数量所占比例约为93.6%，渔业约为6.4%；农业企业职员数量在10万人以上，年增长率约为10%，渔业企业职员数量在7000人以上，职员人数年增长率约15%，企业销售额年增长比率约为17%。

韩国农业生产经营主体聚合形成农业合作社的形式，即"农业协会"（简称"农协"）。2020年，韩国农协中有1293家农林畜企合作社，可以说农协在韩国农业中逐渐占据了主导地位，囊括了几乎韩国基层及中央组织管理下的所有农民。自2021年起，韩国农协开始对自身体制进行数字化改造，对自身农业业务流程进行数字化更造，极大地节省了农业企业营业审批各项工作的效率。据统计，2020年韩国农协合作社收入约为567710亿韩元，年度农民总收入约为175210亿韩元，农业合作社盈利收入占农民信贷总收入的

69.7%，韩国设施完善、经营有道的农业协会已经成为各地域农业从业者日常生产和生活难以脱离的重要组织，为广大农民带来了资金流和优质农业生产服务。

二、韩国农业经营水平

（一）农业个体经营状况

根据韩国统计局数据，2021年韩国国民人均收入为4580万韩元，韩国农民收入略低于国内人均收入。总结2016~2021年韩国农业经营收入和支出情况，可以发现其波动较为稳定，农业收支总体都呈增长趋势（见图2-13）。2021年的农户家庭农业总收入增长了6.1%，农业平均支出也在不断增加，平均支出较2020年上升2.9%。此外，为了辅助国内农业产业结构有序调整，韩国政府的公共补贴份额增加，进而推动韩国农民的转移支付收入① 比重的逐年增加，有助于缓解农业从业者农业支出的增长压力。

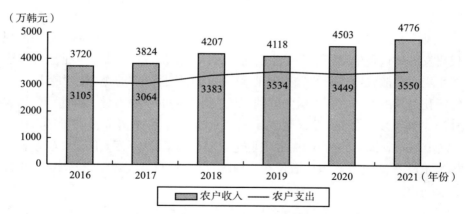

图2-13 2016~2021年农户平均收支情况
资料来源：韩国统计局网站，kostat.go.kr。

韩国农户资产计算包括固定资产和可变资产两部分。固定资产包括土地、房屋建筑、机器设备、大型动物、果树和无形资产；可变资产包括金融

_____

① 农业转移支付收入是指政府或企业无偿支付给农业从业者以增加其收入和购买力的费用。

资产和库存等。据韩国统计局发布的数据，韩国家庭平均资产约为5.25亿韩元，而截至2021年韩国农业家庭平均资产为5.59亿韩元，可见韩国农户家庭资产高于国民家庭平均资产。韩国农民固定资产的比例在不断增加，农业家庭资产也在不断提高。韩国家庭负债率居全球首位，其农户平均负债金额为3659万韩元，较上年下降2.7%。

根据韩国农业发展报告，2021年家庭收入在"3000万韩元以下"的种植业农户比例占农户总数的83.4%；"年销售额在1亿韩元以上"的农户占全体农户的3.9%。韩国种植业家庭收入差距巨大，主要家庭的经济状况集中于农业家庭收入为120万~3000万韩元的中等收入水平（见图2-14）。

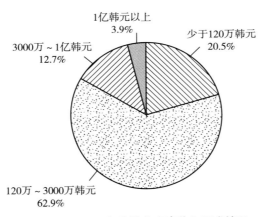

图2-14　2021年种植业家庭收入组成情况

2020年，畜牧业产品年销售额"不足1000万韩元"的家庭占农业家庭总数的70.3%，较2015年增长2.4个百分点。年销售额"5000万韩元以上"的家庭占农业家庭总数的7.9%，比2015年增长了0.1个百分点。韩国农业人均收入总体水平较低，多数家庭的收入位于韩国人均收入以下，并且贫富不均，也不利于农业生产力的可持续发展（见图2-15）。

2021年的渔业家庭平均收入5239万韩元，高于农业家庭的平均收入，渔业平均支出3213万韩元，由于渔业费用增加，渔业收入比上年有所减少（见图2-16）。

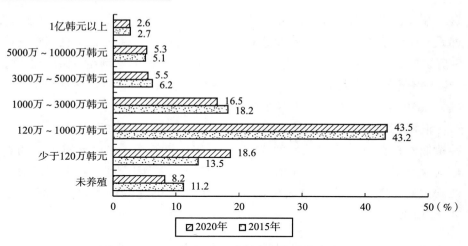

图 2-15　2015 年和 2020 年韩国畜牧业家庭收入规模
资料来源：韩国统计局网站，kostat.go.kr。

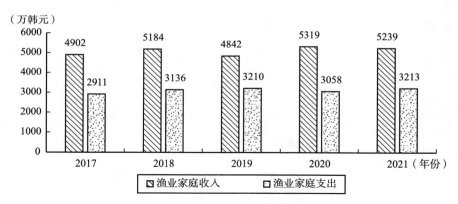

图 2-16　2017 年和 2021 年韩国渔业家庭收入
资料来源：韩国统计局网站，kostat.go.kr。

（二）农产品贸易水平

由于自然条件不佳，韩国需要大量依赖进口才能支撑国内农业供给，所以韩国农业贸易一直以谨慎的态度面对产品的开放，以求对本国农业进行保护与支持，现下的韩国贸易自由化水平较高，但在自由贸易合作中也存在对部分农产品进行高度限制的贸易保护政策，如产品贸易数量限制、关税制度制定等。但是，在农业贸易自由化的压力与经济全球化的趋势下，韩国在与他国的农业贸易合作中，其农业贸易自由度在逐渐提高。

首先，从韩国农产品出口贸易量来看（见图2-17），2021年韩国农产品出口量达到4881吨。自2015年开始，韩国农产品总出口量呈现增长趋势，但在2020年新冠肺炎疫情爆发后出现大幅下跌，2021年又快速恢复，并达到历史最高的水平，疫情未对韩国农业贸易产生过多的限制性影响。2021年，出口产品以农业产品为主，其中农业产品出口比例达到了66.54%，林产品比例为13.03%，畜牧产品出口量比例为3.78%，渔产品出口量比例为16.65%。根据韩国农林畜产食品部和海洋水产部发布的数据，韩国出口的主要产品为海苔、泡菜、人参等产品。

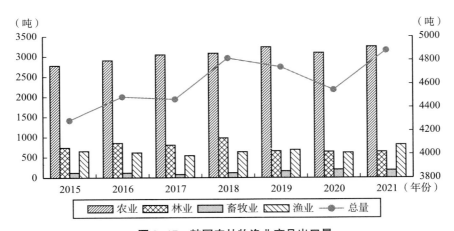

图2-17　韩国农林牧渔业产品出口量
资料来源：韩国农水产食品流通公社网站，https：//www.kati.net/statistics/periodPerformance.do。

2021年韩国农林牧渔业产品进口量为61443吨（见图2-18），远超农林牧渔业产品出口交易量。其中农产品进口所占份额为59.43%，林业所占份额为27.20%，畜牧业产品所占份额为3.01%，渔业产品所占份额为10.37%，进口仍然以农产品为主。韩国由于自然条件劣势导致其农产品生产率较低，严重依赖外国农产品进口，因此农产品进口量远大于出口量。进口量在疫情肆虐的情况下稍有回落，但在2021年又恢复增长趋势并达到峰值。

FTA有效利用率通常用于分析贸易中可获得关税减免等贸易政策优惠的商品比例。对韩国参与的FTA农产品出口进行统计，2020年至今的FTA农产品出口利用率在54.7%上下波动，进口利用率均值则为92.3%，可见韩国进口的农产品被自贸协定覆盖的程度最高（见图2-19）。FTA国家中韩国的主要出口对象国（地区）为东盟、美国、日本、中国等，主要进口对象国家（地区）为东盟、美国、欧盟、中国和澳大利亚。

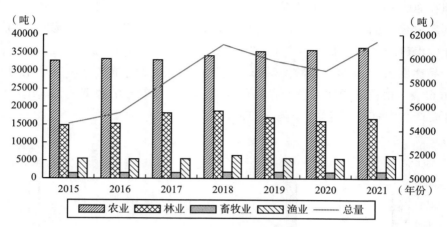

图 2-18　韩国农产品进口量

资料来源：韩国农水产食品流通公社网站，https：//www.kati.net/statistics/periodPerformance.do。

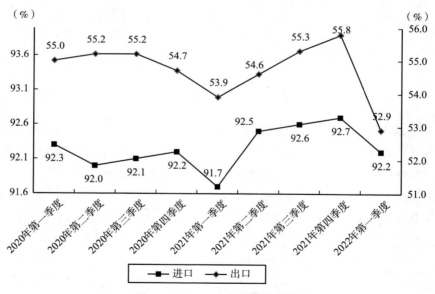

图 2-19　FTA 农产品贸易利用率

资料来源：韩国统计局网站，kostat.go.kr。

三、韩国农业发展主要问题及现行政策

目前的韩国农业存在许多显著性问题：第一，根据韩国农业经营数据，韩国农、渔业从业者呈现出小规模家庭的经营占据主要地位的状态，并且以1~2人家庭传统生产方式为主，不利于形成规模性、系统性和高效率的农业生产模式，生产较为低效。第二，韩国农业劳动力的老龄化程度较为严重，并且呈现出农业劳动力向城市流动、农业向外迁移人口年轻化的趋势，农业就业人口的老龄化将导致韩国农业效率降低，生产模式固化程度加深，出现持续性的农业就业人口减少等问题。第三，韩国农林牧渔业的用地面积不断缩减，韩国城市化发展以及绿色循环战略的实施共同导致农业的耕地规模、林业开采面积和渔业捕捞面积的缩小，阻碍韩国农业的规模化发展，同时也存在生产效率降低以及公共管理难度加大的问题。

针对农业现存的主要问题，韩国政府对农民实施了大规模、强力度的农业辅助政策。首先，根据韩国政府农业相关文件，韩国对农民所生产的农作物产品给予高额补贴，同时对进口农产品征收高额进口关税，对农产品进行高标准贸易保护。其次，针对农业从业人数降低、外移和收入下降等问题，政府制定了"农业与农村综合计划""归农、归村计划""农业、农村十年中长期政策框架计划"等，激励非农业人员从事农业生产经营活动，恢复农村劳动力。再次，联动农业协会开展集体化经营和规模化生产，提高农业效率，提升技术标准和产品质量，给予农业从业者贷款优惠和更大的补贴力度。最后，联动海内外农业投资，建立海外农业开发法律保障制度，为对外投资或外资企业提供农业投资信息资源、资金补贴和会议指南等。

受到新冠肺炎疫情的干扰，韩国国内农业正常生产受到影响，农产品进口受阻，导致国内农产品需求难以得到满足，韩国政府当即启动农产品应急响应计划。韩国农林畜产食品部首先启动了"农产品领域财政支援扩大计划"，变更了农产品价格稳定基金运行计划，对农产品消费、食品和外出就餐、农产品出口等方面给予483亿韩元的经费支持。其中包括开设网上农产品博览会为农户提供"无接触"的营销方式，线上召开出口洽谈会议，为客户和本国企业提供咨询平台，开辟农产品进口来源，扩张至德国、俄罗斯等海外大市场，支持农产品物流运送，降低运送难度等。

第二节 制 造 业

韩国制造业拥有雄厚的基础，自 20 世纪 60 年代以来，韩国完成了由农业国向高附加值工业制造国的蜕变，在世界各国中制造业竞争力位列第三。在韩国制造业中，2020 年的重工业产值占制造业总产值的比例约为 70%，货运产值约占产业产值的 85%。在各项重工业产业中，韩国在半导体及材料制造、造船业、汽车制造等领域实力雄厚，其中半导体行业产值约占韩国 GDP 的 10%，约占出口总额的 30%，领导国内各行业的增长。韩国重工业在世界市场份额中的排名位列第五，制造业已经从重视数量转移至重视质量及产品升级上。可以说，制造业就是韩国经济增长的"引擎"和创新的"源泉"。

根据韩国统计局公布的 2019 年制造业调查数据，我们对韩国制造业企业数量、从业人数、货物价值变化情况和产品附加价值变化情况展开分析，并对韩国制造业相关指数进行统计说明。

一、制造业企业概况

在制造业领域，韩国拥有许多具有国际影响力的知名品牌，如现代汽车、大宇造船等，其中三星电子、LG 制造已经跻身世界 100 强，产业链、供应链已经延伸到世界主要国家并形成了巨大的规模。韩国制造业企业具有完善的科技、商业、品牌模式，为韩国提供了巨大的产品附加值和高额利润。韩国制造业的快速发展离不开韩国对企业自主创新能力的培养、保护与扶持，韩国为制造业制定了完备的产业政策，颁布了针对制造领域各行业的保护性法律、法规，为造船业、钢铁业、汽车业、半导体业制定了鼓励产业升级的扶植政策。除了政策保障外，韩国还注重培养制造业的科研人才团队，以韩国"产学研"体系为例，韩国将国家研发部门和高校学院紧密对接，使学术研究和研发生产相契合，高效率地培养制造业相关技术人才。同时，韩国还十分重视引入优秀的科技人才，为此建立了相应的"科学和工程基金会"以保障海外人才在韩国的待遇水平，从而成就了韩国以制造业为基础的发达国家地位。

　　韩国制造业企业面临的主要问题是中小企业势单力薄，在研发与生产方面和大企业相距甚远，从而导致大型企业与中小企业之间出现了明显的生产能力断层，并且随着大企业的垄断加剧，制造领域各行业发展不同步的问题将进一步恶化。

　　2000~2019年，韩国的制造业企业数量呈总体增长趋势（见图2-20），2014年以前企业数量波动较大，但总体呈现出上升的趋势，2014年后趋于稳定并小幅增长。2000~2019年，韩国企业和工人数量年均增长率分别为2.4%和3.1%，到2019年制造业企业数量已经达到69975家。韩国自21世纪初就开始实施的竞争性产业政策加大了对垄断性财阀企业以外的中小企业的支持力度，有力地促进了韩国制造业企业的快速成长。

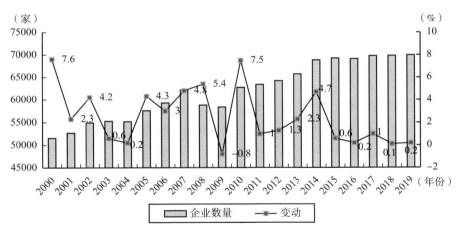

图2-20　2000~2019年韩国制造业企业数量与变动比例
资料来源：韩国统计局网站，kostat.go.kr。

　　根据生产产品的类别，韩国制造业可以划分为24个行业（见表2-3），近年来韩国企业数量变化幅度较大的制造业行业包括"食品制造业""医疗、精密和光学仪器、钟表制造业""汽车和拖车制造业""服装、饰品和毛皮制品制造""纤维制品制造""其他运输装备制造业"和"化学物质及化学制品制造业"等。韩国在自身制造业勃起发展后开始注重强化具有高端技术竞争力的行业，因此在精密仪器制造、大宗产品制造和医疗化学制造等领域开始加大了扶持力度，着力扶植培育那些具有优势的潜力型产业。

表 2-3　　　　　　　　　　　韩国制造业分类

序号	类型	序号	类型
1	食品制造业	13	橡胶制品及塑料制品制造业
2	饮料制造业	14	非金属矿物制品制造业
3	烟草制造业	15	基本金属制造业
4	纤维制品制造业	16	金属制品加工制造业
5	服装、饰品和毛皮制品制造业	17	电子零件、电脑、影音及通信设备制造业
6	皮革、皮包及鞋业	18	医疗、精密和光学仪器、钟表制造业
7	木材及木材制品制造业	19	电气装备制造业
8	纸浆、纸张及纸张制品制造业	20	其他机械及装备制造业
9	印刷及记录媒体复制业	21	汽车和拖车制造业
10	焦炭、煤饼及炼油产品制造业	22	其他运输装备制造业
11	化学物质及化学制品制造业	23	家具制造业
12	医疗用物质与药品制造业	24	其他产品制造业

资料来源：韩国统计局网站，kostat.go.kr。

　　韩国工业园区是韩国制造业企业集结整合的摇篮，对韩国企业集聚生长和规模发展起到了极为重要的作用。2020 年韩国工业园区数量为 1238 个，全国工业园区创造的产值约 947 万亿韩元，约占韩国 GDP 的一半，占韩国制造业总产值的 63.9%。工业园区还承载着韩国企业贸易的功能，工业园区的出口贸易额在 2020 年达到了 3325 亿美元，约占全国出口总额的 65.7%。工业园区内的就业人数占全国劳动力总人数的一半，可以说韩国就业与生产都离不开工业园区的功能性助力。韩国的工业园区可以分成两种类型，即国家园区和一般园区。国家园区以政府产业政策方向为主导，数量较少，但在园区建设水平、企业数量、雇工人数以及产值等方面都占据主导地位。一般园区则由地方政府主导管理，遵从地方政府的优势产业发展方向。

　　韩国国家产业园区主要位于蔚山、首尔、全罗南道和庆尚北道，一般产业园区位于忠清南道、忠清北道等。这些主要的产业园区的产值和出口额分别占全部产业园区的 26.2% 和 41.9%。韩国最大的蔚山尾浦产业园在 2020 年的产值就达到了 102 万亿韩元（约合 119 亿美元），占产业园区总产值的 11%，出口额为 407 亿美元，占全部园区出口额的 12%。韩国工业园区是实施高度数字化生产的高新技术产业基地，国家着力对工业园区投入数字化改造资源，将其作为孵化韩国高新技术产业人才的温床。

二、制造业从业者概况

制造业从业者是生产过程中的血液，韩国十分重视制造产业人才的培养。2009~2019年，韩国制造业工人数量年均增长1.64%，十年间的平均从业人数为283.1万人，总体呈现出增长趋势。2009~2019年，韩国制造业工人人数变化幅度不大（见图2-21），其中2010年的增长幅度最大，2014年后增长速度放缓，并在2016年达到最大值，2019年后均为小幅变动。

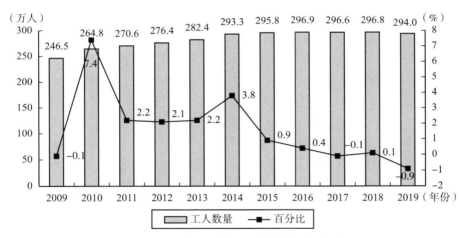

图2-21　韩国制造业工人数量及变动比例
资料来源：韩国统计局网站，kostat.go.kr。

根据韩国统计局发布的数据，2019年按种类划分的制造业从业人数变动数量中，从业人数增长最多的是"其他运输装备制造业"，增长约1万人，其次是"医疗、精密和光学仪器、钟表制造业"，增长约0.6万人；减少人数最多的是"汽车和拖车制造业"，减少约为1.5万人，其次是"食品制造业"，减少约1.4万人。在所有制造业类别中，"其他机械及装备制造业""金属加工制品制造业""电子零件、电脑、影像、音响及通信设备制造业""汽车和拖车制造业"和"食品制造业"五类制造业类型是制造业从业者的主要从业类型，占据制造业从业者的主要从业方向。自2020年新冠肺炎疫情爆发后，韩国制造业的国内投资、贸易条件困难，韩国大宗制造业如汽车行业、造船行业的产业结构有所调整，减少了对制造业人员的吸纳比例，这也直接导致韩国境内的从业者向国外迁移，在制造业部分产业重组后，吸纳的海外从业者数量不断增加，出现了明显的制造业从业岗位的流失。

根据 2020 年 1 月至 2022 年 4 月制造业工人月度工资总额[①]（见图 2-22）可以看出，其存在明显的季节性变化，一年中的工资总额最大值为 1 月，2022 年 1 月制造业工资总额与 2021 年同比上升 30.8%，环比上升 21.4%，达到疫情后制造业的月度工资总额最高值。2020 年全年制造业月度工资总金额约为 418 万韩元，2021 年为 445 万韩元，同比增长约 6.46%，而 2022 年的第一季度以来的月度制造业工资总额整体高于上年同期，工资总额有望实现新的突破。

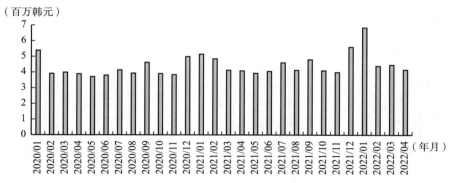

（百万韩元）

图 2-22　2020 年 1 月至 2022 年 4 月的制造业工人月度工资总额
资料来源：韩国银行网站，http://www.bok.or.kr/portal/main/main.do。

根据制造业产品类型对制造行业工资总额进行排名（见表 2-4），位列第一的是"焦炭、煤饼及炼油产品制造业"，随后是"烟草制造业"和"电子零件、电脑、影像、音响及通信设备制造业"，三者的工资总额大幅领先于其他制造业部门。包括第四位"汽车和拖车制造业"和第五位"化学物质及化学制品制造业"在内的前五类制造业部门的收入总额超过了制造业全行业收入的一半，但从就业人数分析中所涉及的主要部门来看，除"电子零件、

---

① 韩国统计局所统计的制造业工人月度工资总额是根据企业规模为 1 人及以上的制造业企业全体工人的工资月度总金额（包括工作日 + 临时工作日）计算的企业平均值。工资总额为扣除税前进行四舍五入运算后的工资。

电脑、影像、音响及通信设备制造业"和"汽车和拖车制造业"的从业人数在制造产业中领先外，其余部门则存在收入不均衡的问题。

表 2-4　　　　　　按产品类型划分的制造业工人工资总额　　　　　单位：百万韩元

产品类型	2020 年	2021 年
焦炭、煤饼及炼油产品制造业	7.14	7.47
烟草制造业	6.43	6.53
电子零件、电脑、影像、音响及通信设备制造业	5.58	6.36
汽车和拖车制造业	4.76	4.95
化学物质及化学制品制造业	4.74	4.91
第一阶段金属制造业	4.54	4.87
其他运输装备制造业	4.48	4.70
饮料制造业	4.45	4.59
医疗用物质与药品制造业	4.32	4.51
工业机械及设备修理业	3.91	4.22

资料来源：韩国银行网站，http：//www.bok.or.kr/portal/main/main.do。

三、制造业产值概况

根据 2016 年至 2022 年第一季度韩国制造业名义 GDP 季度统计数据（见图 2-23），可以看出制造业的产值呈总体上升的趋势。由于新冠肺炎疫情导致的全行业生产停滞，2020 年制造业季度产值曾出现大幅下降，滑落至 2016 年的生产水平。根据韩国统计局发布的数据，韩国 2021 年名义 GDP 为 2057.4 万亿韩元，制造业产值占 GDP 的约 25.6%，其制造业产值排在全球第五位。

韩国银行按经济活动种类将韩国制造业划分为 13 类进行数据统计（见表 2-5）。2021 年至今各季度的制造业产值均值排行中，"电脑、电子及光学仪器制造业"是 2020 年至 2022 年第一季度制造业产值的主要来源。前六个项目的产值都超过了 10 万亿韩元，总体贡献份额达到了 68.7%，该六类制造业行业是拉动韩国制造业产值的主要引擎。

（万亿韩元）

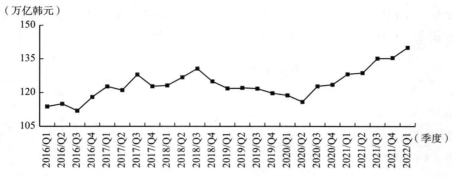

图2-23　2016~2022年第一季度韩国制造业季度GDP
资料来源：韩国银行网站，http：//www.bok.or.kr/portal/main/main.do。

表2-5　　　　2020~2022年第1季度制造业季度产值均值　　　　单位：万亿韩元

序号	活动种类	产值
1	电子零件、电脑、影像、音响及通信设备制造业	36.4
2	化学物质与化学制品制造业	22.6
3	基本金属制造业	11.2
4	机械与装备制造业	11.1
5	运输装备制造业	10.4
6	金属制品加工制造业	10.0
7	电气装备制造业	8.2
8	食品制造业	6.5
9	木材、纸张、印刷及复制业	4.0
10	焦炭及炼油产品制造业	3.9
11	纺织与皮革制品制造业	3.4
12	非金属矿物制品制造业	3.1
13	其他制造业及工业设备修理业	2.6

资料来源：韩国银行网站，http：//www.bok.or.kr/portal/main/main.do。

　　韩国制造业出货价值的情况可以直接反映产业的行情状况（见图2-24）。2000年以来，韩国制造业，装运价值不断升高，波动幅度逐渐减小，变动趋向于稳定。自2009年开始出货价值迅速增加，第一个峰值出现在2012年，随后货物价值逐渐下滑，2017年开始上升，2018年达到新高（156.7万亿韩元），2019 年又有所回落。从货物价值变动率看，2010 年的增长率为 18%，达到最高点，总体来看，这十年内的波动水平在 −4%~18% 之间，制造业的货物价值波动强度逐渐减弱。

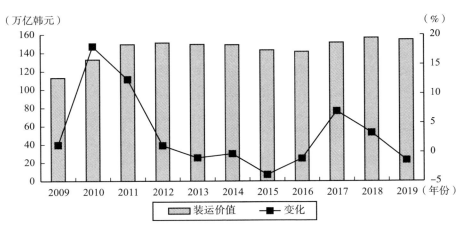

图 2−24 韩国 2009~2019 年货物价值的变化
资料来源：韩国统计局网站，kostat.go.kr。

在疫情爆发前韩国制造业的发展整体向好。根据韩国统计局的数据，韩国在新冠肺炎疫情爆发后制造业的生产能力大幅下降，在 2020 年第二季度达到 2015 年以来的最低水平。在后疫情时代逐渐恢复生产后，韩国制造业出货以及销售水平逐渐恢复。但因境内外的疫情反复，在 2022 年上半年制造业生产频频出现停滞，甚至在 2022 年第一季度又创出新的低点。

四、制造业工业指标情况

根据韩国统计局每月的工业统计数据报告，整理出 2020 年至 2022 年第一季度的制造业生产指数、出货指数、库存指数和生产能力指数等主要指标情况。

制造业生产指数普遍用来计算和反映制造业发展速度，也可以分析产业的景气状况。根据韩国银行发布的月度数据（见表 2−25），自 2020 年开始制造业生产指数整体上呈现出波动上升的趋势，在新冠肺炎疫情期间出现了为期约半年的低谷，在 2020 年下半年逐渐恢复至年初水平。

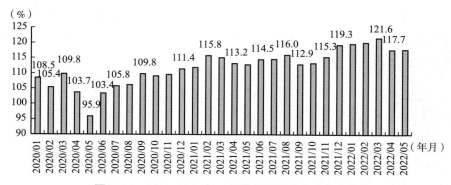

图 2-25　2020~2022 年 5 月韩国制造业月度生产指数
资料来源：韩国银行网站，http://www.bok.or.kr/portal/main/main.do。

　　从 2021 年开始，韩国制造业发展速度恢复稳定，并且在 2022 年有望实现更高水平的突破。根据韩国统计局的报告，按照制造业产品划分的 24 个行业类别指数排行中位居前列的类别包括"电子零件、电脑、影音及通信设备制造业""医疗用物质与药品制造业""医疗、精密、光学仪器和钟表制造行业""烟草制造业"和"其他机械及装备制造业"。

　　库存指数是使用末期库存数量除以产品的出口数量，结果为两者的数值比例，根据存货量与装载量的比值可以反映出制造业市场供需的实时状态。韩国 2020 年制造业库存指数波动幅度较大（见图 2-26），2020~2021 年的制造业库存呈波动下降趋势，2021 年下半年库存量快速上升，2022 年恢复稳定。根据库存比可以看出，韩国 2020 年制造业产品存在供过于求的情况。2021 年的韩国制造业库存指数中，库存装运比呈波动上升趋势。

　　新冠肺炎疫情爆发后，各国制造业生产遭受严峻考验，具有外向型经济特点的韩国作为国际制造业产业链、供应链循环的重要枢纽，也受到企业停工停产的重创，其制造产业的国际贸易和投资出现严重萎缩，产值迅速下滑。根据韩国统计局报告的发布，2020 年韩国制造业产值增长率为 –0.92%，是自 2012 年以来首次出现的负增长。韩国政府给予韩国制造业企业多重扶持政策，以助其度过难关。虽然制造业受到疫情冲击较大，但在国内调节的积极引导下，韩国制造业恢复速度较快，2020 年韩国机械设备固定资本总额为 127.7 万亿韩元，同比增长 8.73%，2021 年固定资本总额同比增长22.6%，表明韩国制造产业发展趋势向好。韩国政府针对制造业疲软情况制定了制造业的整体复兴计划，要求到 2030 年实现下列目标：韩国制造业成为全球四强，世界一流制造业企业增加一倍以上等。此外，为了培养人才，韩国政府制定了产业通商资源政策报告，要求向半导体、造船、汽车等主力制造产业中投入大量资源，更新并引进符合现代化要求的尖端技术类课程，并建立相关产业学院。

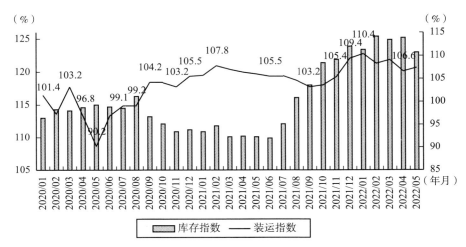

图 2-26　2020~2022 年 5 月韩国制造业库存和装运指数
资料来源：韩国银行网站，http://www.bok.or.kr/portal/main/main.do。

第三节　服务业

韩国服务业比较发达，在韩国经济中所占份额最大、增长速度最快。2021 年，韩国服务业增加值占 GDP 的比重约为 57%。韩国服务业为韩国解决了七成的就业需求。文化产业是韩国成为文化强国的重要推手。但是，与其他发达国家相比，韩国服务业所占比重较低，还有较大的发展空间和潜力。

根据韩国统计局发布的服务业企业数量报告中按服务产业细化行业所划分的十大服务业类型（见表 2-6）可知，"批发零售及住宿饮食业"涵盖批发和零售业与住宿餐饮业两部分；"运输业"包含陆运与管道运输、水上运输、航空运输、仓储和其他运输服务；"金融保险业"涵盖金融业、保险和养老金行业及其他金融保险相关的服务；"房地产业"包含房地产行业与房产租赁业；"信息通信业"包含出版业、视频音频的制作和发行业、广播业、电信业、计算机编程及系统集成与管理业和其他信息服务行业；"商业服务业"包括商业设施管理、业务支持、租赁服务等在内的系列服务活动；"专业、科学和技术服务业"包括研发行业、专业服务、建筑技术工程及其他科技服务和其他专业科学服务等；"医疗保健业与社会福利服务业"包括健康行业和社会福利服务业；"文化及其他服务业"包括艺术、体育、休闲娱乐相关服务和协会组织、维修及其他个人服务。

表 2-6   服务业行业分类

序号	项目类型	序号	项目类型
1	批发零售及住宿饮食业	6	商业服务业
2	运输业	7	专业、科学和技术服务业
3	金融保险业	8	教育服务业
4	房地产业	9	医疗保健业与社会福利服务业
5	信息通信业	10	文化及其他服务业

资料来源：韩国银行网站，http：//www.bok.or.kr/portal/main/main.do。

一、韩国服务业经营主体概况

（一）服务业企业概况

1. 服务业企业数量

据韩国统计局发布的 2009~2019 年服务业企业总数（见图 2-27），服务业企业数量整体呈现持续上升趋势，在 2012 年和 2014 年出现两个加速上升的峰值，之后保持稳定上升趋势，2019 年达到最大值，可见近年来韩国服务业发展效果较好。

根据 2009~2019 年韩国服务业各类型的企业数量（见图 2-28），从变动趋势可以看出，所有行业的企业数量总体都呈增长趋势，并且在 2015 年都有回落趋势，之后恢复稳定上升。2019 年的企业总数量为 355.8 万家，较 2018 年增长 1.9%，所有行业的机构数量都有所增长。企业数量占比最多的是"批发零售及住宿饮食业"，数量远超排在第二位的"文化及其他服务业"，2019 年两类产业的企业数量占服务业全行业企业数量的近六成。2009~2019 年企业增长数量最多的行业是"批发零售及住宿饮食业"（增加 32.7 万家），历年数量最少的均为"信息通信业"。

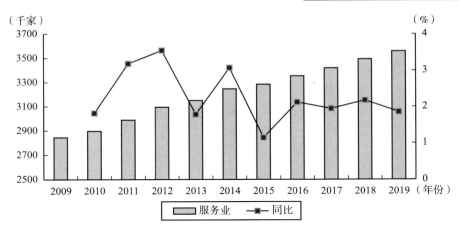

图 2-27　2009~2019 年服务业企业总数量

资料来源：韩国银行网站，http://www.bok.or.kr/portal/main/main.do。

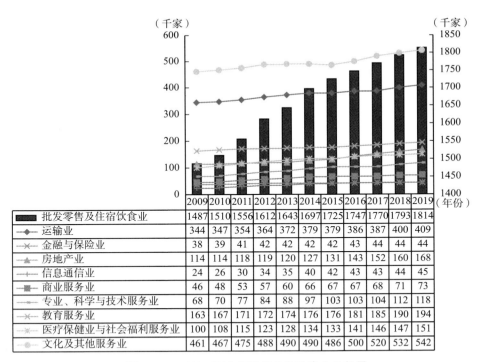

	2009	2010	2011	2012	2013	2014	2015	2016	2017	2018	2019
批发零售及住宿饮食业	1487	1510	1556	1612	1643	1697	1725	1747	1770	1793	1814
运输业	344	347	354	364	372	379	379	386	387	400	409
金融与保险业	38	39	41	42	42	42	42	43	44	44	44
房地产业	114	114	118	119	120	127	131	143	152	160	168
信息通信业	24	26	30	34	35	40	42	43	43	44	45
商业服务业	46	48	53	57	60	66	67	67	68	71	73
专业、科学与技术服务业	68	70	77	84	88	97	103	103	104	112	118
教育服务业	163	167	171	172	174	176	176	181	185	190	194
医疗保健业与社会福利服务业	100	108	115	123	128	134	133	141	146	147	151
文化及其他服务业	461	467	475	488	490	490	486	500	520	532	542

图 2-28　2009~2019 年服务业各种类企业数量

资料来源：韩国银行网站，http://www.bok.or.kr/portal/main/main.do。

2. 服务业企业销售额

从 2009~2019 年的服务业企业的年度销售额（见表 2-7）可以看出，这一期间服务业企业销售总额呈增长趋势，2015 年增长迅速（23%），随后增长波动较小，并趋于稳定。数据表明，在整个服务业中，总体年销售额排在第一位的是信息通信业，仅次于运输业，两个行业部门间的销售额差距在11 年间逐渐缩小，2017 年，运输业超过信息通信业排在服务业企业销售额第一位，但之后年份又恢复至第二位。根据"批发零售及住宿饮食业""医疗保险业和社会福利服务业""教育服务业""文化及其他服务产业""商业服务业""房地产业"和"专业、科学与技术服务业"销售总额的数值变化，可以明显看出该类销售额总体上逐年增长，而信息通信业和运输业均呈现先降低后提升的趋势，在 2016 年开始趋于稳定。两类服务行业的企业销售额加在一起约占服务业总销售额的一半。

表 2-7　　　　　**2009~2019 年服务业各企业年平均销售额**　　　　单位：百万韩元

类别	2009年	2010年	2011年	2012年	2013年	2014年	2015年	2016年	2017年	2018年	2019年
企业总额	8447	10557	10283	9679	9467	8996	10304	10899	11589	11853	11941
批发零售及住宿饮食业	899	1057	1131	1106	1084	1059	1265	1311	1394	1446	1455
医疗保健业与社会福利服务业	667	650	671	681	702	726	820	824	879	951	1000
教育服务业	156	159	161	163	162	163	199	198	196	198	205
文化及其他服务业	359	431	440	461	473	491	579	547	534	541	551
商业服务业	882	1014	931	904	894	878	1156	1105	1171	1245	1243
运输业	1052	2679	2764	2511	2362	2166	2087	2616	2890	2898	2869
专业、科学与技术服务业	834	825	788	749	736	696	852	851	857	861	875
信息通信业	3170	3232	2941	2679	2627	2376	2619	2674	2824	2904	2962
房地产业	428	510	456	425	427	441	727	773	844	809	781

资料来源：韩国银行网站，http://www.bok.or.kr/portal/main/main.do。

2011~2021 年的十年间，除了 2020 年受新冠肺炎疫情影响与上年持平外，韩国服务业产品的销售额总指数一直保持稳定增长（见图 2-29）。将服务业产品划分为耐用品、准耐用品和非耐用品三类。耐用品包括乘用车、家用电器、通信设备及计算机、家具等；准耐用品包括服装、鞋包、娱乐用品等；非耐用品包括食品、药品、化妆品、书籍文具、车辆燃料等。在 2015年以前销售指数以耐用品 < 非耐用品 < 准耐用品的顺序稳定增长，2015 年，耐用品和准耐用品发生调转，即准耐用品 < 非耐用品 < 耐用品，并且此后耐用品增长速度保持快速提高。2021 年，服务业耐用品中销售收入最高的产品是 "家用电器"，准耐用品中销售收入最高的产品是 "娱乐用品"，非耐用品中销售收入最高的产品为 "化妆品"。

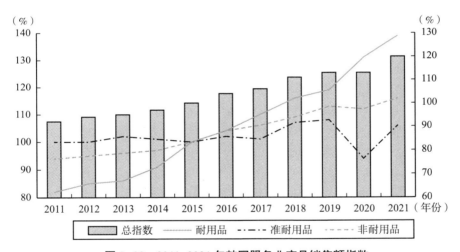

图 2-29 2011~2021 年韩国服务业产品销售额指数
资料来源：韩国银行网站，http://www.bok.or.kr/portal/main/main.do。

（二）韩国服务业从业者概况

1. 服务业从业者数量

根据韩国统计局发布的数据，2009~2019 年的服务业从业总人数一直保持稳定增长（见图 2-30），其中增长最快的是 2015 年，随后增长速度逐渐放慢，2018 年增长速度又有所提升。

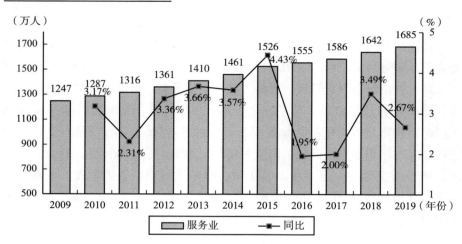

图 2-30　2009~2019 年服务业从业总人数
资料来源：韩国银行网站，http : //www.bok.or.kr/portal/main/main.do。

　　根据服务业十个门类的从业人数情况（见图 2-31），"批发零售及住宿饮食业"的从业人数居于首位，随后是"教育服务业"和"医疗保健业与社会福利服务业"。2009~2019 年，"批发零售及住宿饮食业"从业人数遥遥领先于其他服务业行业，占服务业从业总人数的比重最大，2019 年的比例达到 33.7%。大部分服务门类的从业人数稳定增长，排在第二位的"教育服务业"和第三位的"医疗保健与社会福利服务业"与其他行业从业人数的差距也较大，2015 年之后，"医疗保健业与社会福利服务业"超越"教育服务业"排名第二位。"房地产业""金融与保险业""信息通信业"的增长趋势不明显，从业人数基本保持稳定，其中"房地产业"在所有服务业门类中从业人数占比最小。

　　2. 服务业从业者收入

　　根据韩国统计局发布的数据，2020 年韩国服务业工人工资总额的企业平均值即服务业工人工资总额 ① 为 5.02 亿韩元，2021 年服务业工人工资总额为 5.23 亿韩元，同比增长 4.3%。

----

　　①　韩国统计局所统计的工资总额是根据企业规模为 1 人及以上的企业全体工人的工资总金额（包括工作日＋临时工作日）计算的企业平均值。工资总额为扣除税前进行四舍五入运算后的工资。

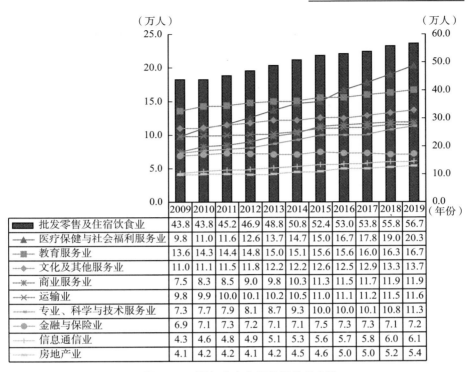

	2009	2010	2011	2012	2013	2014	2015	2016	2017	2018	2019
批发零售及住宿饮食业	43.8	43.8	45.2	46.9	48.8	50.8	52.4	53.0	53.8	55.8	56.7
医疗保健与社会福利服务业	9.8	11.0	11.6	12.6	13.7	14.7	15.0	16.7	17.8	19.0	20.3
教育服务业	13.6	14.3	14.4	14.8	15.0	15.1	15.6	15.6	16.0	16.3	16.7
文化及其他服务业	11.0	11.1	11.5	11.8	12.2	12.2	12.6	12.5	12.9	13.3	13.7
商业服务业	7.5	8.3	8.5	9.0	9.8	10.3	11.3	11.5	11.7	11.9	11.9
运输业	9.8	9.9	10.0	10.1	10.2	10.5	11.0	11.1	11.2	11.5	11.6
专业、科学与技术服务业	7.3	7.7	7.9	8.1	8.7	9.3	10.0	10.0	10.1	10.8	11.3
金融与保险业	6.9	7.1	7.3	7.2	7.1	7.1	7.5	7.3	7.3	7.1	7.2
信息通信业	4.3	4.6	4.8	4.9	5.1	5.3	5.6	5.7	5.8	6.0	6.1
房地产业	4.1	4.2	4.2	4.1	4.2	4.5	4.6	5.0	5.0	5.2	5.4

图 2-31 服务业十个门类的从业人数
资料来源：韩国银行网站，http://www.bok.or.kr/portal/main/main.do。

2020~2021 年的服务业收入结构基本相同（见图 2-32），总收入占比最大的是"商业服务业"，其次为"金融保险业"，第三位是"文化及其他服务业"。2021 年三个主要服务业类别的总占比达到近 4 成（"商业服务业"，9110 万韩元，约占 17.4%；"金融与保险业"，8360 万韩元，约 16.0%；"文化及其他服务业"，6830 万韩元，约 13.1%），总收入最低的是"房地产业"（3550 万韩元，占比约为 6.8%）。

二、服务业产值概况

（一）服务业生产水平

根据 2016 年至 2022 年第一季度的韩国服务业按经济活动分类经季节调整后的季度名义 GDP（见图 2-33），自 2016 年以来，韩国服务业的生产总值一直呈现稳定上升趋势，但在 2020 年出现下滑，直到 2020 年第三季度才恢复上升趋势，2021 年末的增长速度达到最大，季度 GDP 总值在 2022 年第一季度达到顶峰。

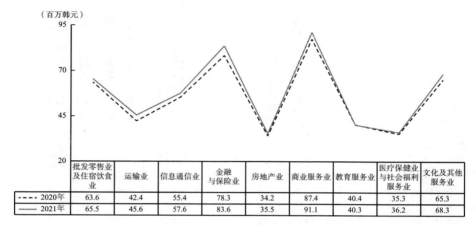

（百万韩元）

	批发零售业及住宿饮食业	运输业	信息通信业	金融与保险业	房地产业	商业服务业	教育服务业	医疗保健业与社会福利服务业	文化及其他服务业
-- 2020年	63.6	42.4	55.4	78.3	34.2	87.4	40.4	35.3	65.3
— 2021年	65.5	45.6	57.6	83.6	35.5	91.1	40.3	36.2	68.3

图 2-32　2020 年和 2021 年韩国服务业工人工资总额
资料来源：韩国银行网站，http：//www.bok.or.kr/portal/main/main.do。

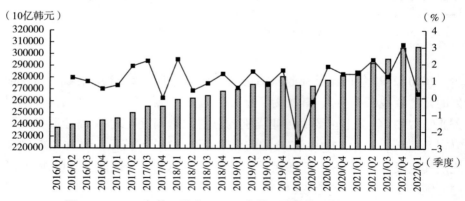

图 2-33　2016 年第一季度至 2022 年第一季度韩国服务业生产总值
资料来源：韩国银行网站，http：//www.bok.or.kr/portal/main/main.do。

　　根据统计局发布的数据，按照 2021 年全年服务业生产总值排序，全年产值排在第一位的是"商业服务业"，约为 191.9 万亿韩元，紧随其后的是"批发零售及住宿饮食业"，约为 180.6 万亿韩元，房地产业以 147.9 万亿韩元位居第三。

服务业生产指数是反映服务业产品产量变动情况的一种动态指标，主要可以反映服务业季度变动情况，将基期 2015 年作为 100，指数大于 100 则表示服务业的生产总量在增长，反之则在下降。

1. 按行业分类的服务业生产指数

根据行业指数报告（见图 2-34），韩国服务业产业指数可按行业类型划分和按服务业项目划分。2016~2021 年按季度划分的服务业生产指数在 99.3~108.0 之间，整体上服务业呈现上升趋势，2020 年受疫情影响出现了断崖式的下跌，但在 2020 年下半年逐渐恢复增长趋势，2021 年末恢复至疫情爆发前的水平。

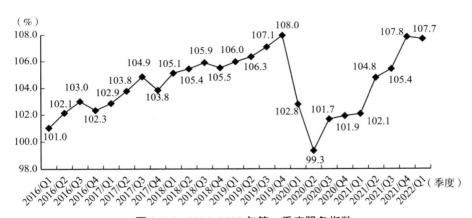

图 2-34 2016~2022 年第一季度服务指数
资料来源：韩国银行网站，http：//www.bok.or.kr/portal/main/main.do。

按部门划分的服务业指数（见图 2-35）在 76.7~148.3 之间波动，"医疗保健业与社会福利服务业""金融与保险业"两个行业的服务指数增长速度最快，领先于其他服务业行业，在新冠肺炎疫情爆发后，"金融与保险业"的指数增长速度超过其他所有服务产业占据服务业类别的首位，并且在 2021 年达到最高值。2019 年后"信息通信业"的服务指数排名第三，并且同样呈现明显的增长趋势，2022 年达到指数最大值。"房地产业"的服务指数在 2019 年出现迅速增长，2020 年第二季度开始下降，之后保持小幅波动。"专业、科学与技术服务业"的指数变化幅度最小。"商业服务业""教育服务业""批发零售及住宿饮食业""文化及其他服务业""运输业"五个行业的服务指数在 2019 年前都较为稳定，但是从 2020 年开始都出现了断崖式下降，从 2020 年下半年开始转变为上升趋势，但直到 2022 年第一季度仍未恢复至疫情前的水平。2022 年"金融与保险业""医疗保健业与社会福利服务业"的服务指数最高，并且非常接近，远高于"信息通信业"。其余行业的服务指数出现了断崖式下降，"文化及其他服务业"的服务指数居于最末。

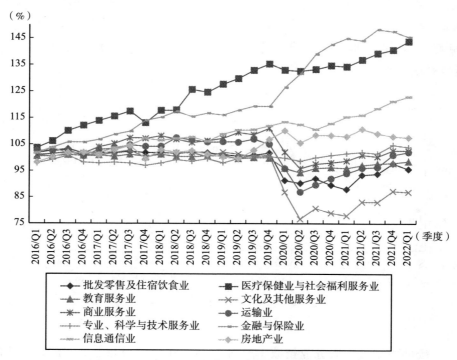

图 2-35　2016~2022 年第一季度按行业划分的服务指数
资料来源：韩国银行网站，http：//www.bok.or.kr/portal/main/main.do。

2. 各区域服务业生产指数

生产指数指生产类别在各区域生产活动中的比例，根据韩国统计局统计的韩国各区域服务业生产指数情况（见表 2-8），韩国 16 个区域的生产指数年度均值逐年提高，但在 2020 年出现明显下降，区域生产指数中，除了首尔、忠清南道、全罗北道、全罗南道、庆尚南道和济州岛外，其余地方在 2020 年出现明显下降。

表 2-8　　　　2016~2021 年韩国各区域服务业生产指数　　　　单位：%

地区	2016 年	2017 年	2018 年	2019 年	2020 年	2021 年
首尔特别市	103.2	106.0	109.8	111.7	113.1	119.7
釜山广域市	101.9	103.4	105.4	105.7	101.3	105.6
大邱广域市	102.5	104.2	105.6	106.2	103.2	106.4
仁川广域市	103.9	106.3	109.1	110.4	99.8	102.4
光州广域市	102.8	104.8	107.0	108.4	106.8	110.0
大田广域市	104.1	105.7	107.1	107.9	105.2	108.1
蔚山广域市	101.0	100.7	101.4	101.1	97.9	99.9
京畿道	126.9	147.1	167.9	—	109.3	114.0
江原道	102.9	104.5	106.3	103.4	101.8	105.7
忠清北道	101.3	104.4	105.4	105.9	105.2	108.4
忠清南道	103.8	103.6	104.0	103.2	104.5	108.6
全罗北道	98.9	98.3	98.8	98.1	103.6	106.2
全罗南道	99.2	100.8	98.6	95.8	105.6	108.2
庆尚北道	100.1	100.2	104.4	105.9	100.6	104.1
庆尚南道	97.5	99.5	101.8	101.8	102.4	105.0
济州特别自治道	101.4	101.3	103.7	103.1	105.7	108.5
全国	102.9	105.1	107.1	108.1	104.3	108.0

注：生产指数以 2015 年为基准，2015 年 =100.0。
资料来源：韩国统计局网站，kostat.go.kr。

观察 2021 年 16 个区域的产值变化情况（见图 2-36），按照由大至小的顺序排列可以看出，首尔是 16 个区域中生产能力最高的地区并且遥遥领先于其他区域，其次是京畿道，其与排在第三位的光州也存在较大差距，之后的地区基本在平均水平上下浮动，生产指数最低的是蔚山。

从 2021 年 9 个区域的生产份额情况看（见表 2-9），2021 年首尔服务业的生产活动所占份额最大的是"信息通信业"，其次为"教育服务业"，第三位是"金融与保险业"，之后的类别份额出现数据断层，生产活动份额最少的是"医疗保健业与社会福利服务业"。可以看出韩国首尔的服务业类型以高新技术类这种高附加值、低能耗的绿色高水平行业为主，验证了首尔作为韩国首都在金融科技方面高于韩国其他地区的经济现状。2021 年釜山服务业生产份额最大的是"教育服务业"，其次为"金融与保险业"，最少的是"医疗保健业与社会福利服务业"。2021 年大邱生产份额最大的品类是"教育服务业"，其次是"金融与保险业"，份额最少的是"医疗保健业与社会福利服务业"，与釜山的服务业主要生产结构大致相同。2021 年仁川的服务业生产份额中"金融与保险业"的份额最大，其次是"教育服务业"，最少的品类是"批发与零售业"，相对于其他区域，仁川的服务业生产比例的均衡程度较高。2021 年光州服务业生产份额最大的是"金融与保险业"，最小的是"医疗保健业与社会福利服务业"。大田服务业生产品类中份额最大的是"信息通信业"，最小的是"医疗保健业与社会福利服务业"。蔚山的服务业生产份额最大的品类是"教育服务业"，最小的品类是"运输业"。京畿道的服务业生产结构以"金融与保险业""住宿和饮食业""教育服务业"为主，江原道则以"金融与保险业"和"信息通信业"为主，和首尔的服务业生产结构较为类似。

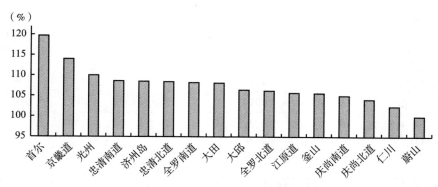

图 2-36　2021 年韩国各区域服务业生产指数
资料来源：韩国统计局网站，kostat.go.kr。

表 2-9　　　　　　　　**2021 年韩国 9 大区域服务业活动生产份额**　　　　　　单位：%

行业	首尔	釜山	大邱	仁川	光州	大田	蔚山	京畿道	江原道
批发与零售业	82.1	103.6	79.0	80.0	84.7	91.2	93.5	114.4	100.9
运输业	87.2	79.2	80.6	74.6	85.1	93.0	69.2	82.5	87.5
住宿和饮食业	125.9	111.4	116.1	119.4	120.9	113.2	118.5	150.1	110.8
信息通信业	158.3	123.7	129.2	131.2	133.9	137.2	117.4	138.7	139.9
金融与保险业	139.4	128.8	131.1	152.9	140.4	127.8	112.9	159.2	151.7
房地产业	105.3	91.0	110.0	112.2	103.3	104.8	93.5	105.9	104.4

续表

行业	首尔	釜山	大邱	仁川	光州	大田	蔚山	京畿道	江原道
专业、科学与技术服务业	105.2	106.4	99.4	107.6	97.4	103.8	92.4	99.7	110.0
商业服务业	94.2	92	92.6	92.4	96.4	92.6	94.8	98.7	95.9
教育服务业	143.4	133.9	138.9	142.4	134.1	133.2	129.8	142.5	131.6
医疗保健业与社会福利服务业	60.0	68.6	92.8	78.3	84.6	86.3	87.6	72.8	71.3
文化及其他服务业	85.9	89.0	86.3	88.9	101.3	98.6	89.9	94.5	96.1

资料来源：韩国统计局网站，kostat.go.kr。

从后 7 个区域在 2021 年的生产份额看（见表 2-10），忠清北道和忠清南道的服务业生产份额结构较为相似，都以"金融与保险业"占比最大，其次是"信息通信业"和"教育服务业"。全罗北道、全罗南道和庆尚北道服务业品类大致相似，份额最大的是"信息通信业""金融与保险业""教育服务业"。庆尚南道服务业生产份额中"教育服务业"最大。济州岛服务业生产份额最大的是"信息通信业"，远高于其他服务业生产比例，济州岛的"信息通信业"行业份额在韩国所有地区中是最高的。

表 2-10　　　　2021 年韩国 7 大区域服务业活动生产份额　　　　单位：%

行业	忠清北道	忠清南道	全罗北道	全罗南道	庆尚北道	庆尚南道	济州岛
批发与零售业	94.5	94.0	90.9	94.8	95.6	103.5	101.5
运输业	87.6	81.9	71.4	94.4	90.2	77.4	86.8
住宿和饮食业	111.1	114.8	112.6	119.5	112.4	109.3	117.7
信息通信业	134.8	146.9	140.1	143.7	131.2	118.8	169.7
金融与保险业	149.7	153.6	130.7	143.0	128.2	123.2	151.2
房地产业	111.3	121.7	100.1	96.2	104.5	87.7	108.1
专业、科学与技术服务业	102.0	93.8	96.3	99.2	95.0	94.9	112.9
商业服务业	104.4	100.0	97.3	98.8	95.6	99.4	98.6
教育服务业	133.0	132.6	126.3	122.2	124.1	132.5	126.5
医疗保健业与社会福利服务业	82.2	84.6	108.7	98.2	97.3	85.4	64.1
文化及其他服务业	98.1	94.8	90.5	96.2	93.6	93.2	103.0

资料来源：韩国统计局网站，kostat.go.kr。

（二）韩国服务贸易额

根据世界银行发布的数据，2010~2021年韩国服务贸易总额变动幅度较大（见图2-37），在2011年出现下滑后持续快速上升，2015年达到峰值，之后反复波动，但总体呈下降趋势，在2019年出现第二个低点，新冠肺炎疫情暴发期间服务贸易反而出现上升，2021年保持了增长的势头。

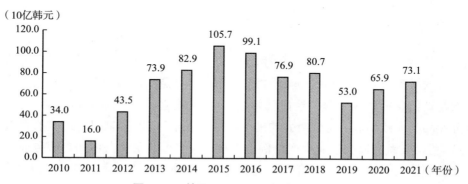

图2-37　韩国2010~2021年服务贸易额
资料来源：世界银行网站，https://data.worldbank.org.cn。

根据服务贸易额占韩国国内生产总值的比例情况（见图2-38），2010~2021年，韩国服务贸易比重出现明显的整体下滑趋势，期间出现小幅波动并在2013年达到近最大值（16.5%）。韩国服务贸易额在疫情期间为上升趋势，但在服务贸易的比重上出现了大幅下滑，并在2020年降至最低值（11.8%），2021年恢复增长趋势，基本恢复至2018年的水平。

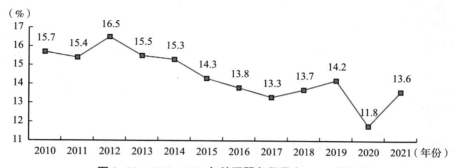

图2-38　2010~2021年韩国服务贸易占GDP的比例
资料来源：世界银行网站，https://data.worldbank.org.cn。

第四节　文化产业

文化产业是服务业中的一个主要行业类别。韩国自 1986 年正式提出"文化产业"的概念，要求国家的文化发展与国家发展实现同步，因此在韩国政府的政策及经济支持下韩国各地方开始建设文化产业的基础设施，并且逐渐开启了韩国"文化立国"的各项实际行动。韩国还设立了文化体育观光部、文化产业局、文化体育部、文化产业振兴院等国家创办的文化产业专属管理机构，还有由众企业组成的"韩国企业艺术支援协议会"等文化产业的民间协会。韩国文化产业从 20 世纪末至今已经完成了自起步至繁荣的发展过程，如今韩国已经成为一个名副其实的文化强国，并且其文化产业也成为韩国的支柱性产业之一。

一、韩国文化产业生产规模

韩国的文化产业涵盖了文化艺术、旅游、体育三个行业大类。韩国文化产业生产指数是韩国用来衡量文化、体育、旅游领域服务业生产增长态势的核心指标，为综合把握服务业整体及单个行业的生产活动而将各行业指数化，报告以月为周期发布，在基准时点编制。韩国文化、体育、旅游领域服务业发布的 2010~2021 年文化产业生产指数见表 2-11。

表 2-11　　　　　**2010~2021 年韩国文化产业生产指数**　　　　单位：%

年份	生产指数	同比变化	年份	生产指数	同比变化
2010	100	——	2016	113.10	4.10
2011	103.2	3.2	2017	105.80	1.80
2012	104.8	1.6	2018	108.60	2.50
2013	106.30	1.40	2019	109.60	0.90
2014	107.30	0.90	2020	76.77	−29.90
2015	108.90	1.20	2021	78.86	5.49

资料来源：韩国文化体育观光部网站，http://stat.mcst.go.kr/portal/subject。

利用表 2-11 中的数据制作出的趋势图如图 2-39 所示，从中可以看出，文化产业生产指数在 2016 年前保持稳定增长趋势，在 2016 年达到最大值，2017 年后出现小幅降低，之后逐渐恢复，因受疫情影响，2020 年的生产指数大幅下降，比上年降低了近三成，2021 年仍保持低迷状态。

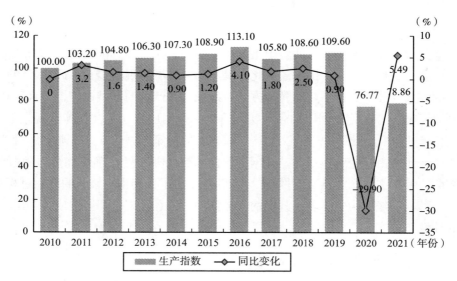

图 2-39　2010~2021 年文化产业生产指数变动
资料来源：韩国文化体育观光部网站，http://stat.mcst.go.kr/portal/subject。

（一）按行业类型划分的生产规模概况

根据韩国统计厅每月末公布的文化产业生产指数，我们对服务产业中文化产业部分所涉及的"文化服务业""文化、娱乐和休闲用品业""广播/媒体业""广告/设计业""出版业""体育业""休闲/娱乐业"和"观光/旅游业"这八大文化行业进行筛选后得出了 2013~2021 年相应的生产指数（见表 2-12）。韩国八大文化产业生产指数的波动幅度较大，总体呈现先上升后下降的趋势。

表 2-12　　　　　　**韩国近 9 年八大类文化产业生产指数**　　　　　单位：%

年份	文化服务业	文化、娱乐和休闲用品业	广播/媒体业	广告/设计业	出版业	体育业	休闲/娱乐业	观光/旅游业
2013	96.1	78.8	95.6	87.1	75.5	89.7	86.9	90.5
2014	71.4	56.1	73.5	56.9	51.1	68.5	59.7	67.3

续表

年份	文化服务业	文化、娱乐和休闲用品业	广播/媒体业	广告/设计业	出版业	体育业	休闲/娱乐业	观光/旅游业
2015	121.9	87.3	119.9	96.7	86.6	105.9	102.9	117.1
2016	131.1	85.9	119.9	94.9	83.2	108.4	106.6	127.3
2017	137.9	81.5	121.2	91.3	78.5	112.6	105.1	135.0
2018	116.9	89.8	106.8	95.6	92.1	102.5	101.3	121.7
2019	123.8	87.3	106.8	90.5	96.3	105.4	100.8	123.3
2020	119.4	84.8	89.5	85.2	92.6	77.2	55.1	50.3
2021	132.3	90.3	90.3	85.8	87.1	83.8	58.4	47.1

资料来源：韩国文化体育观光部网站，http://stat.mcst.go.kr/portal/subject。

　　根据韩国统计局发布的数据（见图2-40），"文化服务业"的生产指数总体呈现增长趋势，在2018年之后快速增长，在2021年达到最大值，其中2020年出现断崖式下降至负值。"文化、娱乐和休闲用品业"在2013年

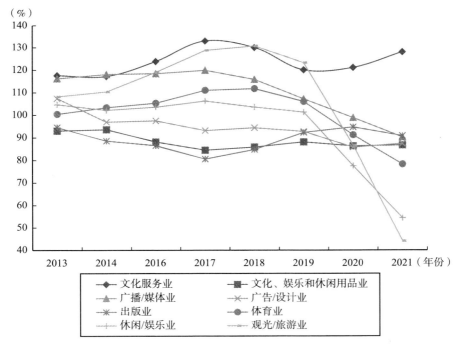

图2-40　2013~2021年韩国文化服务产业生产指数变化
资料来源：韩国文化体育观光部网站，http://stat.mcst.go.kr/portal/subject。

至 2021 年间呈现下降趋势，但波动趋势相对较缓；"广播 / 媒体业"在 2013 年至 2021 年间的整体趋势是下降的，在发生疫情前下降趋势较为缓和，疫情爆发后下降速度加快；"广告 / 设计业"在这一期间的发展趋势呈波动下降趋势，整体下降趋势较缓。"出版业"在这一期间整体呈现先下降后上升并保持小幅波动，其中在 2015 年至 2017 年都存在下降趋势，随后逐渐保持小幅波动；"体育业"整体趋势为下降，但在 2018 年以前保持稳定上升趋势，2018 年后生产指数迅速下滑；"休闲 / 娱乐业"在这一期间整体呈现逐渐下降的趋势，起初保持在平均值上下小幅波动，2020 年下半年出现断崖式下跌，2021 年仍然保持了下跌趋势；"观光 / 旅游业"在 2018 年之前呈增长趋势，2018 年出现小幅度下降，随后趋于稳定，2020 年初出现断崖式下跌。

（二）行业细化的生产规模概况

"文化服务业"的统计范围包括"文化创作相关服务业""文化场所与休闲服务业""互联网信息媒介服务业"和"在线信息提供服务业"四大类。根据 2021 年文化服务业年均生产指数（见图 2-41），低于文化服务业总体均值的类别依次是"文化创作相关服务业""在线信息提供服务业"和"文化场所与休闲服务业"，"互联网信息媒介服务业"在文化服务类中的生产能力最强，指数水平最高。

"文化娱乐休闲用品产业"被划分为"书籍文具用品零售业""娱乐运动用品零售业"两大类别。2021 年"娱乐运动用品零售业"的比重高于"书籍文具用品零售业"及本产业类别平均值，在本产业中的生产能力最突出（见图 2-42）。

"广播 / 媒体产业"包括"地面数字电视广播业""有线和卫星广播业""广播节目制作业"与"电影和录像放映业"四大类别。因韩国疫情得到有效控制，"广播 / 媒体产业"减少了对线下文化活动的限制，2021 年的广播媒体行业中只有"广播节目制作业"低于行业平均值并且低于零值，其余行业生产指数排名依次为"电影和录像放映业""地面数字电视广播业"和"有线卫星广播业"（见图 2-43）。

　　"广告 / 设计业"包括"广告业"和"专业设计业"两个产业类别，其中"广告业"生产指数呈总体增长趋势，但波动频率高，在 2021 年达到最大值。"专业设计业"也呈增长趋势，但产业生产指数低于广告业。"广告设计业"中"广告业"生产拉动力最强（见图 2-44）。

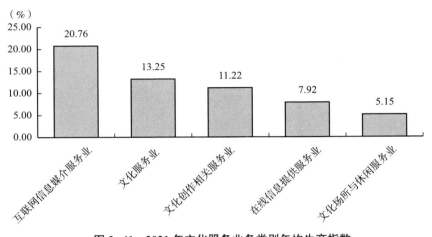

图 2-41　2021 年文化服务业各类别年均生产指数
资料来源：韩国文化体育观光部网站，http : //stat.mcst.go.kr/portal/subject。

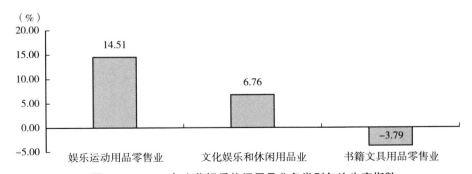

图 2-42　2021 年文化娱乐休闲用品业各类别年均生产指数
资料来源：韩国文化体育观光部网站，http : //stat.mcst.go.kr/portal/subject。

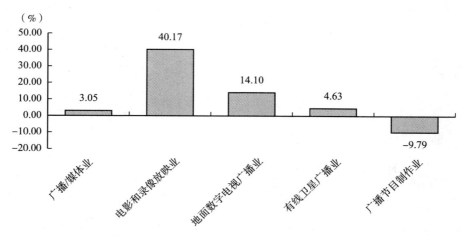

图 2-43　2021 年广播媒体业各类别年均生产指数
资料来源：韩国文化体育观光部网站，http://stat.mcst.go.kr/portal/subject。

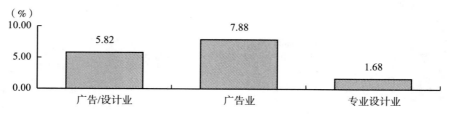

图 2-44　2021 年广告设计业各类别年均生产指数
资料来源：韩国文化体育观光部网站，http://stat.mcst.go.kr/portal/subject。

　　"出版业"包括"书籍出版业"与"报纸和期刊出版业"两个类别，2021 年的"出版业"整体呈负值，"报纸和期刊出版业"生产指数最低（见图 2-45）。

　　"体育业"包括"体育场运营业""高尔夫球场运营业""体育设施运营业"和"体育服务业"4 个品类。2021 年体育业中生产指数最高的是"体育场运营业"（见图 2-46）。

　　"休闲/娱乐业"包括"游乐场和主题公园经营业""其他娱乐场所经营业"与"博彩业"三种，2021 年"游乐场和主题公园经营业"生产指数最高，其次是"博彩业"，"其他娱乐场所经营业"的生产指数最低，并且低于休闲/娱乐业的平均值（见图 2-47）。

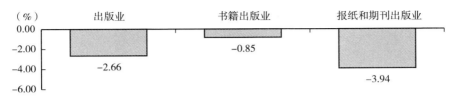

图 2-45　2021 年广告设计业各类别年均生产指数
资料来源：韩国文化体育观光部网站，http://stat.mcst.go.kr/portal/subject。

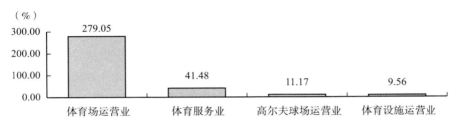

图 2-46　2021 年体育业各类别年均生产指数
资料来源：韩国文化体育观光部网站，http://stat.mcst.go.kr/portal/subject。

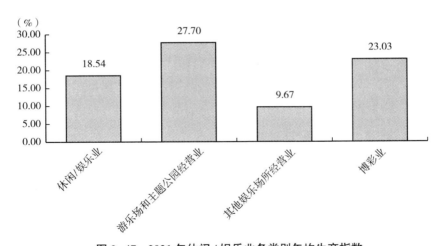

图 2-47　2021 年休闲/娱乐业各类别年均生产指数
资料来源：韩国文化体育观光部网站，http://stat.mcst.go.kr/portal/subject。

"观光/旅游业"包括"饭店业""旅馆业""度假公寓业""旅行社业""航空旅客运输业"和"铁路旅客运输业"6 个产业分类。2021 年"观光/旅游业"各类别中生产指数最高的是"饭店业",只有"旅行社业"和"旅馆业"低于观光/旅游业的平均生产指数(见图2-48)。

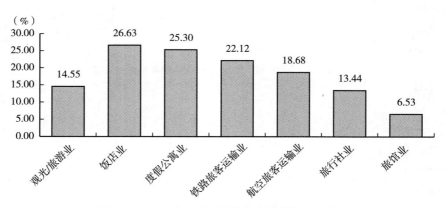

图2-48　2021年观光/旅游业各类别年均生产指数
资料来源:韩国文化体育观光部网站,http://stat.mcst.go.kr/portal/subject。

新冠肺炎疫情背景下,韩国传统线下服务业生产遭受严重打击,2020年服务业生产率下降2%,生产活动出现萎缩。在韩国"共存"政策与韩国产业通商资源部重点扶持政策下,服务业出口体系大力支持服务业,重点扶持发展潜力大的文化产业、医疗卫生、教育技术、数字服务、金融科技和工程技术6大服务业,2021年韩国服务业同比增长4.3%,创2007年以来的增幅新高。2021年通过非接触性交易的开展,疫情带来的消极影响降低,服务业发展逐渐向好。

二、韩国文化产业贸易规模

文化产业的主要贸易产品种类包括"体育用品""休闲用品""艺术工艺品""乐器""出版物""玩具游戏设备""美术用品""电影摄影用品"共8类,其中"玩具游戏设备"包含玩具、游戏设备、娱乐节庆设备等产品。根据韩国文化旅游观光部发布的数据(见图2-49),文化产品出口以"电影摄影用品"和"艺术工艺品"为主,并且与其他种类的产品出口金额存在较大差距。

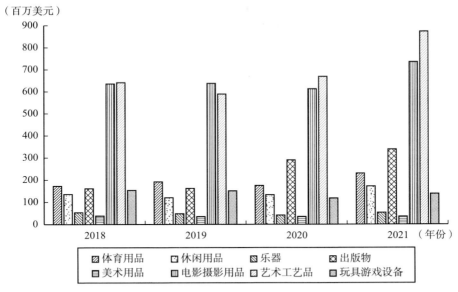

（百万美元）

图 2-49　2018~2021 年韩国文化产业产品出口额
资料来源：韩国文化体育观光部网站，http://stat.mcst.go.kr/portal/subject。

根据韩国文化体育观光部发布的数据，2021 年韩国"体育用品"的主要出口国为美国、中国、日本、越南、加拿大等国，体育用品的出口贸易量小幅度增长。韩国"休闲产品"的主要出口国为美国、中国、日本、德国、澳大利亚等国家，"休闲产品"的出口自 2018 年开始持续降低，2021 年又快速增长，达到 2018 年以来的最大值。"艺术工艺品"的产品中，"艺术品"排在前五位的出口国（地区）依次为瑞士、美国、中国香港、德国、新加坡；"工艺品"排在前五位的出口国（地区）依次为美国、中国香港、日本、中国、越南，"艺术工艺品"在 2019 年降低，之后又恢复快速增长，并在 2021 年达到最大值，除 2019 年外，"艺术工艺品"在所有出口产品中保持了最大的出口体量。"乐器"排名前五位的出口国依次为美国、德国、英国、荷兰、日本，"乐器"的出口占比很小，并且呈现降低趋势。"出版物"排名前五位的出口国依次为泰国、美国、日本、中国、澳大利亚。"玩具产品"排名前五位的出口国依次为美国、中国、日本、德国、菲律宾；"游戏设备"排名前五位的出口国（地区）依次为中国、新加坡、美国、中国香港、日本。"玩具游戏设备"出口总体呈现降低趋势，直至 2021 年才出现快速增长。"美术用品"排名前五位的出口国依次为美国、日本、中国、德国、越南,其出口量在韩国文化产品出口中占比最小。"电影摄影用品"排名前五位的出口国(地区)依次为中国、中国香港、中国台湾、美国、日本,"玩具游戏设备"的出口量仅次于艺术工艺品出口量,并且在 2019 年超过"艺术工艺品"的出口量,位居第一,2020 年出口量有所减少,但 2021 年又恢复增长态势。

2018~2021 年,在全部文化产业的行业分类中(见图 2-50),主要的进口额份额以"艺术工艺品"和"体育用品"为主,进口额最大的行业产品从"体育用品类"转变为"艺术工艺品类"。

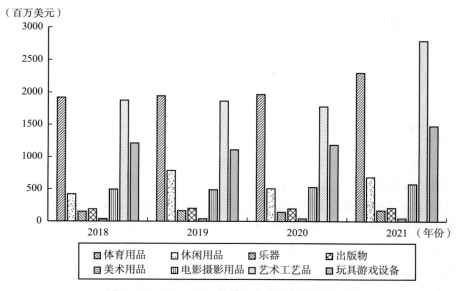

图 2-50　2018~2021 年韩国文化产业产品进口额
资料来源:韩国文化体育观光部网站,http://stat.mcst.go.kr/portal/subject。

韩国"体育用品"的进口量始终保持缓慢增长趋势,在 2021 年以前位居各类文化产品进口量的第一位,主要进口国依次为中国、越南、日本、印度尼西亚、美国等。"休闲产品"的进口呈增长趋势,2019 年出现大幅增长,主要进口国(地区)依次为中国、越南、日本、中国台湾、孟加拉国等,其中从中国的进口量最大。"艺术品"排名前五位的进口国依次为美国、日本、瑞士、英国、法国;"工艺品"排名前五位的进口国依次为中国、意大利、法国、美国、瑞士。韩国"艺术工艺品"的进口体量庞大,在 2021 年以前仅次于"体育用品"的进口量，并且明显领先于其他文化产品的进口，2021年艺术工艺品进口实现高速增长，比2020年增长了56.7%，并且其进口额也超过2021年总进口额的一半。乐器的进口量比例较低，但呈增长趋势，排名前五位的进口国依次为中国、印度尼西亚、日本、美国、法国。"出版物"的进口一直保持稳定，但所占份额并不大，排名前五位的进口国依次为中国、美国、英国、日本、德国。"玩具产品"排名前五位的进口国（地区）依次为中国、日本、越南、丹麦、中国台湾；"游戏设备"排名前五位的进口国（地区）依次为中国、日本、美国、中国香港、中国台湾。"玩具游戏设备"的进口额在2019年稍有回落，但次年又恢复稳定增长趋势。"美术用品"排名前五位的进口国依次为中国、日本、德国、墨西哥、印度尼西亚，在所有出口产品类别中进口额占比最小。"电影及摄影用品"进口额始终保持小幅增长趋势，排名前五位的进口国依次为日本、中国、马来西亚、美国、德国。

三、韩国文化产业经营主体状况

（一）韩国文化产业从业人员情况

根据韩国文化产业经营主体划分的三大行业类型包括"文化艺术业""旅游业""体育业"。2020年文化产业的从业人数约为267万人，女性文化产业从业比例约为20.7%，以男性为主。2020年文化产业所包含的三大行业中，从业人数最多的是"文化艺术业"，所占比例为59.4%，其次为"旅游业"，约占25.3%，占比最少的是"体育业"，占比15.4%（见表2-13）。

表2-13　　　　　2020年韩国文化产业从业人数　　　　　单位：人

统计分类		总人数	正式员工数	女性数量
		2678836	445085	555320
文化产业	文化艺术业	1590822	195821	315296
	旅游业	676454	124422	160522
	体育业	411560	124842	79502

资料来源：韩国统计局网站，kostat.go.kr。

2020 年文化产业的人均月度平均工资为 268.2 万韩元,其中"文化产业"的人均月工资平均为 279.4 万韩元,"旅游产业"为 242.5 万韩元,"体育产业"为 247.3 万韩元。

韩国文化从业者中月工资在"300 万韩元以下"的比例较低,并且工资在"300 万韩元以下"的从业者所占比例还在逐渐降低,其中男性比女性的比例更高;月工资"500 万韩元以下"的从业者所占比例也在不断降低,其中男性比例逐渐超过女性的比例;月收入为"700 万韩元以下"的比例最高,其中男性比例整体低于女性(见表 2-14)。

表 2-14 　　　　　　　　文化产业从业者月工资及性别比例 　　　　　　　单位:%

月平均 300 万韩元以下					
统计分类		2017 年	2018 年	2019 年	2020 年
全部从业者	小计	13.1	16.5	15.3	12.9
性别	男性	14.1	17.8	15.5	13.5
	女性	11.7	14.5	15.0	12.4
月平均 500 万韩元以下					
统计分类		2017 年	2018 年	2019 年	2020 年
全部从业者	小计	41.9	43.3	33.1	36.3
性别	男性	41.8	44.7	38.5	39.4
	女性	42	41	27.6	33.4
月平均 700 万韩元以下					
统计分类		2017 年	2018 年	2019 年	2020 年
全部从业者	小计	45.0	40.2	51.6	50.8
性别	男性	44.1	37.5	46.0	47.1
	女性	46.3	44.5	57.4	54.2

资料来源:韩国统计局网站,kostat.go.kr。

(二)韩国文化产业企业情况

根据韩国旅游观光部发布的数据(见图 2-51),我们归纳出韩国文化产业 2015~2020 年的销售总额。从图中可以看出,韩国文化产业的销售总额总体呈增长趋势,但在 2017 年出现了大幅下滑,"萨德"事件对韩国文化产业产生了较大的冲击,使韩国文化产品的销售及出口大幅降低,但经过韩国政府向欧美、日本、东南亚的文化传播引导,文化产业销售额从 2018 年开始恢复增长趋势。

图 2-51 韩国文化产业销售总额

资料来源：韩国文化体育观光部网站，http://stat.mcst.go.kr/portal/subject。

　　韩国的文化艺术产业又可细分为 11 个行业类型（见表 2-15）。文化艺术产业中销售额占比最大的品类是"工艺产业"，占比最少的品类是"文化遗产及文化设施业"。文化艺术行业的所有品类的销售额都呈现稳定增长趋势，"游戏产业""图像产业""演出产业"在 2015 年至 2019 年间呈现出明显的增长趋势，其他行业销售额增长波动较小。

表 2-15　　　　2015~2019 年韩国文化艺术行业销售总额　　　　单位：千亿韩元

细分行业	2015 年	2016 年	2017 年	2018 年	2019 年
游戏产业	1141.2	1349.1	1424.8	1573.9	1886.9
广告业	1506.4	1601.7	1801.7	1910.4	2142.5
音乐产业	377.1	408.6	442.1	392.4	543.9
电影产业与广播产业	2614.9	2599.8	2403.0	2587.2	3037.2
出版产业	2007.8	2052.4	2107.0	2140.9	2198.6
图像产业	1284.6	1532.9	1764.3	1924.8	2129.9
视觉艺术产业	1758.5	1803.5	1803.5	1837.2	1969.9
文学与出版业	2332.9	2422.6	2422.6	2398.8	2471.3
文化遗产及文化设施业	371.2	353.1	353.1	385.0	422.0
工艺产业	5558.7	5442.1	5442.1	5581.1	5687.7
演出产业	1036.1	1399.6	1399.6	1662.6	1969.9

资料来源：韩国文化体育观光部网站，http://stat.mcst.go.kr/portal/subject。

2015~2019 年体育产业下的三个细分行业中，销售份额贡献最大的品类由"体育用品业"转变为"体育服务业"，"体育用品业"的销售额在 2018年骤降，2019 年降至这一时期的的最低值，"体育服务业"始终呈现稳定的增长趋势，并且在 2019 年迅速上升；"体育设施业"则保持小幅波动，在2019 年也超过"体育用品"的销售总额（见表 2-16）。

表 2-16　　　　　2015~2019 年体育产业销售总额　　　　　单位：千亿韩元

细分行业	2015 年	2016 年	2017 年	2018 年	2019 年
体育用品业	4062.2	4051.8	4157.7	3227.3	2841.2
体育服务业	2685.0	3232.4	3349.6	3671.0	4594.5
体育设施业	2598.0	2740.6	2804.2	2878.4	3184.2

资料来源：韩国文化体育观光部网站，http：//stat.mcst.go.kr/portal/subject。

韩国旅游产业中"观光购物业""旅行社与观光运输业""文化娱乐与休闲业"的销售额均呈现上升趋势，其中"旅行社与观光运输业"占据旅游产业销售总额的比例最大；"观光住宿业与餐厅业""国际会展业"两个门类的波动较小，其中"国际会展业"的销售额最小（见表 2-17）。

表 2-17　　　　　2015~2019 年旅游产业销售总额　　　　　单位：千亿韩元

细分行业	2015 年	2016 年	2017 年	2018 年	2019 年
国际会展业	74.8	81.1	46.2	53.9	73.0
观光住宿业与餐厅业	2328.2	2513.8	2268.1	2239.1	2359.7
观光购物业	592.7	958.2	1105.5	1118.9	1710.6
旅行社与观光运输业	2502.8	2818.4	3055.6	3440.6	3707.8
文化娱乐与休闲业	1565.6	1585.1	1618.2	1719.6	1949.9

资料来源：韩国文化体育观光部网站，http：//stat.mcst.go.kr/portal/subject。

在"萨德事件"后，韩国文化产业各企业出口的重点逐渐转移至日本、欧美及东南亚国家，使韩国文化产业在 2018 年恢复了活力，但 2020 年爆发的新冠肺炎疫情导致韩国线下文化产业受到冲击。疫情期间，韩国的各类文化经营企业以网络新媒体形式继续维持经营，甚至带动了新一轮的文化传播热潮；而在韩国成功控制住疫情后，线下的韩国文化产业经营也开始逐渐恢复。

四、韩国文化产业现行政策的特征

韩国文化产业作为韩国经济的支柱之一，其取得成功离不开韩国对文化产业的政策管控与扶持。

韩国建立了健全的法律体系。韩国在 20 世纪末便确立了文化立国的新发展道路。为保证文化产业有序发展，韩国政府又颁布了系列法律法规保障文化产业的质量与国家权益。以《文化产业基本法》为基础，韩国确立了文化产业建设的路线，还为各个文化行业领域制定了行业法律法规以保障文化产业的良性发展。

韩国政府形成了完备的部门结构。韩国文化产业部门积极完善自身产业结构，设置分类别的部门管理岗位，如文化产业部门下设"电影与视频推广部门""游戏与娱乐产业部门""出版产业部门"，并且在分门类的部门下还设置了详细工作岗位，如"出版产业部门"包括"版权产业部""版权政策部""版权保护部"等。

韩国督促企业自由地对外发展。世纪之交，韩国顺应经济全球化趋势，将韩国文化作为一个品牌推向全球，在政府"降监督轻管控"的大力扶持和详细的国际战略蓝图规划指导下，文化产业以强劲的韩流模式冲击国际市场，在出版、影音、游戏等行业都拥有了强大的竞争力和不可替代的地位。

韩国注重培养文化产业人才。韩国文化产业以创新著称。文化产业也是一种需要高度创意性的知识密集型产业，韩国通过灵活的跨国人才交流方式为其文化产业培养后备人才，形成了高校、教育机构和跨国进修相组合的专业教学模式，以提升人才的国际竞争力，拓展文化产业的国际视野，把握文化产业的顶层资源。

第三章

韩国的对内经济发展战略与布局

在讨论韩国近五年（2018~2022 年）的国内经济政策时，首先应该考虑其产生的背景。韩国的经济政策与其中等强国战略的推出有着紧密关系。中等强国是国际体系中往往在某些领域具有明显优势，但整体上又暴露出实力和影响力局限性的国家。一般而言，中等强国是指实力介于大国和小国之间，具有中等力量或规模的国家，[①] 他们虽不具有大国的国力条件和国际影响力，但在国际社会又发挥不同于小国的作用。

韩国谋求中等强国地位的意愿是在自身实力增强和国际局势变化的基础上萌生的，其力争中等强国地位的努力从冷战后就已经开始。1991 年 6 月，卢泰愚在访问美国期间成为首位接受"中等强国"标签的韩国领导人，中等强国理念逐步开始走入韩国公众的视野。金泳三时期、金大中时期继承了"中等强国行动主义"的外交理念，积极发挥韩国在世界舞台上的建设性作用。金泳三时期成功推动了东盟地区论坛（ARF）、亚太安全合作理事会（CSCAP）、东北亚合作对话（NEACD）等多边对话机制，展现了韩国渴望主导地区事务的强烈愿望。金大中时期提出了"东北亚中心国家"的新战略构想，力图把韩国打造为东北亚地区的商贸与物流中心。卢武铉时期"东北亚均衡者"的新构想提出后，务实的"均衡"理念日益深入到韩国外交事务活动中，使韩国在地区事务层面表现得更像一个"中等国家"。李明博、朴槿惠执政期间，在务实的"均衡"理念的持续影响下，对韩国的外交政策做出了一系列新调整与新规划。这具体表现在影响范围的再扩大、合作领域的再

---

① 孙通，刘昌明. 中等强国在中美战略竞争中的行为逻辑：基于竞争烈度、依赖结构与利益偏好的解释［J］. 世界经济与政治论坛，2021（4）.

拓展、机制构建的再深化三个方面。由此，韩国的"中等国家"身份再次得到了新的确认和强化。

　　总体上，韩国已经具备了中等强国的现实条件。经济上，根据国际货币基金组织于 2020 年公布的数据，韩国在 2020 年 GDP 总量达 1.587 万亿美元，成为世界第十大经济体、亚洲第四大经济体，① 作为经合组织与 G20 重要成员，韩国在国际金融和经济秩序安排中作用显著。2011 年，韩国的进出口总额首次突破 1 万亿美元大关，成为全球第九个贸易额达 1 万亿美元的国家。② 韩国以自贸区为核心，构筑了联系广泛、十分活跃的自由贸易网络，形成了经济上四通八达的"经脉"系统和与各国密切的伙伴关系网，再加上人均收入水平高、对外经济活动能力强、科技实力雄厚以及国家管理水平较高等因素，构成了韩国成为中等强国的硬实力基础和必要条件。

　　韩国对中等强国角色的诉求不仅呈现出有序发展的历史谱系，其构想也从东北亚扩展至亚洲、欧亚，直至世界政治舞台。然而与此同时，韩国目前的经济发展也存在一些不足，巩固其中等强国的位置、发展经济还需久久为功。

　　在此背景下，韩国政府紧抓国内经济，出台一系列政策，取得了较为显著的成效。分析韩国近五年国内经济政策，还需考虑疫情的影响。以新冠肺炎疫情在韩国爆发的时间（2020 年）为界，韩国 2018~2022 年发展历程可分为疫情前时期和疫情后时期，而前后时期的经济政策也会有所不同。

第一节　疫情前韩国经济政策（2018~2019 年）

一、韩国 2018 年经济政策

　　韩国政府于 2018 年 12 月 27 日召开了由总统主持的国民经济咨询会议兼经济关系部长会议，确定并发布了《2018 年经济政策方向》。政府对于韩

---

　　① Knoema，World GDP Ranking 2020 | GDP by Country | Data and Charts［DB/OL］.https：// cn.knoema.com/nwnfkne/world-gdp-ranking-2020-gdp-by-country-data-and-charts.
　　② 韩国贸易额首次突破万亿美元大关［DB/OL］.http：//www.chinanews.com/cj/2011/12-06/ 3511465.shtml.

国经济社会各个领域做出规划。一是就业、收入拉动经济发展。为提高家庭收入，政府将更加努力地提供高质量的就业岗位，推进收入拉动增长的第二阶段，如缩小工资差距和降低生活成本。二是创新发展。为了提高韩国经济的质量水平，政府将使创新增长要素渗透到经济和社会的方方面面，通过推动带头项目，争取早日取得成果。三是公平经济。通过建立公平的经济秩序、促进部门间的合作共赢和区域均衡发展等措施，使经济发展成果在包括中等发达地区在内的整个经济体系中平均分配。四是宏观经济稳定。为改善包括就业在内的民生条件，政府将保持和扩大经济发展势头，加强对国内外宏观经济风险因素的预防。应对中长期挑战。政府将审视未来变化因素，制定综合应对战略，为应对低出生率和老龄化等中长期风险，政府也将加大预防性投资。①

韩国政府在经济政策方向中指出，2018 年目标任务为：加紧推进领先项目，创造实效；构建可持续发展的创新生态系统；建立融合和合作基础，落实创新文化。②韩国在 2018 年度实施创新增长战略，力求在产业、行政、民生等领域获得综合提升，在经济社会各领域促进合作、传播创新。

（一）着眼第四次科技革命，创新发展战略成为年度主基调

2017 年 12 月 28 日，韩国政府制定了《第二次国家统计发展基本规划（2018~2022）》，该规划是一项中长期规划，包含未来五年国家统计发展的蓝图和方向，主要内容包括：政府推进 106 项关于统计产业的开发和改善计划，以支持就业、创新增长、阶层流动和共同发展等重大政策课题；为了奠定公众的数据利用基础及促进统计生产先进化，将推动建立数据中枢；构建针对不同需求者的服务体系，提高统计利用便利性，并加强统计力量；为加强国家统计治理，将改编国家统计委员会，加大统计厅对统计编制机构的支持，并推进作为发展中国家的统计力量的强化事业。③

2018 年 1 月 24 日，企划财政部以 "2018 年创新发展战略和推进课题" 为主题，报告了 "2017 年取得的成绩" 及 "2018 年创新发展推进战略" 等

---

① 기획재정부.「2018 년 경제정책방향」발표［DB/OL］.https：//www.kdi.re.kr/policy/topic_view.jsp?idx=172535&pp=10&code=A01&pg=55.
② 기획재정부.4 차 산업혁명과 혁신성장［DB/OL］.https：//www.moef.go.kr/sns/2018/plan.do.
③ 통계청.제 2 차 국가통계 발전 기본계획（'18-'22）수립［DB/OL］.https：//www.kdi.re.kr/policy/topic_view.jsp?idx=172578&pp=10&code=A01&pg=54.

内容。科技信息通信部为了实现"I–KOREA 4.0"，"开启了以科学技术和信息通信技术（ICT）为中心的第 4 次产业革命"，报告了构建超连接智能化基础设施（DNA）、以国家研发（R&D）系统创新为基础、提高国民生活质量的三大课题。产业通商资源部报告了创造五大新产业的成果、促进能源转换、致力于战略贸易合作三个课题。国土交通部表示将把政策力量集中在无人驾驶汽车、无人机、智能城市这样的第四次产业革命和创新发展的核心课题上。

金融委员会报告了作为"强化金融作用，促进创新发展"的主要政策课题——激活互联网金融科技、资本市场创新、金融部门竞争促进方案。国务调整室报告了为第四次产业革命和创新发展提供后劲的未来新产业、创造工作岗位、减少民生不便和负担三个领域的取消限制计划。①

"智慧国家"是韩国的一项创新管理举措。"智慧国家"是将城市和农村、渔村通过物联网和国家信息通信网连接起来，在全国各地随时随地提供独居老人智能护理、加强居民安全、实时灾害预防等多种服务，解决与居民生活密切相关的各种问题，实现智能信息社会。韩国政府从 2017 年开始推进"地方信息服务水平诊断"，它主要是为了解决地区存在问题及对与居民生活密切相关的信息服务现状进行分析、改善并提供发展方向指引。利用地区信息服务水平诊断结果，可以提高行政效率，将居民预计利用率高的服务与"智慧国家"核心服务相连接，验证技术的利用可能性和这项事业的效益等，将验证过的服务扩大到全国，通过以上这些措施，推进"智慧国家"建设。②

2018 年 2 月 27 日，行政安全部宣布启动"事业单位信息化绩效管理"，利用最新的智能信息技术创新电子政务。通过提高公共信息化项目的投资效率，改善运营、维修等刚性成本结构，拓展新的投资机会，引领第四次工业革命。截至 2017 年，韩国建设和运营 17000 个电子政务系统所需的信息化预算约为 4 万亿韩元，其中一半以上（54.5%）为刚性成本。为了解决这个问题，消除了泛政府层面信息化项目的相似性和重复性，以高效运行系统，

---

①　기획재정부 .「4차 산업혁명과 혁신성장」을 주제로, 정부업무보고 실시［DB/OL］. https：//www.kdi.re.kr/policy/topic_view.jsp?idx=173341&pp=10&code=A01&pg=54.

②　행정안전부 . 행안부 . 스마트네이션 공유의 장 마련［DB/OL］.https：//www.kdi.re.kr/policy/topic_view.jsp?idx=174350&pp=10&code=A01&pg=52.

从而可以更加灵活、快速地应对内外政策和技术的变化。为此，行政安全部于 2 月初制定《电子政务绩效管理指引》，为事业单位信息化绩效管理奠定了制度基础。此外，电子政务和信息化项目整体绩效综合分析结果将被汇编成电子政务绩效白皮书并发布。2017 年首发的绩效白皮书每年发布一次，供电子政务政策实施参考，并与各机构共享。①

企划财政部在 2018 年 7 月 18 日举行的第十一次经济关系部长会议上公布了《下半年经济环境和政策方向》，该部门指出，一年来，以人民为中心的经济模式转变已经开始，基础已经打下，但经验和成效还不够。未来，政府计划植根于以人为本的经济范式来发展经济。②

企划财政部于 2018 年 8 月 13 日公布了《创新增长战略投资方向》。人工智能和氢经济入选，创新人才培养也被划为重点。为应对未来食品供应滞后、劳动年龄人口减少等结构性问题，政府选择了 4 个政策方向和 8 个先导项目，推动创新增长。关于选择标准和过程，需要根据投资的紧迫性、发展潜力和平台 / 基础设施的特点进行。选择战略投资领域，向市场发出明确信号，并设定五年蓝图和中长期目标，规划重点项目投资，于 2019 年开始执行。③

2018 年 12 月 24 日，环境部表示，为了确保包括经济、社会和环境在内的政府事务所有领域的可持续性，韩国在国务会议上审议并确定了国家可持续发展目标（以下简称 K–SDGs）。以往都是先由行政部门制定各项政策和计划，然后收集相关专家和公众的意见这样的自上而下的方式进行的，而此次 K–SDGs 则不同，它是以自下而上的方式推进的。K–SDGs 是一项改变现有计划的变更计划，主要是为了弥补 2016 年制定的《第三次可持续发展基本计划（2016–2035）》与联合国可持续发展目标的构成不同、目标不一样的问题。这次确立的 K–SDGs 将根据"可持续发展法"，用作诊断国家可持续能力时的参考数据。④

---

① 행정안전부, 행안부 . 공공기관의 정보화 성과관리 본격 시작［DB/OL］.https：//www. kdi.re.kr/policy/topic_view.jsp?idx=174355&pp=10&code=A01&pg=52.

② 기획재정부 . 하반기 이후 경제여건 및 정책방향［DB/OL］.https：//www.kdi.re.kr/policy/ topic_view.jsp?idx=178842&pp=50&code=A01&pg=10.

③ 기획재정부 .「혁신성장 전략투자 방향」발표［DB/OL］.https：//www.kdi.re.kr/policy/ topic_view.jsp?idx=179521&pp=10&code=A01&pg=49.

④ 환경부 . 지속가능한 미래를 위한 이정표, 지속가능발전목표 수립［DB/OL］.https：// www.kdi.re.kr/policy/topic_view.jsp?idx=183857&pp=50&code=A01&pg=10.

（二）在发展经济的基础上保障民生

韩国政府在 2018 年 1 月 18 日至 29 日将"收入带动增长和提高人民生活质量"作为 2018 年政府工作报告的主题，宣布从 2018 年开始正式实施收入带动增长政策。报告内容有：雇佣劳动部认为，2017 年韩国经济的发展奠定了收入带动增长的基础，2018 年得以推广，让公众切身感受到成果。包括优先推进以小商户为对象的工作岗位稳定资金，以稳定最低工资，给予保险费用支持，以减轻社会保险负担；关于创造优质工作岗位，未来 3~4 年内集中支持青年就业；为了提高生活质量，改善长期工作的习惯，通过了缩短劳动时间法案。中小风险投资企业部报告了四项核心工作，并表示："2018年，我们将全面调整中小企业政策，以就业为重点，通过扩大绩效共享，致力于增加就业和收入。"保健福祉部承诺"通过包容性福利国家改变人民的生活"，并报告了本年度围绕三大政策目标实施的主要方案。农林畜产食品部计划将 2018 年定为农业变革元年，"大幅增加农业食品领域的就业人数，扩大农民收入安全网"是农业变革的主要方向。海洋水产部报告称，为了"通过收入带动增长实现世界海洋强国"，政府致力于三项任务：稳定海洋和渔业领域的就业岗位，并创造新领域的就业岗位；开启渔民收入 5000 万韩元的时代；通过"渔村新政 300"项目提高国民和当地居民的生活质量。[1]

行政安全部、雇佣劳动部、国土交通部于 2018 年 1 月 23 日就灾难应对问题发布《2018 年政府工作报告》。行政安全部以"实现以人为本、尊重生命的安全韩国"为目标，重点报告了在灾害现场运转的灾害响应系统的问题，以及高效消除忽视安全的惯例行为的决心。[2]

司法部、国民权益委员会、国家警察厅、公平交易委员会、女性家庭部、人事革新处和法制处于 2018 年 1 月 25 日发布了以"建立公平公正的社会"为主题的政府工作报告。2018 年政府工作报告的第五个主题是"建设公平正义的社会"，旨在消除社会各方面的腐败，创建没有违规和特权的社

---

① 고용노동부.「소득주도 성장과 국민의 삶의 질 향상」을 주제로 2018 년 첫 국무총리 정부업무보고 실시［DB/OL］.https：//www.kdi.re.kr/policy/topic_view.jsp?idx=173154&pp=50&code=A01&pg=11.

② 행정안전부.국민이 안심하고 신뢰할 수 있는 안전선진국 도약［DB/OL］.https：//www.kdi.re.kr/policy/topic_view.jsp?idx=173312&pp=50&code=A01&pg=11.

会，确保全体国民能够拥有公平的机会、进行公平的竞争，这同样反映了文在寅政府迈向和谐富裕社会的政策意志。①

2018 年农历新年假期（2 月 15 日至 18 日），韩国平昌冬奥会（2 月 9 日至 25 日）正在进行中。政府于 2018 年 1 月 29 日与共同民主党举行高级别党政协商会议，确定并发表了《春节稳定民生对策》。春节期间，奥运氛围将升温，政府将支持更多市民和外国游客参与其中。以禁止不正当请托法实施令的修改为契机，促进国内农畜水产品的消费，鼓励充分利用传统市场，加强对个体工商业者的扶持。政府为了稳定生活物价，将加强物价管理，如加大需求量大的商品的供应。特别是，为使大家能够充分享受奥运会盛宴、共享美好的节日，此次对策中也提出了方案。② 金融委员会于 2018 年 2 月 7 日公布了《春节假期金融领域民生支援方案》。第一，通过国家政策银行和担保机构向中小企业提供约 12.5 万亿韩元的资金，解决中小企业和普通民众的资金困难。第二，将向他们支援约 50 亿韩元的高需求量商品购买贷款，并通过地方政府推荐的商会提供支持资金，来应对传统市场商贩们的紧急资金需求。第三，春节假期期间，为解决小型加盟店的资金困难，将提前支付约 3.4 万亿韩元的信用卡结算贷款。第四，将介绍金融交易中的机构（友利银行、储蓄银行）与金融交易注意事项，并提供移动商店等替代渠道，以免影响金融服务的使用。第五，政府将建立一个应对系统，以防止金融事故和金融诈骗。③ 行政安全部、企划财政部、雇佣劳动部于 2018 年 2 月 12 日春节前夕，与全国市、道知事和市、郡、区长召开视频会议，商讨农历新年假期的稳定民生政策。首先，行政安全部提到 2018 年的春节假期与平昌冬奥会有所重合，为让所有人都能度过一个温暖而富裕的农历新年假期，将采取措施：稳定民生和物价，保护弱势群体，保障交通运输，保障安全、建立紧急诊疗体系、保证整合治安，确立公职纲纪。会上对这些措施进行了说明，并寻求地方政府的积极协助。④

---

① 공정거래위원회 . '특권과 반칙없는 더불어 사는 사회' 로 국민의 삶의 질을 향상하겠습니다［DB/OL］.https：//www.kdi.re.kr/policy/topic_view.jsp?idx=173416&pp=50&code=A01&pg=11.
② 기획재정부 .2018 년 설 민생안정대책［DB/OL］.https：//www.kdi.re.kr/policy/topic_view.jsp?idx=173497&pp=50&code=A01&pg=11.
③ 금융위원회 . 설 연휴 금융분야 민생지원 방안［DB/OL］.https：//www.kdi.re.kr/policy/topic_view.jsp?idx=173788&pp=50&code=A01&pg=11.
④ 행정안전부 .설 명절 민생안정, 중앙 – 지방이 빈틈없이 챙긴다［DB/OL］.https：//www.kdi.re.kr/policy/topic_view.jsp?idx=173935&pp=50&code=A01&pg=11.

行政安全部于 2018 年 3 月 2 日宣布将制定《OGP 第四次国家行动计划》，其中包含创建与市民社会同步的开放政府计划（OGP）。第四次国家行动计划的重要意义在于，政府和市民社会首次共同制定了国家行动计划确立程序和日程，并共同完成了制定、实施和评估的全过程。任何对开放政府有兴趣的人都可以参与，OGP 提出的开放政府的四个价值是：促进透明性，根除腐败，促进市民参与，以及利用 ICT 来促进相关计划目标、主要内容、实践方法等方面的治理。①

行政安全部于 2018 年 3 月 19 日下午确定了"政府创新综合推进计划"，其内容为将政府运作转移到"以人为本"上来。在当天的会议上，政府决定正式大力推动泛政府层面的创新，其目标是到 2022 年韩国能进入经合组织"高生活质量指数"和政府可信任度前 10 名，并进入透明国际贪污感知指数前 20 名。政府创新十大重点项目包括：扩大对实现人权和安全等社会价值的财政投资；公共部门实施女性招聘目标制度；国民辩论广场和"光化门一号街"常设运营；扩大预算和法律法规等关键政策制定中的公众参与，扩大停车场等公共资源的开放性；更新人事、组织、评价和系统部门，推进泛政府协作；坚决杜绝招聘腐败、收受财物、不当请托；不惧怕性骚扰和性暴力；创造不惧报复的工作环境；创新基于数据的数字行政服务；实施创新管理，打破惯例。今后，为确保强有力的泛政府行动动力，总统将每年召开两次"政府创新战略会议"，并大幅提高政府创新评价的分数分配比例。同时，通过建立政府和民间联合专案组，从群众的角度随时发现议题，公众也将积极参与评价过程。②

为保障青年人才创业，企划财政部于 2018 年 4 月 16 日召开了第五次经济关系部部长会议，确定并公布了《麻浦青年创新城镇建设方案》，为保障优秀青年人才创新创业，拟通过政府和民间合作，对 300 多家企业在入驻空间、创业、金融等方面进行一揽子扶持。新宝麻浦办公楼将被改造为青年创业空间，创业支援专业机构将全权负责实际运营，政府为创业、金融、教育

---

① 행정안전부 .2018 년 설 민생안정 대책［DB/OL］.https：//www.kdi.re.kr/policy/topic_view.jsp?idx=174475&pp=50&code=A01&pg=11.

② 행정안전부 . 문재인정부「정부혁신 종합 추진계획」발표［DB/OL］.https：//www.kdi.re.kr/policy/topic_view.jsp?idx=174970&pp=50&code=A01&pg=11.

和网络等提供一站式服务。①

2018 年 5 月，企划财政部公布了《改善国有资产管理以支持创新增长方案》。这一改善方案包含了更加积极地运用国有资产这一国家财政运行的重要政策手段，包括了有利于创新增长、稳定民生、提高国民便利等改善国有资产管理的措施。具体内容有：支持创新发展方面，进一步利用现有国有资产立体空间，加大对可再生能源、环保汽车等新增长产业的支持力度；通过开发闲置的国有土地支持创新发展，创造就业岗位。支持稳定民生方面，减轻老百姓和中小企业使用国有资产的负担；通过对国有资产的特别支援等，激活地区经济。提高国民便利方面，改善国有资产利用条件；提高国有资产利用的便利性。②

二、韩国 2019 年经济政策

根据韩国政府公布的《2018 年韩国社会指标》，2018 年韩国人均国民生产总值为 31349 美元，首次超过 30000 美元，韩国人的主观幸福感正在稳步提高。③但是相比韩国中等强国战略下追求的经济目标，韩国经济仍然任重道远。企划财政部于 2018 年 12 月 17 日召开了由总统主持的经济关系部长扩大会议，确定并公布了《2019 年经济政策方向》。文件指出，虽然未来国内和外部条件都不容乐观，但要动员一切可用的政策措施，确保2019 年经济形势至少比 2018 年更好。制定的经济任务包括：全方位提高经济活力，完善经济体制和结构改革，增强经济和社会包容性，为未来做好投资和准备。④企划财政部又于 2019 年 3 月 6 日发布了《2019 年企划财政部主要工作推进计划》。企划财政部将通过这一计划，动员一切可用的政策手段，提高经济活力，积极推进核心课题，努力打造创新包容的国家，并表明了经济小组团结一致、加强与市场和企业的沟通、提高政策成果感知度的意志。主要任务的行动计划包括增强经济活力和创造就业岗位；监

① 기획재정부.「마포 청년혁신타운 조성방안」발표［DB/OL］.https：//www.kdi.re.kr/policy/topic_view.jsp?idx=175880&pp=50&code=A01&pg=11.
② 기획재정부.혁신성장·국민 삶의 질 향상 위해 국유재산 역할 강화［DB/OL］.https：//www.kdi.re.kr/policy/topic_view.jsp?idx=176733&pp=50&code=A01&pg=11.
③ 통계청.2018 한국의 사회지표［DB/OL］.https：//www.kdi.re.kr/policy/topic_view.jsp?idx=186578&pp=50&code=A01&pg=9.
④ 기획재정부.「2019 년 경제정책방향」발표［DB/OL］.https：//www.kdi.re.kr/policy/topic_view.jsp?idx=183544&pp=10&code=A01&pg=47.

管模式转变和产业创新；改善民生，增强经济包容性；振兴地方经济，促进公共创新。[①]

2019 年，韩国经济政策主要围绕"增强活力、传播创新、改善民生"三大方面展开。其中，增强经济活力依旧是韩国不变的年度目标与主基调。创新包括产业创新与公共创新。此外，韩国政府努力加强经济包容度，改善民生，激发社会经济活力。

（一）增强全方位经济活力

2019 年 3 月 18 日，企划财政部公布了第二期经济小组的重点政策审议和未来方向。第二期经济小组在此期间重点推进的政策包括：政策运营注重实践和成果，最大限度地提高经济活力，并加强创新和改善民生，加强与实地和市场的沟通及恢复政策信赖。对于未来发展方向，政府将集中所有政策力量，实现 2019 年经济政策方向中承诺的相较 2018 年 2.7% 的增长率和就业人数增长 15 万个的目标。政府还将在努力激活出口、进一步发掘企业投资项目的同时，尽最大努力改善民生，如改善就业和分配。[②]

企划财政部于 2019 年 7 月 3 日公布了《2019 年下半年经济政策方向》。保障经济活力及加强风险管理方面的内容有：顺利地执行扩张性的财政预算，支持国会迅速通过 6.7 万亿韩元的追加预算并立即执行；扩大投资税收优惠，通过三个阶段的企业投资项目等，调动民间和公共部门余力，重点提高投资活力；刺激消费、旅游等内需活力；加大对现场密切型出口领域的支持力度，扭转出口情况；通过促进区域投资，振兴地方经济。[③]

2019 年 9 月 4 日，企划财政部公布了《增强下半年经济活力的补充措施》，内容包括积极推动财政政策的执行：以三大财政领域政策的最大限度执行为目标，深入检查执行情况。充分利用基金运用计划和目的储备金，并且，为加强下半年的经济活力，积极发掘和执行财务相关工作。一是搞活投资。集中检查执行情况，保证 2019 年事业单位投资全部落实到位，并进一

[①] 기획재정부 . 전방위적 경제활력 제고를 위한「2019 년 기획재정부 주요업무 추진계획」발표［DB/OL］.https：//www.kdi.re.kr/policy/topic_view.jsp?idx=186095&pp=50&code=A01&pg=9.

[②] 기획재정부 .2 기 경제팀의 그간 중점 추진정책 점검 및 향후 추진방향［DB/OL］. https：//www.kdi.re.kr/policy/topic_view.jsp?idx=186388&pp=50&code=A01&pg=9.

[③] 기획재정부 .2019 년 하반기 경제정책방향［DB/OL］.https：//www.kdi.re.kr/policy/topic_view.jsp?idx=190200&pp=50&code=A01&pg=9.

步扩大下半年事业单位投资，完善评价体系；为保证民间投资事业及大规模民间投资项目年内尽快落地，应积极支持，并推动投资促进税制方面的快速立法；通过顺利实施SOC项目和生活SOC项目，放松管制，引导房地产间接投资等措施，搞活地区建设经济；通过放松核心监管，提供激励，培养骨干人才等加强对风险投资和尖端技术产业振兴的支持。二是盘活内需。通过消费激励，积极提振消费信心。增强家庭消费能力，减轻中小企业、小商户和个体户的管理负担。围绕"干净、节俭、参观"三大主题，持续改善国内旅行条件，加大吸引外国游客的力度。三是提高出口活力。制定一系列增强出口活力的措施（如《出口市场结构创新措施》）；加强贸易融资供给、扩大汇率变动保险费折扣等金融支持。①

（二）完善经济体制，创新改革

《2019年下半年经济政策方向》指出，要完善经济体制，为未来做准备。制定创新增长2.0推进战略，并在下半年集中推进新产业业绩创造和管制、风险资本等创新基础扩充课题；促进制造业和服务业大格局和战略的提出；在应对人口变化加速和努力提高生育率的同时，加强应对人口变化的能力，制定韩国经济中长期规划和战略。②

（三）增强社会包容性，改善民生

企划财政部于2019年1月22日的国务会议上确认并公布了《新年稳定民生措施》，2019年的措施以迎接农历新年，"纾解民生忧虑、振兴地方经济"为目标，计划着力增强地方经济活力，积极扶持弱势群体，让相对困难、边缘化阶层温暖地度过节日。在春节即将到来之际，计划以需求量大的商品为中心，加强供需管理，保持价格稳定，全力以赴，大幅减少节日期间的安全事故。③

金融委员会于2019年1月28日公布了《春节假期金融领域支持民生措

---

① 기획재정부. 하반기 경제활력 보강 추가 대책 [DB/OL]. https://www.kdi.re.kr/policy/topic_view.jsp?idx=192135&pp=50&code=A01&pg=9.
② 기획재정부. 2019년 하반기 경제정책방향 [DB/OL]. https://www.kdi.re.kr/policy/topic_view.jsp?idx=190200&pp=50&code=A01&pg=9.
③ 기획재정부. 설 민생안정대책 발표 [DB/OL]. https://www.kdi.re.kr/policy/topic_view.jsp?idx=184666&pp=50&code=A01&pg=9.

施》，主要内容有：扩大专项资金支持和保障，应对中小企业和普通群众的金融需求；采取预防措施，让人们在假期使用金融服务没有任何不便，积极宣传注意事项；彻底建立和检查应对系统，预防金融事故和金融诈骗。①

行政安全部于 2019 年 3 月 11 日公布了当年工作计划，以实现"人人安全的国家，共同富裕的地区"。为了扩大地方的实际自治权，将全面制定和修改《地方自治法》等所有相关法律，并引入"自治分权事前协议制"，审查法律制定和修改时自治权是否受到侵害，引入"广域市级自治警察制度"，审查在制定和修改法律法规时违反地方治安事务的权力和责任的情况。为增强地方经济活力，计划推进 2.6 万个区域主导型的青年就业岗位，并积极解决核心监管难题。②

《2019 年下半年经济政策方向》提出为了增强包容性，将加快就业支持和社会安全保障体系建设，为年轻人搭起希望的阶梯，完善与市场预期不同的领域。支持弱势群体就业，强化社会安全网络，减轻住房等百姓核心生活费用负担，加强对个体户的支持。强化青年阶层流动阶梯，加强对家庭财富形成和经济弱势群体的支持。支持综合考虑市场接受度等因素来确定最低工资标准，以实际情况调查为基础，为扩大实施一周 52 小时工作制做好应对方案。③

企划财政部于 2019 年 8 月 27 日确认并公布了《中秋民生稳定措施》，该举措目标在于稳定老百姓的生活，提高经济活力。稳定民生措施的主要内容是：2019 年中秋比往年到来得更早，为应对因此带来的供应不足，将15 个重点高需求产品的供应量增加了 1.2~2.9 倍，并增设直销市场（2700多个）。在全国传统市场（350 多家）利用地域特色和特产举办庆典、活动和折扣活动。及时对因结构调整问题（就业 / 工业危机地区）和灾难（浦项地震、江原道森林火灾）陷入困境的地区最大限度地追加相关预算。扩大劳动者休假支援（2 万 ~8 万人）、免除高速公路通行费（9 月 12 日 ~14 日）、KTX 优惠（30%~40%）。给予中小型企业和小商户共 96 万亿韩元的中秋资

① 금융위원회 . 설 연휴 금융분야 민생지원 방안 [DB/OL] .https：//www.kdi.re.kr/policy/topic_view.jsp?idx=184879&pp=50&code=A01&pg=9.
② 행정안전부 ."모두가 안전한 국가, 다함께 잘사는 지역"을 만들겠습니다 [DB/OL]. https：//www.kdi.re.kr/policy/topic_view.jsp?idx=186174&pp=50&code=A01&pg=9.
③ 기획재정부 .2019 년 하반기 경제정책방향 [DB/OL] .https：//www.kdi.re.kr/policy/topic_view.jsp?idx=190200&pp=50&code=A01&pg=9.

金支援。在中秋节之前提前支付采购款、转包款（公平委、调配厅、国土部）、退税（关税、附加税等）等，以解决资金困难。节假日期间中央灾害和安全形势室、各地方政府的对策小组、各机构的紧急情况安全应急情况室等应急机构正常运行，强化应急体系。①

企划财政部于2019年11月6日提出了"缓解人口绝对下降冲击的措施"，作为"应对人口结构变化的措施"中的第二项战略。该计划主要涉及教育领域、国防领域和区域领域。为应对学龄人口减少等问题，有关部门考虑各种因素制定教师供需标准，通过培训机构评估提高教师培训机构的质量；在人口减少地区，开发多样化的学校运营模式，以提高学校运营效率；促进学校设施复合化，使当地设施可以在学校里安装和运营；为了应对老龄化带来的成年人学习者的增加，将增加学习经历认证制度、集中进修制度等对成年人友好的学士制度。应对兵役资源减少的策略有：改编成以尖端科学技术为中心的战斗力结构；减少常备军人数（到2022年减至50万）；重新设计在编人员结构，增加中层干部数量，讨论延长各级别干部的服役期限；分阶段取消过渡性服务（义务警察、海警等）；代替服役者（工业技术要员等）将减少到必要最低水平，以改善目前的经济状况；提高女性军官比例（从2019年的6.2%提高到2022年的8.8%），并提高副士官的任用年龄（从27岁提高到29岁）；讨论归化士兵的义务活动。区域统一化应对策略有：将公共设施集中到据点地区，与周边地区建立循环、连接体系；将以现有弱势群体（基层受助者、潜在受助者等）为主的事后支持扩大到保健福利服务；地方自治团体间协同提供政务服务，共同设置和运营机构；有关部门将改变公开招聘模式，为居民和地方自治团体量身定制一揽子项目提供支持。②

整体而言，韩国政府于2018~2019年的经济政策侧重经济发展、创新改革与改善民生。

---

① 기획재정부.서민부담 줄이고 지역경제 활성화 지원하는 "추석 민생안정대책" 발표 [DB/OL].https://www.kdi.re.kr/policy/topic_view.jsp?idx=191796&pp=50&code=A01&pg=9.

② 기획재정부.범부처「인구정책 TF」, 인구구조 변화 대응방안（Ⅱ）발표 [DB/OL].https://www.kdi.re.kr/policy/topic_view.jsp?idx=194147&pp=50&code=A01&pg=8.

第二节　疫情后韩国经济政策（2020~2022 年）

2019 年新冠肺炎疫情开始蔓延，2020 年全面爆发，全球经济严重衰退，产业链、供应链循环阻滞，国际贸易与投资随之萎缩。以外向型经济为支柱的韩国面临严峻形势，对外出口量大幅下滑，国内产业、民生受到巨大冲击，社会问题层出不穷。韩国政府及时出台了相关政策并实施大规模的财政刺激，经济下滑和低迷局面得以缓解，并向好发展。

韩国近三年的经济政策：根据每年发生的主要事件不同而各有所侧重，同时每年的政策又有着承接关系。通过分析韩国政策文件，可以总结出韩国 2020~2022 年经济政策的主基调是：促进经济回暖，积极应对疫情风险，产业创新发展，公共部门改革，注重民生经济。

一、韩国 2020 年经济政策

韩国总统文在寅定义此次疫情给韩国经济带来的冲击为"战时经济局面"，称之为"必须未雨绸缪的生死攸关时刻"。在此恶劣环境下，韩国政府及时出台了相关经济政策，实行大规模的财政刺激、就业扶持等措施，缓冲新冠病毒给国内经济带来的震动，取得了较好的效果。

由于韩国政府对疫情控制总体较好，及时出台了各项有利于经济恢复的举措，韩国经济活动复苏较快，至 2020 年第三季度经济就止跌回升，实现正增长。国际货币基金组织（IMF）发布的报告称，2020 年韩国的 GDP 为 1.59 万亿美元，排名世界第 10，比 2019 年上升两个位次。[①] 此外，2020 年韩国的 GDP 增长率为 –1.1%，是 1998 年（–5.1%）金融危机以后的首次负增长，而下降幅度在 OECD 国家中较低，这表明韩国政府所采取的管控措施较有成效。

政府于 2019 年 12 月 19 日公布《2020 年经济政策方向》。该文件规定了 2020 年度的主要经济政策方向：突破经济形势，强化创新动力，完善经

---

① 宁赋魁.疫情下的韩国经济和应对策略及中韩经贸合作重点领域展望［J］.东疆学刊，2022，39（1）：35–40，127.

济体制，扩大包容基础，先发制人应对未来。

该政策还规定了活力与包容的八项核心任务：投资 100 万亿韩元 + 金融和税收全力支持；刺激旅游和国内消费；正式开启数据经济；增强材料、零部件和设备的竞争力；建立新事业社会调整机制；支持青年、女性和 40 多岁中年人的就业；解决老年人口贫困问题，并积极应对单身成年人口的增加问题；改善个体户的经营条件。五个主要领域的结构创新有产业创新、劳动力创新、公共创新、应对人口结构变化、社会基础设施扩充。[1] 经济回暖，创新包容性增长，实现韩国经济的新跨越，这是该文件总结出的韩国 2020 年经济目标关键词。[2]

在此文件框架下，韩国 2020 年度经济具体政策措施可分为以下三个方面。

（一）增强经济活力，积极应对新冠肺炎危机

全面推动经济形势反弹，通过先发制人的风险管理，增强经济活力，将经济不确定性降到最低。

韩国积极应对处理 COVID-19 带来的种种经济危机与风险。韩国企划财政部于 2020 年 3 月 4 日宣布在临时国务会议上批准了《使新型冠状病毒影响最小化并早日战胜病毒的 2020 年追加更正预算案》，内容包括：2.3 万亿韩元用于加强和升级检疫体系，如传染病的检疫、诊断和治疗；2.4 万亿韩元用于支持受 COVID-19 影响的中小企业和小商户的恢复；3.0 万亿韩元用于支持民生和就业稳定，以尽早克服 COVID-19；0.8 万亿韩元用于支持停滞地区的经济恢复。[3]

企划财政部于 2020 年 3 月 18 日公布了《COVID-19 相关行业和部门的紧急支援计划 II（航空/交通、旅游/表演、出口、航运部门）》。在航空方面，全面推迟因海外入境限制和航班停飞等导致的所有未使用的机票的回收，扩大航空公司使用费减免范围，光明站市中心机场航站楼内的国内航空公司完

---

① 기획재정부.「2020 년 경제정책방향」발표［DB/OL］.https：//www.kdi.re.kr/policy/topic_view.jsp?idx=195962&pp=10&code=A01&pg=38.

② 기획재정부.경제반등·혁신적 포용성장［DB/OL］，기획재정부는，https：//www.moef.go.kr/sns/2020/plan.do.

③ 기획재정부.코로나 19 파급영향 최소화와 조기극복을 위한 2020 년 추가경정예산안 편성［DB/OL］.https：//www.kdi.re.kr/policy/topic_view.jsp?idx=198226&pp=10&code=A01&pg=35.

全免收运营费；公共交通方面，免收高速公路通行费，考虑减少对乘客量流失 50% 以上的路线运营的次数；旅游方面，扩大应急资金支援规模，以政府和地方自治团体等持股的展览馆和国际会议所为中心，采取推广活动取消时自发退还场地租赁费的做法；演出方面，对艺术小剧场的基础演出进行年度规划、制作等支援，计划实施相关费用减免支援等；航运方面，计划推进对韩国和日本客运公司以及停靠釜山国际客运站公司的支持。①

企划财政部于 2020 年 3 月 25 日宣布了针对受到 COVID-19 损害企业的额外支援方案，决定为受 COVD-19 影响的进出口 / 进军海外的企业提供总计 20 万亿韩元的紧急财政支持计划。具体而言，13.3 万亿韩元用于公司交易前期限延长和新资金支持；2.5 万亿韩元用于为进出口 / 进军海外公司担保支持；0.2 万亿韩元用于支持没有信用评级的中小型出口公司；新设 2 万亿韩元应急经营资金项目，决定根据大企业的出口业绩，投资 2 万亿韩元进行资金支持。同时，关于维持就业的支援资金，决定将所有行业的支持水平暂时提高到与特殊就业支持行业支持比率的 90%。②

企划财政部会同相关部门联合制定了《新型冠状病毒相关行业支援方案Ⅲ》此计划于 2020 年 4 月 1 日发布，以便对受到疫情影响的旅游、电影、通信、广播等经营困难的行业优先采取紧急支持措施、立即予以应对。具体内容包括：旅游产业方面，促进旅游业减轻负担及加大对工人能力的支持；对于免税店等机场商业设施之类的中小企业和小商户的租金减免率由 25% 提高到 50%，新增对于大中型企业租金减免 20% 等；在影视方面，减免电影基金征收费用，以减轻电影院的实际负担，当 COVID-19 情况稳定时，为看电影的观众提供（约 100 万份）优惠券，并支援影视宣传活动等，以推动产业振兴；通信、广播产业方面，解决通信行业资金困难问题并扩大投资，在全行业范围支持使用通信、广播服务的小商户等。③

企划财政部于 2020 年 4 月 23 日发布了应对 COVID-19 的《主要行业近期趋势和应对计划（Ⅰ）》。为了最大限度地减少对主要产业的损害并稳定实

---

① 기획재정부 . 코로나 19 관련 업종·분야별 긴급 지원방안 Ⅱ（항공·교통, 관광·공연, 수출, 해운 분야）［DB/OL］.https：// www.kdi.re.kr/policy/topic_view.jsp?idx=198663&pp=10&code=A01&pg=35.
② 기획재정부 . 코로나 19 피해 추가 지원방안［DB/OL］.https：// www.kdi.re.kr/policy/topic_view.jsp?idx=198912&pp=10&code=A01&pg=35.
③ 기획재정부 . 코로나 19 관련 업종별 지원방안 Ⅲ（관광, 영화, 통신·방송）［DB/OL］.https：// www.kdi.re.kr/policy/topic_view.jsp?idx=199199&pp=10&code=A01&pg=34.

体和金融市场，政府正在制定和实施针对各个行业和领域的"150万亿韩元 +a"的措施。然而，随着疫情对实体经济的影响全面显现，有必要对受到较大影响的汽车、航空、航运、炼油、造船等主要行业的走势进行审查，并准备额外的措施。政府将制定追加支持措施，加固主要重点行业（包括所有中小企业、中坚企业、大型企业）的金融安全网，考虑到产业特点、紧迫性和现场需求，针对不同行业的支援方向分别制定方案，如降低成本负担、提供流动性支持等。①

企划财政部于2020年4月29日公布了《十大产业领域监管创新计划（Ⅰ）》，以应对 COVID-19，增强经济活力。政府综合考虑公众感受（就业、投资、出口、内需等）、成果达成期限和实施方式等，评选出 10 项要重点推进的工作，具体包括：医疗保健／健康管理、电子商务／物流等因 COVID-19 暴发而成为有潜力的行业，这些行业应通过大胆快速的监管创新抢先应对；经济主体的形态变化和服务消费形式的根本特性，扩大个人交通工具（PM）等新型交通手段的商业化基础；反映出以金融科技为基础的金融服务加速转换等趋势变化。政府计划将此持续运营至 2021 年，而不是一次性的措施，以努力发掘监管创新的任务并创造成果。②

企划财政部于 2020 年 11 月 19 日在韩国版新政部长级会议上宣布了"后疫情时代的无接触经济振兴计划"。由于数字化转型和 COVID-19 的影响，对"日常生活和防疫共存"的在线、无接触需求激增，非面对面交流成为"新常态"。为此，应率先在公共领域以无接触产业为中心，对普及机械化生产等类别的基础设施进行投资，建立制度基础，引导创造民间需求；为提高无接触经济应对能力，开创未来，将集中支持八个有前景的无接触领域。这八个领域是：金融，支持培育金融科技产业；医疗，建立智能医疗／护理系统；教育／职业培训，创建线上线下融合的环境；办公，支持居家远程办公的普及；对于小商户，建立无接触交易系统；配送／物流，扩展在线、智能基础设施；数字化内容，激活 OTT（即互联网公司越过运营商，发展基于开放互联网的各种视频及数据服务业务）市场；行政，推动基于 5G/AI 的智慧政务

---

① 기획재정부. 코로나 19 대응 주요 주력산업 최근 동향 및 대응방안（Ⅰ）[DB/OL]. https://www.kdi.re.kr/policy/topic_view.jsp?idx=199940&pp=10&code=A01&pg=33.
② 기획재정부. 코로나 19 대응 및 경제활력 제고를 위한「10 대 산업분야 규제혁신 방안（Ⅰ）」[DB/OL].https://www.kdi.re.kr/policy/topic_view.jsp?idx=200183&pp=10&code=A01&pg=32.

落地。同时，为无接触经济量身打造基础，如完善无接触监管，培育去接触创新企业，打造包容性无接触生态系统。计划加快财政投资和制度完善，让公众尽快感受到"无接触经济"的成果。①

（二）促进创新增长

韩国 2020 年经济创新措施分为两部分，即产业创新与公共部门创新。

加大对新产业新市场的布局力度，通过大胆的监管改革和基础设施支持，展示创新增长的成果。

企划财政部于 2019 年 8 月 21 日发布了《扩大和加速创新增长战略》和《2020 年扩大和加速创新增长战略投资方向》报告。扩大和加快创新增长战略旨在通过加快产业生态系统创新来加速升级增长引擎，并通过在公共和社会领域传播创新来提高生活质量，为加强创新发展基础，将促进创新人才培养、加快规则和法制创新，提高劳动的灵活性和稳定性。《2020 战略投资方向》指出，对创新影响最大的重点领域包括可以与所有产业进行融合的创新基础设施数据、网络（5G）、人工智能（AI）、拥有能够确保全球竞争优势的核心新产业 BIG3（系统半导体、生物健康、未来汽车），政府将对这些领域进行大规模的财政支持，为产业创新提供动力，力求使韩国跃升为创新领先国家。②

韩国企划财政部于 2020 年 1 月 8 日公布了《关于经济活力关键法案的行政应对措施计划》，规定在促进经济活力方面的主要任务是：启动氢经济政策推进体系，建立氢产业生态圈；强化新再生能源供应业务激励，扩大外资现金支持范围和限额；打造服务业发展基础；（建设）研究型医院的生物创新基地；利用数据扩大新产品和服务的创造；提高最低工资决定过程的客观性和专业性；整顿社会经济支持体系，加强各领域支持；做好扩大双赢工作岗位的基础。③

紧急经济中央对策本部于 2020 年 5 月 7 日与相关部门联合发布了"韩

---

① 기획재정부. 「포스트 코로나 시대」 대비를 위한 비대면 경제 활성화 방안［DB/OL］. https：//www.kdi.re.kr/policy/topic_view.jsp?idx=207335&pp=10&code=A01&pg=20.

② 기획재정부. 「혁신성장 확산·가속화전략」 및 「혁신성장 확산·가속화를 위한 '2020 전략투자방향'」 발표［DB/OL］.https：//www.kdi.re.kr/policy/topic_view.jsp?idx=191619&pp=50&code=A01&pg=9.

③ 기획재정부. 경제활력 중점법안 관련 행정부 대응조치 계획［DB/OL］.https：//www.kdi.re.kr/policy/topic_view.jsp?idx=196553&pp=10&code=A01&pg=37.

国新政"的推进方向。由于新冠病毒的冲击，经济危机和经济、社会结构的变化同时发生，需要采取特殊措施，将新冠肺炎疫情危机转化为创新机遇。推动建设数字基础设施：建立数据收集和利用基础设施，尽早建成 5G 基础设施，扩充 AI 数据基础设施；培育无线产业，为扩展无线服务奠定基础，加强云安全网和网络安全网；系统级芯片 SOC 数字化，国家老旧基础设施数字化，建立数字化物流服务体系。①

还有一些战略培育新产业的政策出台。为促进数字经济发展，政府于 2020 年 3 月制定了《数字经济振兴计划（草案）》等；生物产业方面，为了将生物产业培育成为继半导体之后的新一代发展产业，2020 年上半年政府依次制定并公布了各核心任务的详细措施；通过预算和资金支持培育独角兽公司并创造第二次风投热潮。②

此外，公共部门创新引领私营部门创新。政府将通过战略性资源配置等方式支持建设创新包容性国家，通过提升效率和社会价值增强公众对公共部门的信任。

韩国金融委员会于 2019 年 12 月 23 日公布了 2020 年经济政策方向与金融领域的主要任务。与"创新金融"相关的金融部门的主要任务是：向有关设施等提供超过 10 万亿韩元的政策性金融资金，使 100 万亿韩元在私营、民间投资和公共领域的投资效果翻倍；建立引导体系，使民间金融公司更多地投资创新、风险投资企业；制定解决小商户、个体户和创新创业企业经营困难的扶持措施。③

企划财政部在 2020 年 1 月 15 日的创新成长战略会议和经济关系部长会议上，与相关部门共同确认并公布了《实现社会价值的公共部门推进战略》。此战略提出了一个平衡的发展目标，其不仅包括经济价值，还包括对人民生活质量有重大影响的社会和环境价值，以积极促进韩国社会的可持续发展和包容性发展。该战略的基本方向侧重于引入可能是陌生概念的社会价值观，并提出可以在公共和民间部门等社会各个领域实施的方向。为实现"共同发

---

① 기획재정부 . 「한국판 뉴딜」 추진방향 [DB/OL] .https : //www.kdi.re.kr/policy/topic_view. jsp?idx=200410&pp=10&code=A01&pg=32.

② 기획재정부 . 경제반등·혁신적 포용성장 [DB/OL] . 기획재정부는, https : //www.moef. go.kr/sns/2020/plan.do.

③ 금융위원회 .2020 년 경제정책방향 금융부문 주요과제 [DB/OL] .https : //www.kdi.re.kr/ policy/topic_view.jsp?idx=196092&pp=10&code=A01&pg=37.

展的社会，有价值的生活"的愿景，提出了4个实现方向（以人为本的包容性社会、安全可持续的环境、有能力的市民和共同体、共赢经济）和13个详细的社会价值（人权、健康、保健、社会融合、环境、安全、市民社会、参与、地方经济、地方社会、企业社会责任、合作共赢、就业）。具体任务包括：改善组织结构和文化；在每个人力资源阶段体现社会价值；完善公共部门评价体系；实现金融社会价值；促进公司和公民等私人社会价值的实现；提高共同体能力和建设民间治理；包括了加快社会经济发展等可以在公共部门率先实践的机关运营方式的改善方向，以及支持扩大民间部门社会价值实现活动的内容；政府计划与相关部门一起具体落实基本方向，并持续检查、完善进展情况，以便在未来全面传播社会价值。①

中小风险企业部于2020年10月6日公布了《中小企业培育综合计划（2020-2022年）》，提出了"通过培育全球创新企业，实现引领世界的数字强国"的新愿景。该综合计划对于检验迄今为止的政策成果以及在新冠肺炎疫情等变化的政策环境下制定新的中小企业、风险投资企业和小商户培育战略方面具有重要意义。此外，为克服当前的COVID-19危机，政府将为小商户建立经营稳定和恢复安全网，并加强对构成韩国制造业基础的传统中小企业的针对性支持。在综合计划中，中小企业部启动三年来的主要政策成果包括为"数字经济大转型"奠定基础和实现第二次创业热潮，如创造风险企业就业机会等。②

（三）人民体验包容性增长

韩国通过创造就业机会和加强社会安全网，扩大弱势群体的收入基础，降低家庭风险因素，在稳定就业、灾害补助、企业扶持等方面不断做出努力。

韩国雇佣劳动部于2019年12月23日公布了《2020年雇佣劳动部经济政策方向的主要任务》，明确该部门2020年的主要任务是：实施国民就业支持制度，支持未能享受就业保险福利的弱势群体就业；引入国民明日学习卡，培养能够贯穿人一生的定制技能，消除培训盲点；实施产业界和企业直接参

① 기획재정부. 사회적 가치 실현을 위한 공공부문의 추진전략［DB/OL］.https：//www.kdi.re.kr/policy/topic_view.jsp?idx=196749&pp=10&code=A01&pg=37.
② 중소벤처기업부.「중소기업 육성 종합계획（2020년～2022년）」수립·발표［DB/OL］.https：//www.kdi.re.kr/policy/topic_view.jsp?idx=205694.

与的针对性现场人才培养项目，根据现场需求培养人才；稳定就业，抢先应对就业问题，设置一揽子公开招聘项目，为预计将出现就业急剧萎缩的地区提供主导性、预防性应对支持；继续支持青年三大核心项目（额外青年就业补贴、青年未来发展补贴、青年求职活动支持资金），以解决青年与企业的就业不匹配问题；通过完善育儿假期制度等，创造有利于女性就业的条件；加强新中年层的就业支持和老年人继续就业支持；落实一周52小时工作制和缩短工作时间；继续改革以职务、能力为核心的工资制度；强化特殊工种从业人员等新型工种的安全网。①

　　韩国企划财政部于2020年1月7日的国务会议上确认并公布了《春节稳定民生措施》。2020年的措施是为了摆脱2019年困难的经济形势，开始强劲飞跃，将重点放在了充满活力的春节假期上。该措施的主要内容是：抓紧实施财政支持直接就业项目（94.5万人）；劳动补贴和儿童补贴，2019年9~11月提交申请的部分，在春节前提前发放（约1200亿韩元）；扩大劳动和优秀奖学金（3650亿韩元，比上一年增加579亿韩元），提前发放福利基金奖学金，支持重度残疾学生的稳定生活，推进减少医疗费用工作；将90万亿韩元的春节资金用于支持中小企业和小商户；将16种核心高需求产品的供应量增加1.2~4.3倍；严厉打击原产地和卫生等违法行为（农业和林业、海水、韩国海关、食品医药品安全厅）；提前1~2个月执行福利基金支持项目；加强对老年人和低保人员的收入支持；在第一季度，提前支付约50%的地方经济相关预算；扩大传统市场（Onnuri）商品券和当地爱心商品券的折扣率和使用范围；提高对外国游客的吸引力，振兴当地旅游业；在第一季度，提前分配好保护人民生命的三大项目（交通、工伤、自杀）相关预算的81%；制定春节假期（1月23~27日）的特殊交通措施等。②

　　雇佣劳动部于2020年2月28日宣布，将采取措施，加强对中小企业（SME）经营困难和工人就业稳定性的支持，以尽量减少COVID-19传播对就业的影响。具体内容包括：发放就业维持补贴时，将用人单位支付的遣散费和休假补贴中的政府补贴支持力度从现行的2/3提高到3/4，对就业恶化

---

① 고용노동부 .2020 년 경제정책방향 금융부문 주요과제 ［DB/OL］.https : //www.kdi.re.kr/policy/topic_view.jsp?idx=196051&pp=10&code=A01&pg=37.
② 기획재정부 . 모두 함께 시작하는 활기찬 설 명절 "설 민생안정대책" 발표 ［DB/OL］.https : //www.kdi.re.kr/policy/topic_view.jsp?idx=196518&pp=10&code=A01&pg=37.

地区提供定制化就业稳定措施；对于受 COVID-19 影响最为明显的旅游和住宿行业，将考虑是否将其定为特殊就业危机行业，还将研究是否延长就业危机地区的期限；积极鼓励有子女紧急家庭照顾需要的工人使用家庭照顾休假（每年最多 10 天），生活稳定资金融资将以低收入劳动者和特殊行业劳动者为对象扩大规模，并放宽对收入的要求；同时，为了解决企业的经营困难，计划通过大幅增加代理费支援和免费法律援助的受惠人员进行预防性的应对。①

二、韩国 2021 年经济政策

韩国的经济复苏好于预期，韩国政府提出了"快速和强有力地恢复经济"以及"实现朝向先导型经济的大转型"的经济政策基调，还于 2021 年下半年提出将经济政策集中在拉动内需和支持弱势群体上，政府认为上半年的经济复苏势头是由出口和制造业带动的，下半年将利用财政措施刺激内需和缩小差距。②除此之外，为进一步发展经济，韩国推出了韩国新政，年中期又推出了韩国新政 2.0。

韩国政府于 2020 年 12 月 17 日召开 2021 年经济政策方向报告和总统主持的扩大国民经济咨询会议，宣布确认并公布《2021 年经济政策方向》。该文件指出，2020 年，在全球新冠肺炎疫情大流行引发的健康和经济危机中，世界面临严重的经济衰退和结构变化。2021 年，韩国经济有望从负增长中复苏，实现反弹，但新冠肺炎疫情的不确定性依然存在，消费、就业等民生困难仍将持续存在。政府要加大政策力度，提升路径本身。

主要经济任务有：面对新冠肺炎疫情的不确定性，积极管理经济；确保经济复苏、提高经济活力；改善民生，振兴地方经济；扩大创新，确保新一代增长动力；创造稳定可持续发展的未来；增强经济结构的包容性和公平性。③要成功克服 COVID-19 危机，实现经济复苏，建设共享型的创

① 고용노동부.기업경영과 고용안정을 위해 고용유지지원금 지원금액 인상［DB/OL］. https：//www.kdi.re.kr/policy/topic_view.jsp?idx=198125&pp=10&code=A01&pg=36.
② 宁赋魁.疫情下的韩国经济和应对策略及中韩经贸合作重点领域展望［J］.东疆学刊，2022，39（1）：35-40，127.
③ 기획재정부.「2021 년 경제정책방향」발표［DB/OL］.https：//www.kdi.re.kr/policy/topic_view.jsp?idx=208522&pp=10&code=A01&pg=20.

新包容国家。①

（一）克服 COVID-19 危机和管理风险

韩国政府将通过加强隔离和定制损害支持，迅速克服 COVID-19 危机并先发制人地应对内部和外部风险。

企划财政部在 2021 年 5 月公布了文在寅执政 4 周年的经济政策实施成果和任务。文件阐明，韩国的经济结构性问题被认为是经济增长缓慢和两极分化严重，为了解决这些问题，文在寅政府一贯推动向以"创新、包容、公平"三大价值为基础的"以人民为中心的经济"模式转变。经济政策的成就包括：在面对新冠肺炎疫情和日本对韩国的出口限制等艰难的外部条件时，通过快速、果断的政策应对，稳定管理宏观经济；通过创造"第二次风险投资热潮"、建设三大创新增长产业（BIG3）等新产业基础设施、积极放松管制等方式，在经济全盘中营造创新氛围；增加家庭收入，降低核心生活成本等家庭支出负担，同时针对弱势群体织密就业和社会安全网，增强经济和社会包容性。然而，令人遗憾的是，突如其来的新冠肺炎疫情危机使文在寅政府就职以来持续改善就业、分配等方面的成果受到限制，此外，在以新冠肺炎疫情为契机，加速向数字经济、低碳经济转变的同时，近期人口冲击等结构性挑战也在加剧。韩国政府计划在未来一年任期中坚定不移地努力，以进一步巩固取得的成就，提升国民的切实感受。②

（二）快速而强劲的反弹

通过努力增强内需、投资、出口等各个领域的经济活力，韩国经济将在 2021 年上半年快速强劲反弹，恢复到疫情前的水平。

企划财政部表示，政府于 2021 年 6 月 28 日由总统主持召开了经济部长扩大会议，确定并公布了《2021 年下半年经济政策方向》。该报告指出，上半年，政府一如既往地调动全部政策力量，应对新冠肺炎疫情危机，推动经济快速强劲复苏，向后新冠时代引领型经济迈进。下半年经济政策方向的主

---

① 기획재정부.코로나 19 위기극복·경기반등·혁신적 포용국가새창열림［DB/OL］.
기획재정부，https：//www.moef.go.kr/sns/2021/plan.do.
② 기획재정부.문재인 정부 4 주년, 그간의 경제정책 추진성과 및 과제［DB/OL］.https：//
www.kdi.re.kr/policy/topic_view.jsp?idx=213677&pp=10&code=A01&pg=11.

要内容是：经济全面复苏（增长 4% 以上 + 就业恢复）和经济结构向引领型经济转变。韩国经济下半年将继续快速强劲复苏，但在各行业复苏速度参差不齐的情况下，将加速经济、社会结构的大转型。①

此外，在后疫情时期，企划财政部于 2021 年初提出，扩大投资，将投资项目从 100 万亿韩元扩大到 110 万亿韩元，加强税收支持和政策性金融，激发投资欲望。恢复消费，实施全方位税收和财政激励措施，促进消费反弹。②

（三）经济创新增长，推广韩国新政

培育韩国新政、BIG3 等未来增长引擎，向绿色低碳经济转型，推动经济增长再上新台阶。

全面推广韩国新政是 2021 年度韩国经济政策一大特色。政府通过推出月度计划、年度总结来推进政策的执行。新政主要在绿色新政、雇佣社会安全网强化、高新技术产业、区域均衡新政等方面做出革新。

2021 年 6 月企划财政部发布《6 月第三周韩版财政重大项目推进计划》。内容主要有：为开放和利用数字新政核心项目——"数据大坝"，将依次开放 2020 年构建的人工智能（AI）学习用数据（170 种，4.8 亿例）。此外，利用人工智能（AI）技术，"人工智能大挑战第五届大赛"第一阶段将以"让我们解决由文本构成的叙述型数学问题的解决过程和正确答案问题"为主题举行。在绿色新政领域，以"我们设想的未来学校"为主题，计划推进对空间、教育课程、教学和学习等进行一次集体深入调查（FGI）。在安全网强化方面，为了支持经济和就业复苏，应对后新冠时代，计划制定适合新常态的"公共就业服务强化方案"。此外，计划公开招募"水专业研究生"，以实现国民水安全和水福利。在区域均衡新政领域，通过光化门 1 号街的全民公投，评选出当地优秀的特色产业，并给予财政奖励。③

企划财政部为顺利推进韩国新政和促进民间部门积极参与，于 2021 年

① 기획재정부.「2021 년하반기경제정책방향」발표［DB/OL］.https：//eiec.kdi.re.kr/policy/materialView.do?num=215427&topic=C&recommend=.
② 기획재정부. 코로나 19 위기극복·경기반등·혁신적포용국가새창열림［DB/OL］.https：//www.moef.go.kr/sns/2021/plan.do.
③ 기획재정부.「6 월 3 주차한국판뉴딜주요사업추진계획」배포［DB/OL］.https：//www.kdi.re.kr/policy/topic_view.jsp?idx=214751&pp=10&code=A01&pg=11.

6月16日发布《6月第四周、第五周韩国新政重大事业推进计划》。在数字新政领域，将公开招聘尖端无人自动化农业生产示范园区建设事业所需的综合平台建设者。在绿色新政领域，政府计划在6月的第五周制定"滩涂管理和恢复基本计划"，以保护作为温室气体主要吸收体的滩涂和海洋生态系统。在安全网强化领域，为了解决有发展前途的行业或风险企业的人手短缺问题，将从6月28日开始接受"青年招聘特别鼓励"申请。在地区均衡新政领域，为了新政基金成功运作，将召开区域投资说明会，指导地方政府区域平衡新政重大项目和新政基金委托运营公司的投资方向。①

企划财政部5月28日表示，将召开2021年第3次财政事业评价委员会会议，讨论并决定修订《各领域可行性初步调查标准指南（草案）》。随着对区域均衡发展的评价在初步可行性调查中变得更加重要，本次修订在评估中更加准确地反映了非首都圈地区的各种条件，以及经济性费用的分析包括根据经济、社会条件的变化，反映新的利益，或根据业务类型、特性，计算准确、具体的费用和利益。从2020年1月开始，每条指南成立审核组（50人），对10条标准指南中重要程度高、利用率高的5条指南提出优先改编方案，并广泛听取事业单位、地方自治团体、学界、研究机关等的意见后，讨论了修订的方向和必要的修订项目。主要修订的方面如下：区域均衡发展评价、社会折现率、成本、计算标准以及待审核事项。②

2021年6月29日，为成功推进韩国新政和促进民间积极参与，政府发布了《7月韩国新政重大项目推进计划》。对于作为主要发展对象的数字新政领域，政府计划进行"数字券支持项目"的下半年公开募股，以促进企业数据的利用。在绿在色新政领域，将正式推进环保出行普及项目，包括峻工第100座加氢站和进行未来汽车超级车站试点项目的公开招募。在强化安全网方面，从7月1日开始，将实施就业保险，以确保特殊类型的劳动者也能受到就业安全网的保护，并支付求职津贴和生育津贴。在地区均衡新政方面，政府计划7月2日在全罗北道举办"地区均衡新政投资说明会"。③

---

① 기획재정부.「6월 4·5주차 한국판 뉴딜 주요사업 추진계획」배포［DB/OL］.https：//www.kdi.re.kr/policy/topic_view.jsp?idx=214986&pp=10&code=A01&pg=9.
② 기획재정부.지역균형발전 강화, 분석의 정확성 제고 등 예비타당성조사 표준지침 대폭개선［DB/OL］.https：//www.kdi.re.kr/policy/topic_view.jsp?idx=214349&pp=10&code=A01&pg=10.
③ 기획재정부.「7월 한국판 뉴딜 주요사업 추진계획」배포［DB/OL］.https：//www.kdi.re.kr/policy/topic_view.jsp?idx=215501&pp=10&code=A01&pg=9.

企划财政部 7 月 15 日发布了《韩国新政 2.0 推广计划》。韩国新政推行一年以来，国内外环境急剧变化，有必要制定新的应对方案。韩国新政 2.0 对"安全网强化"进行了大幅扩充并改编为"人类新政"，加强了对人的投资，减少了不平等和差距。此外，将继续发掘每个领域的新课题，并对现有课题进行扩充和改编，以应对数字化转型和碳中和等全球竞争，并增加实在的成果。在财政投入方面，计划到 2025 年将项目累计总投资从现行新政的 160 万亿韩元大幅提升到 220 万亿韩元。

同时，通过韩国新政 2.0，韩国社会可以体验到更方便、更安全的日常生活；通过实现碳中和，使韩国跃升为全球绿色强国；保护弱势群体，消除不平等和差距，从而打造一个健康、包容的社会。①

7 月 28 日，韩国政府发布了《8 月韩国新政重大项目推进计划》。8 月，数字新政领域的主要任务是公开招募可以实时在线连接全国小学"虚拟现实体育教室"的平台运营从业人员。在绿色新政领域，为纪念韩国新政实施一周年，计划为潜在贫困阶层和小商户提供每辆电动汽车 10 万韩元的补贴。在人类新政领域，计划以特殊行业劳动者、平台从业者为中心，制定消除工伤保险死角地带的方案。在地区均衡新政领域，对体现区域特色的创新型区域均衡新政优秀企业（共 15 个项目）给予 300 亿韩元的财政激励资金（广域 30 亿韩元，基本 10 亿韩元）。②

8 月 30 日，韩国政府发布了《9 月韩国新政重大项目推进计划》。在数字新政领域，作为数字新政主要项目的"云计算基本计划"和"数字双振兴战略"将通过第十四届信息通信战略委员会公布。在绿色新政领域，政府计划建设和运营加氢站监控系统，推进未来汽车超级车站示范项目公开招募，为环保出行的正式转型构建、扩充基础设施。在人类新政领域，计划公布国民终生职业能力开发支持体系的建设方案，把全民生命周期针对性支持体系、训练主体多元化、加强新技术训练等作为主要内容。在区域均衡新政领域，拟召开"第一届地区均衡新政联席会议"和第五届地区均

①　기획재정부 . 정부 합동「한국판 뉴딜 2.0 추진계획」발표［DB/OL］.https : //www.kdi. re.kr/policy/topic_view.jsp?idx=216044&pp=10&code=A01&pg=9.
②　기획재정부 .「8 월 한국판 뉴딜 주요사업 추진계획」배포［DB/OL］.https : //www.kdi. re.kr/policy/topic_view.jsp?idx=216530&pp=10&code=A01&pg=8.

衡新政小组会议。①

10月27日，韩国政府发布了《11月韩国新政重大项目推进计划》。在数字新政方面，将举办"数字化转型博览会"，分享人工智能（AI）和大数据等数字化新政的成果，以及产业变化。在绿色新政方面，计划重点建设绿色出行基础设施，如制定加氢站战略布局规划方案、建设高速公路加氢站（运营商选择）、提供加氢站实时信息应用程序（启动试点服务）。在人类新政方面，计划与平台公司相关人士举行座谈会，以改善工作条件并加强社会安全网。在地区均衡新政方面，计划进行咨询和最终审查，以实现以居民为主导、区域均衡的新政优秀项目公开招募事业具体化。②

企划财政部11月30日发布了《12月韩国新政重大项目推进计划》。政府计划举办活动，检验数据大坝和数字孪生等主要领域的成果，讨论国内外趋势，展示技术。加快推进绿色改造、海上风电等核心事业，推进相关产业扶持项目。促进失业人员（再）就业，提高在职人员的工作能力，将选定并公布2022年职业能力开发培训课程。计划对地方政府主导推进的区域均衡新政成果进行检验，选出优秀地方政府并给予激励。③

企划财政部于12月发布《韩国社会经济成就和任务》。作为补充和替代市场资本主义的良好对策，社会经济受到关注，在新冠病毒大流行期间变得愈发重要。韩国的社会经济是在民间自发性活动的基础上产生和发展的，上一届政府扩大了个别部门的制度引进和支持。文在寅政府正在通过构建参与式治理和奠定法律基础、建立可持续生态系统基础以及加强实现社会价值的努力等来提供政策性支持。与此同时，在文在寅执政期间，随着社会经济在数量和质量上都实现了发展，其所需的"环境土壤温度"也在升高，但在即将迈入成熟期时，却暴露出局限性。对此，及时应对政策环境的急剧变化非常重要，未来的政策方向是实现四大核心价值"P、L、U、S"（people, local, union, social innovation），让社会经济引领包容性增长和社会创新。④

① 기획재정부.「9월 한국판 뉴딜 주요사업 추진계획」배포［DB/OL］.https : //www.kdi.re.kr/policy/topic_view.jsp?idx=217585&pp=10&code=A01&pg=7.
② 기획재정부.「11월 한국판 뉴딜 주요사업 추진계획」배포［DB/OL］.https : //www.kdi.re.kr/policy/topic_view.jsp?idx=219363&pp=10&code=A01&pg=5.
③ 기획재정부.「12월 한국판 뉴딜 주요사업 추진계획」배포［DB/OL］.https : //www.kdi.re.kr/policy/topic_view.jsp?idx=220789&pp=10&code=A01&pg=4.
④ 기획재정부.「한국 사회적경제 성과와 과제」발표［DB/OL］.https : //www.kdi.re.kr/policy/topic_view.jsp?idx=220891&pp=10&code=A01&pg=4.

此外，韩国还注重高新产业的发展，将半导体、生物健康、未来汽车定为未来韩国"三大新增长产业"，决定 2021 年在上述三大产业追加投资 2 万亿韩元，到 2022 年在开发和确保下一代战略技术方面优先集中投资 5 万亿韩元以上。韩国政府和相关企业正着力布局半导体、氢能源、电动汽车和电池以及生物产业。①

（四）一个包容的国家，共同繁荣

政府将通过创造就业机会和建立严密的社会安全网来支持弱势群体，实现包容性增长，共同繁荣。

在社会经济方面，政府制定了《2021 年社会经济推进方向》（2021 年 2 月），以扩大社会经济规模，推动加强地方自给自足基础。韩国政府于 2021 年 3 月 4 日宣布，已于 2 月 26 日在就业委员会下属的社会经济特别委员会上与民间代表就 2021 年社会经济政策方向交换了意见，并根据讨论内容确定了政策方向。内容包括：支持社会经济企业自力更生、发展壮大、促进社会价值观在整个经济社会范围内传播。在政策方向和推进任务方面：支持社会经济企业发展，提高地方社会经济推进力量，支持社会经济企业涉猎领域多元化，扩大社会经济法律制度基础建设。此外，政府以多部门协作为中心，选定核心任务，按任务组建任务小组进行推广和检查，各任务小组的最终提案由专门委员会等进行讨论。②

三、韩国 2022 年经济政策

2021 年韩国经济出现显著回弹。据韩联社报道，韩国银行（央行）于 2022 年 1 月 25 日发布的数据显示，受新冠肺炎疫情影响，韩国经济 2020 年出现负增长（-0.9%），2021 年反弹至 4%，创 2010 年后近 11 年新高③。韩国后疫情时期经济的复苏为其 2022 年经济的发展奠定了良好基础。

2021 年 12 月 22 日，企划财政部、文化体育观光部、农林畜产食品部、雇佣劳动部、中小风险企业部、金融委员会六部门举行联合新闻发布会，发

---

　　① 宁赋魁.疫情下的韩国经济和应对策略及中韩经贸合作重点领域展望［J］.东疆学刊，2022，39（1）：35-40，127.
　　② 기획재정부.「'21 년 사회적경제 정책방향」확정［DB/OL］.https：//www.kdi.re.kr/policy/topic_view.jsp?idx=211276&pp=10&code=A01&pg=14.
　　③ 韩国 2021 年 GDP 增长 4%［EB/OL］.https：//cn.yna.co.kr/view/ACK20220125000500881.

布了《2022年主要工作计划》。2021年韩国政府集中政策能力,克服新冠肺炎疫情影响,恢复经济、民生,推动经济结构向领先型经济转变。全球经济的复苏,预示着2022年韩国经济将继续改善,但由于国内外的不确定性,民生经济状况仍不佳。六大部门认识到这一形势,决定把振兴民生经济作为2022年政策目标的重中之重,重点抓好以下六项工作:支持小商户度过危机、稳定管理生活物价、恢复就业、扩充安全网、稳定农村经济和恢复文化日常。①

此外,企划财政部于2022年1月4日发布《2020年经济白皮书》。文件指出,2020年,由于COVID-19病毒于2019年12月开始蔓延,韩国经济和全球经济经历了极端的防疫危机和经济停滞。为应对由此引发的严重的经济冲击,2020年3月召开了第一次紧急经济会议,随后由总统主持召开了8次紧急经济会议,讨论了民生、金融稳定一揽子计划和紧急灾难救助金实施方案等。另外,从4月份开始,通过经济部副总理主持的中央紧急经济对策本部会议,就制定金融支援计划的实施细则、紧急就业稳定补助金的实施细则、主要受灾行业支援方案等进行了24次讨论。回顾过去,2020年,韩国经济为以人民为中心的包容性国家奠定了基础,包括扩大了就业岗位输入的基础、扩充了就业和社会安全网、振兴了社会经济等。最后,通过韩国新政全面推进和风险投资、初创公司等第二次风投热潮的蔓延、加速,以及通过重点行业、服务业、放松管制等带动产业高度发展,奠定了向领先国家飞跃的基础。②

在最大限度发挥新政作用的同时,韩国将通过将BIG3产业转变为下一代增长引擎以及重点行业和服务业的创新,实现领先经济的飞跃。

企划财政部2022年1月26日宣布,为了成功推进韩国新政、促进民间的积极参与,将发布《2022年2月韩国新政重大项目推进计划》。在数字新政方面,作为民间商业创新和新服务、新产品创造的核心项目,将正式开展"数据大坝"相关的"2022年事业公开招募"。在绿色新政方面,将产业园区转变为节能环保的制造空间,加快打造智能绿色产业园区,以加快绿色出

① 기획재정부. '민생경제 활성화'를 주제로 6개 부처 합동 2022년 업무계획 발표[DB/OL].https://www.kdi.re.kr/policy/topic_view.jsp?idx=221837&pp=10&code=A01&pg=3.
② 기획재정부.2020년도 경제백서[DB/OL].https://www.kdi.re.kr/policy/topic_view.jsp?idx=222352&pp=10&code=A01&pg=2.

行的普及和推广。关于人类新政，韩国政府计划正式开展支持数字化、新技术基础训练的"K-Digital Credit"工程，这一工程以青年和中年人群为主要对象。在区域均衡新政方面，计划选定优秀的地方政府并提供激励措施，以便地方政府能够主导推动创意性的区域均衡新政。①

此外，根据韩国的 2022 年工作计划，预计新的一年，其会以民生经济为重，在经济全面正常化、推进创新增长绩效、夯实包容性增长基础、稳健管理内外部风险、加快结构转型等方面做出努力。

综上所述，韩国 2020 年的经济政策主要侧重疫情治理，2021 年积极推行新政，2022 年将重视民生，促进经济发展造福国民。而韩国促进经济回升、应对疫情、产业创新、公共部门改革、保障社会福利等内核则一直体现于各年政策中。

以疫情为节点，韩国的对内经济政策发生了较为显著的变化。后疫情时期的韩国政府，更关注疫情形势对于经济发展的影响，并会据此及时做出应对。除此之外，韩国政府更为重视民生经济，保障民众在后疫情时期的生活。政府采取扩张财政政策，加大对于创新的投入，并推出韩国新政。此外，韩国始终关注经济发展，公有部门革新一直在持续，并推出区域新政。从数据来看，韩国 GDP 增速前两年较为缓慢，2020 年由于疫情的影响成为负值，2021 年又有所回升，目前趋势向好。总而言之，从政策推行以及实施效果来看，韩国正向成为更好的中等强国迈进。

参考文献

［1］고용노동부.「소득주도 성장과 국민의 삶의 질 향상」을 주제로 2018 년 첫 국무총리 정부업무보고 실시［DB/OL］.https：//www.kdi.re.kr/policy/topic_view.jsp?idx=173154&pp=50&code=A01&pg=11.

［2］고용노동부.2020 년 경제정책방향 금융부문 주요과제［DB/OL］.https：//www.kdi.re.kr/policy/topic_view.jsp?idx=196051&pp=10&code=A01&pg=37.

［3］고용노동부.기업경영과 고용안정을 위해 고용유지지원금 지원금액 인상［DB/OL］.https：//www.kdi.re.kr/policy/topic_view.jsp?idx=198125&pp=

① 기획재정부.「'22 년 2 월 한국판 뉴딜 주요사업 추진계획」배포［DB/OL］.https：//www.kdi.re.kr/policy/topic_view.jsp?idx=223090&pp=10&code=A01&pg=1.

10&code=A01&pg=36.

［4］공정거래위원회. '특권과 반칙없는 더불어 사는 사회' 로 국민의 삶의 질을 향상하겠습니다［DB/OL］.https：//www.kdi.re.kr/policy/topic_view.jsp?idx=173416&pp=50&code=A01&pg=11.

［5］금융위원회. 설 연휴 금융분야 민생지원 방안［DB/OL］.https：//www.kdi.re.kr/policy/topic_view.jsp?idx=184879&pp=50&code=A01&pg=9.

［6］금융위원회.2020 년 경제정책방향 금융부문 주요과제［DB/OL］.https：//www.kdi.re.kr/policy/topic_view.jsp?idx=196092&pp=10&code=A01&pg=37.

［7］금융위원회. 설 연휴 금융분야 민생지원 방안［DB/OL］.https：//www.kdi.re.kr/policy/topic_view.jsp?idx=173788&pp=50&code=A01&pg=11.

［8］기획재정부.2018 년 설 민생안정대책［DB/OL］.https：//www.kdi.re.kr/policy/topic_view.jsp?idx=173497&pp=50&code=A01&pg=11.

［9］기획재정부. '민생경제 활성화' 를 주제로 6 개 부처 합동 2022 년 업무계획 발표［DB/OL］.https：//www.kdi.re.kr/policy/topic_view.jsp?idx=221837&pp=10&code=A01&pg=3.

［10］기획재정부.「2019 년 경제정책방향」발표［DB/OL］.https：//www.kdi.re.kr/policy/topic_view.jsp?idx=183544&pp=10&code=A01&pg=47.

［11］기획재정부.「'21 년 사회적경제 정책방향」확정［DB/OL］.https：//www.kdi.re.kr/policy/topic_view.jsp?idx=211276&pp=10&code=A01&pg=14.

［12］기획재정부.「'22 년 2 월 한국판 뉴딜 주요사업 추진계획」배포［DB/OL］.https：//www.kdi.re.kr/policy/topic_view.jsp?idx=223090&pp=10&code=A01&pg=1.

［13］기획재정부.「11 월 한국판 뉴딜 주요사업 추진계획」배포［DB/OL］.https：//www.kdi.re.kr/policy/topic_view.jsp?idx=219363&pp=10&code=A01&pg=5.

［14］기획재정부.「12 월 한국판 뉴딜 주요사업 추진계획」배포［DB/OL］.https：//www.kdi.re.kr/policy/topic_view.jsp?idx=220789&pp=10&code=A01&pg=4.

［15］기획재정부.「2018 년 경제정책방향」발표［DB/OL］.https：//www.kdi.re.kr/policy/topic_view.jsp?idx=172535&pp=10&code=A01&pg=55.

［16］기획재정부.「2020 년 경제정책방향」발표［DB/OL］.https：//

www.kdi.re.kr/policy/topic_view.jsp?idx=195962&pp=10&code=A01&pg=38.

〔17〕기획재정부.「2021년 경제정책방향」발표〔DB/OL〕.https：//
www.kdi.re.kr/policy/topic_view.jsp?idx=208522&pp=10&code=A01&pg=20.

〔18〕기획재정부.「4차 산업혁명과 혁신성장」을 주제로, 정부업무
보고 실시〔DB/OL〕.https：//www.kdi.re.kr/policy/topic_view.jsp?idx=173341&
pp=10&code=A01&pg=54.

〔19〕기획재정부.「7월 한국판 뉴딜 주요사업 추진계획」배포〔DB/
OL〕.https：//www.kdi.re.kr/policy/topic_view.jsp?idx=215501&pp=10&code=A01&
pg=9.

〔20〕기획재정부.「8월 한국판 뉴딜 주요사업 추진계획」배포〔DB/
OL〕.https：//www.kdi.re.kr/policy/topic_view.jsp?idx=216530&pp=10&code=A01&
pg=8.

〔21〕기획재정부.「9월 한국판 뉴딜 주요사업 추진계획」배포〔DB/
OL〕.https：//www.kdi.re.kr/policy/topic_view.jsp?idx=217585&pp=10&code=A01&
pg=7.

〔22〕기획재정부.「마포 청년혁신타운 조성방안」발표〔DB/OL〕.
https：//www.kdi.re.kr/policy/topic_view.jsp?idx=175880&pp=50&code=A01&pg=11.

〔23〕기획재정부.「포스트 코로나 시대」대비를 위한 비대면 경제 활
성화 방안〔DB/OL〕.https：//www.kdi.re.kr/policy/topic_view.jsp?idx=207335&
pp=10&code=A01&pg=20.

〔24〕기획재정부.「한국 사회적경제 성과와 과제」발표〔DB/OL〕.
https：//www.kdi.re.kr/policy/topic_view.jsp?idx=220891&pp=10&code=A01&pg=4.

〔25〕기획재정부.「한국판 뉴딜」추진방향〔DB/OL〕.https：//www.
kdi.re.kr/policy/topic_view.jsp?idx=200410&pp=10&code=A01&pg=32.

〔26〕기획재정부.「혁신성장 전략투자 방향」발표〔DB/OL〕.https：//
www.kdi.re.kr/policy/topic_view.jsp?idx=179521&pp=10&code=A01&pg=49.

〔27〕기획재정부.「혁신성장 확산·가속화전략」및「혁신성장 확
산·가속화를 위한 '2020 전략투자방향'」발표〔DB/OL〕.https：//www.kdi.
re.kr/policy/topic_view.jsp?idx=191619&pp=50&code=A01&pg=9.

〔28〕기획재정부.2019년 하반기 경제정책방향〔DB/OL〕.https：//
www.kdi.re.kr/policy/topic_view.jsp?idx=190200&pp=50&code=A01&pg=9.

［29］기획재정부 .2020 년도 경제백서［DB/OL］.https : //www.kdi.re.kr/
policy/topic_view.jsp?idx=222352&pp=10&code=A01&pg=2.

［30］기획재정부 .2 기 경제팀의 그간 중점 추진정책 점검 및 향후 추
진 방 향［DB/OL］.https : //www.kdi.re.kr/policy/topic_view.jsp?idx=186388&pp=
50&code=A01&pg=9.

［31］기획재정부, 4 차 산업혁명과 혁신성장 .

［32］기획재정부 . 경제반등・혁신적 포용성장［DB/OL］.https : //www.
moef.go.kr/sns/2020/plan.do.

［33］기획재정부 . 경제활력 중점법안 관련 행정부 대응조치 계획［DB/
OL］.https : //www.kdi.re.kr/policy/topic_view.jsp?idx=196553&pp=10&code=A01&
pg=37.

［34］기획재정부 . 전방위적 경제활력 제고를 위한「2019 년 기획재
정부 주요업무 추진계획」발표［DB/OL］.https : //www.kdi.re.kr/policy/topic_
view.jsp?idx=186095&pp=50&code=A01&pg=9.

［35］기획재정부 . 모두 함께 시작하는 활기찬 설 명절 "설 민생안정
대 책 " 발 표［DB/OL］.https : //www.kdi.re.kr/policy/topic_view.jsp?idx=196518&
pp=10&code=A01&pg=37.

［36］기획재정부 . 문재인 정부 4 주년, 그간의 경제정책 추진성과 및
과 제［DB/OL］.https : //www.kdi.re.kr/policy/topic_view.jsp?idx=213677&pp=
10&code=A01&pg=11.

［37］기획재정부 . 범부처「인구정책 TF」, 인구구조 변화 대응방안（Ⅱ）
발 표［DB/OL］.https : //www.kdi.re.kr/policy/topic_view.jsp?idx=194147&pp=
50&code=A01&pg=8.

［38］기획재정부 . 서민부담 줄이고 지역경제 활성화 지원하는 "추석
민생안정대책" 발표［DB/OL］.https : //www.kdi.re.kr/policy/topic_view.jsp?idx=
191796&pp=50&code=A01&pg=9.

［39］기획재정부 . 설 민생안정대책 발표［DB/OL］.https : //www.kdi.
re.kr/policy/topic_view.jsp?idx=184666&pp=50&code=A01&pg=9.

［40］기획재정부 . 정부 합동「한국판 뉴딜 2.0 추진계획」발표［DB/
OL］.https : //www.kdi.re.kr/policy/topic_view.jsp?idx=216044&pp=10&code=A01&
pg=9.

［41］기획재정부 . 지역균형발전 강화, 분석의 정확성 제고 등 예비 타당성조사 표준지침 대폭개선［DB/OL］.https : //www.kdi.re.kr/policy/topic_view.jsp?idx=214349&pp=10&code=A01&pg=10.

［42］기획재정부 . 코로나 19 관련 업종・분야별 긴급 지원방안 Ⅱ（항공・교통, 관광・공연, 수출, 해운 분야）［DB/OL］.https : //www.kdi.re.kr/policy/topic_view.jsp?idx=198663&pp=10&code=A01&pg=35.

［43］기획재정부 . 코로나 19 관련 업종별 지원방안 Ⅲ（관광, 영화, 통신・방송）［DB/OL］.https : //www.kdi.re.kr/policy/topic_view.jsp?idx=199199&pp=10&code=A01&pg=34.

［44］기획재정부 . 코로나 19 대응 및 경제활력 제고를 위한「10 대 산업분야 규제혁신 방안（Ⅰ）」［DB/OL］.https : //www.kdi.re.kr/policy/topic_view.jsp?idx=200183&pp=10&code=A01&pg=32.

［45］기획재정부 . 코로나 19 위기극복・경기반등・혁신적 포용국가 새창열림［DB/OL］.https : //www.moef.go.kr/sns/2021/plan.do.

［46］기획재정부 . 코로나 19 파급영향 최소화와 조기극복을 위한 2020 년 추가경정예산안 편성［DB/OL］.https : //www.kdi.re.kr/policy/topic_view.jsp?idx=198226&pp=10&code=A01&pg=35.

［47］기획재정부 . 코로나 19 피해 추가 지원방안［DB/OL］.https : //www.kdi.re.kr/policy/topic_view.jsp?idx=198912&pp=10&code=A01&pg=35.

［48］기획재정부 . 하반기 경제활력 보강 추가 대책［DB/OL］.https : //www.kdi.re.kr/policy/topic_view.jsp?idx=192135&pp=50&code=A01&pg=9.

［49］기획재정부 . 하반기 이후 경제여건 및 정책방향［DB/OL］.https : //www.kdi.re.kr/policy/topic_view.jsp?idx=178842&pp=50&code=A01&pg=10.

［50］기획재정부 . 혁신성장・국민 삶의 질 향상 위해 국유재산 역할 강 화［DB/OL］.https : //www.kdi.re.kr/policy/topic_view.jsp?idx=176733&pp=50&code=A01&pg=11.

［51］중소벤처기업부 .「중소기업 육성 종합계획（2020 년～ 2022 년）」수립・발표［DB/OL］.https : //www.kdi.re.kr/policy/topic_view.jsp?idx=205694.

［52］통계청 .2018 한국의 사회지표［DB/OL］.https : //www.kdi.re.kr/policy/topic_view.jsp?idx=186578&pp=50&code=A01&pg=9.

［53］통계청 . 제 2 차 국가통계 발전 기본계획（'18-'22）수립［DB/OL］.

https : //www.kdi.re.kr/policy/topic_view.jsp?idx=172578&pp=10&code=A01&pg=54.

［54］행정안전부 . "모두가 안전한 국가, 다함께 잘사는 지역"을 만들 겠 습 니 다［DB/OL］.https : //www.kdi.re.kr/policy/topic_view.jsp?idx=186174&pp=50&code=A01&pg=9.

［55］행정안전부 .2018 년 설 민생안정대책［DB/OL］.https : //www.kdi.re.kr/policy/topic_view.jsp?idx=174475&pp=50&code=A01&pg=11.

［56］행정안전부 . 국민이 안심하고 신뢰할 수 있는 안전선진국 도약［DB/OL］.https : //www.kdi.re.kr/policy/topic_view.jsp?idx=173312&pp=50&code=A01&pg=11.

［57］행정안전부 . 문재인정부「정부혁신 종합 추진계획」발표［DB/OL］.https : //www.kdi.re.kr/policy/topic_view.jsp?idx=174970&pp=50&code=A01&pg=11.

［58］행정안전부 . 설 명절 민생안정, 중앙 – 지방이 빈틈없이 챙긴다［DB/OL］.https : //www.kdi.re.kr/policy/topic_view.jsp?idx=173935&pp=50&code=A01&pg=11.

［59］행정안전부 . 행안부, 공공기관의 정보화 성과관리 본격 시작［DB/OL］.https : //www.kdi.re.kr/policy/topic_view.jsp?idx=174355&pp=10&code=A01&pg=52.

［60］행정안전부 . 행안부, 스마트네이션 공유의 장 마련［DB/OL］.https : //www.kdi.re.kr/policy/topic_view.jsp?idx=174350&pp=10&code=A01&pg=52, 2018–2–27.［DB/OL］. 기획재정부는, https : //www.moef.go.kr/sns/2018/plan.do.

［61］환경부 . 지속가능한 미래를 위한 이정표, 지속가능발전목표 수립［DB/OL］.https : //www.kdi.re.kr/policy/topic_view.jsp?idx=183857&pp=50&code=A01&pg=10.

［62］기획재정부 .「2021 년 하반기 경제정책방향」발표［DB/OL］.https : //www.kdi.re.kr/policy/topic_view.jsp?idx=215427&pp=10&code=A01&pg=9.

［63］기획재정부 .「6 월 3 주차 한국판 뉴딜 주요사업 추진계획」배포［DB/OL］.https : //www.kdi.re.kr/policy/topic_view.jsp?idx=214751&pp=10&code=A01&pg=11.

［64］기획재정부 .「6 월 4 · 5 주차 한국판 뉴딜 주요사업 추진계획」

배 포〔DB/OL〕.https：//www.kdi.re.kr/policy/topic_view.jsp?idx=214986&pp=10&code=A01&pg=9.

〔65〕기획재정부.사회적 가치 실현을 위한 공공부문의 추진전략〔DB/OL〕.https：//www.kdi.re.kr/policy/topic_view.jsp?idx=196749&pp=10&code=A01&pg=37.

〔66〕기획재정부.코로나 19 대응 주요 주력산업 최근 동향 및 대응방안（Ⅰ）〔DB/OL〕.https：//www.kdi.re.kr/policy/topic_view.jsp?idx=199940&pp=10&code=A01&pg=33.

〔67〕宁赋魁.疫情下的韩国经济和应对策略及中韩经贸合作重点领域展望〔J〕.东疆学刊,2022,39（1）.

〔68〕기획재정부.「2021 년하반기경제정책방향」발표〔DB/OL〕.https：//eiec.kdi.re.kr/policy/materialView.do?num=215427&topic=C&recommend=.

〔69〕孙通,刘昌明.中等强国在中美战略竞争中的行为逻辑：基于竞争烈度、依赖结构与利益偏好的解释〔J〕.世界经济与政治论坛,2021（4）.

〔70〕详讯：韩国 2021 年 GDP 增长 4%〔EB/OL〕.https：//cn.yna.co.kr/view/ACK20220125000500881.

第四章

韩国的对外经济发展战略与布局

第一节　韩国对外经济发展战略与布局综述

一、韩国经济的发展情况分析

朝鲜战争的结束标志着韩国现代史的开端。建国初期，韩国是世界上最贫穷的国家之一，1955年的人均国民生产总值（GNP）仅为65美元。自20世纪60年代起，韩国实行"贸易立国，出口优先"战略，发展"出口导向型"经济，进出口贸易成为韩国经济发展的支柱。以出口作为经济命脉，韩国创造了经济的高速增长，并和中国台湾、中国香港、新加坡一起被称为"亚洲四小龙"。1996年，韩国加入有"富国俱乐部"之称的经济合作与发展组织（OECD）。2005年，联合国贸发会议发表新闻公报宣布韩国成为继日本和新加坡之后亚洲的第三个发达国家。短短50年，韩国经济的成就举世瞩目，实现了从赤贫到发达的飞跃，被称为"汉江奇迹"。如今，历经两次危机（1997年金融危机和2008年金融危机）后，韩国经济尚在调整转型期。

南北战争停战之前，韩国历经日本的殖民剥削和炮火摧残，基础设施遭到全面破坏，百废待兴，再加之没有像样的工业体系，韩国的经济发展举步维艰。南北停战后，由于日本在朝鲜半岛造成的"南农北工"的经济格局，韩国只能依靠农业和少量轻工业以及美国的援助、贷款维系着经济的运行。

在美国和联合国的共同援助下，韩国在 1956 年基本完成经济重建。1961 年，韩国人均 GDP 为 93.8 美元，约为当时世界平均水平的 1/5。为了发展工业，韩国开始重视基础设施建设：修铁路、公路、码头，建设发电厂以及重视公民教育等，这为韩国后来的经济起飞积蓄了能量。

1961 年，朴正熙发动政变夺取政权，韩国经济也进入了飞速发展的 20 年。这一时期，韩国利用多个"五年计划"，集中国内力量全力加快发展国民经济，由过去进口替代战略改为出口导向战略，把经贸活动的重点从国内市场变为国外市场，实行了国际贸易多边化和自由化的政策措施，并积极参与全球分工和世界市场争夺。同时，美国政府的援助也对韩国国民经济起到了重要的推动作用。

从 20 世纪 70 年代起，韩国开始着力促进重化工业的发展。这一时期是韩国造船、钢铁、汽车、电子、石化等工业的萌芽期，也是韩国城市化进程的加速期。后来，韩国建设的重心转向了资本密集型工业和技术密集型工业。这一时期，韩国设立了大批研究所等科研机构，以促进技术研发、发展尖端产业。与此同时，韩国将大量的国有企业转化为私有，开始慢慢转向集约型发展。

1997 年亚洲金融危机后，韩国经济进入调整转型期。韩国开始大力调整经济结构，进行产业的再次升级，由原有的产业结构调整为以大力发展高新技术产业、高端装备制造业、信息技术产业为主。这一时期，现代汽车、三星电子、LG 电子、SK 化工等发展成为全球性企业。

综上所述，韩国的出口导向型经济发展可以概括为表 4-1 所示的三个阶段。

表 4-1　　　　　　　　　　韩国出口导向型经济的发展阶段

阶段	发展产业	客观背景	自身优势
第一阶段：20 世纪 60 年代	轻纺工业等劳动密集型产业	国际上劳动密集型产业和低附加值技术密集产业转移	大量廉价劳动力资源，承接国际转移，政府倾斜性扶持劳动密集型产业
第二阶段：20 世纪 70 年代	重化工业等资本密集型产业	发达国家开始将产业重心从钢铁、机械、电子等资本密集型产业转向技术密集型产业，资本密集型产业向海外转移 *	承接国际转移，完成第二次产业结构升级。朴正熙政府发表"重化工业化宣言"，实施"重化工业发展计划"，有意扶持财阀企业

续表

阶段	发展产业	客观背景	自身优势
第三阶段：20世纪80~90年代	技术密集型产业	发达国家加强对技术、知识产权等的保护力度，引进技术的难度增加	大企业合并重组"做大做强"、民主化改革
第四阶段：1997年后	高端制造业	第四次工业革命等	经济民主化、加大对中小企业的支持力度

注：* 金英姬. 韩国财阀企业功过得失及启示［J］. 上海经济研究，2017（11）：109-118.

二、对外投资的发展与布局

韩国资源匮乏，市场相对狭小，为保证资源的稳定供应、开拓海外市场，韩国企业自20世纪60年代末便开始对外投资。90年代以来，韩国的对外投资发生了重大变化：投资主体多元化，不再局限于大企业集团；投资行业多元化，由劳动密集型工业扩展至资本密集型、技术密集型产业及服务业等；投资产业多元化，从农林牧副渔业等扩大到服务业；投资地区全球化，从北美、亚洲等几个国家延伸至欧洲、中美洲、非洲等；投资规模大型化，从30万美元的小型投资为主发展为超过100万美元的大型投资（见表4-2）。

表4-2　　　　　　　　　　韩国对外投资统计明细

年份	申报项目数（件）	新设法人数（家）	申报金额（百万美元）	实际投资金额（百万美元）
1980	717	395	469	328
1981	126	54	324	65
1982	99	53	840	119
1983	105	62	149	174
1984	101	52	199	53
1985	77	40	219	112
1986	144	57	499	318
1987	192	97	368	411
1988	449	188	1697	277
1989	695	287	989	584
1990	970	367	2454	1148
1991	945	472	2050	1367
1992	1079	532	2154	1373
1993	1601	715	2251	1490
1994	2741	1521	3767	2437

续表

年份	申报项目数（件）	新设法人数（家）	申报金额（百万美元）	实际投资金额（百万美元）
1995	2618	1383	5433	3336
1996	3372	1528	7448	4830
1997	2883	1398	6330	4080
1998	1782	650	5848	4830
1999	2520	1145	4732	3431
2000	4221	2189	6330	5406
2001	4367	2266	6627	5419
2002	5105	2615	6764	4106
2003	5871	2951	6620	4907
2004	7705	3970	9281	6879
2005	9582	4723	9980	7417
2006	10820	5505	19572	11991
2007	12984	6073	30901	23130
2008	11580	4298	37238	24238
2009	8591	2675	31625	20863
2010	9203	3066	34816	25474
2011	9085	2945	46532	29470
2012	8943	2787	40661	29328
2013	9425	3037	36332	30779
2014	9611	3049	35910	28489
2015	10319	3219	40671	30287
2016	11199	3353	49618	39097
2017	11470	3411	49428	43696
2018	9302	2660	41165	36015

资料来源：韩国进出口银行，http://stats.koreaexim.go.kr/Orissa.html。

从表4-2可以看出，韩国的对外投资自1990年开始有了爆发式增长，这种趋势一直延续到1998年亚洲金融危机之前。1999年韩国对外投资断崖式急剧下降，之后开始回升，直到2008年全球金融危机之前。全球金融危机之后，2009年韩国对外投资再次大幅减少，但很快重拾升势，2017年实际投资金额创下历史最高。

根据2018年9月韩国国会预算政策处发表的《韩国对外直接投资趋势和形态变化分析》报告，2001~2009年韩国对外投资规模年平均为121.1亿美元，2013~2017年提高到344.7亿美元。2017年韩国对外实际投资规模高达近 437 亿美元，排全球第 13 位，占全球对外投资总量的 2.2%，占国内生产总值的 23.7%，达到历史新高。韩对外直接投资的领域及方式也发生了变化。2005 年以前主要以制造业投资为主，占比高达 50% 以上；此后制造业投资不断下降，2017 年仅占总投资的 17.9%，被服务业投资赶超。另外，从投资方式看，在投资地区新设法人的绿地型投资占总投资的比重从 2013 年的 76.1% 降至 2017 年的 52.4%；同期并购型投资的比重从 23.4% 上升至 47.0%。报告认为，受全球行业竞争加剧的影响，企业为获得新技术及先进技术而积极采用并购方式进行投资。从投资目的看，由于全球贸易保护主义愈演愈烈，开拓第三国市场的投资增长较快，2013~2017 年的年平均占比高达 67%；而近 5 年追求低工资、低成本的投资年平均占比下降至 9% 左右。

并购型投资和开拓第三国市场投资的增加，使过去对外直接投资拉动国内生产和出口的积极效应有所下降。据统计，韩国对外直接投资出口拉动效应比[①]从 2013 年的 162.9% 下降至 2017 年的 117.4%。未来开拓新兴市场、新技术并购等对外直接投资还将不断增长。

三、自由贸易区的蓬勃发展

全球化步入新阶段后，各国在推进区域合作过程中的主要诉求开始倾向于寻求建立更为平等的合作关系，寻找更为有效的区域合作模式，以获取可持续发展能力。由于推动区域合作的关键在于培育形成区域内和国家间的各类公共产品，因此多数国家积极推动基于利益认同的功能性合作机制，但在区域综合制度性建设方面比较谨慎。自贸区（Free Trade Agreement，FTA）的构建是基于共同市场开放安排带来的共同认知，自贸区功能性合作的参与成员可多可少，并以次区域合作为主，且有严格意义上的地缘区域归属，比如东盟自贸区、东盟 "10+1" 自贸区，还有当下已经完成谈判并签署协议的《区域全面经济伙伴关系协定》（Regional Comprehensive Economic Partnership，RCEP）。[②]

通过一系列双边自由贸易协定等区域合作制度，韩国积极参与和推进区域经济合作。基于此，韩国延伸了市场的地理范围，开拓了新兴市场，拓展

---

① 对外直接投资出口拉动效应比 = 对海外投资法人的年出口额 / 当年海外投资总额。
② 李冬新，杨延龙 . 新形势下东亚产业链调整与区域合作 ［J］. 南开学报（哲学社会科学版），2021（4）.

了出口渠道，提高了产品和产业的国际竞争力，改善了出口环境，吸引了更多外国直接投资，也增加了国内就业。表4-3展示的是迄今为止与韩国签有自由贸易协定的对象分布范围、发展情况及意义。

表 4-3　　　　　　　　韩国自由贸易现状及意义

伙伴		现状	意义
地区	自由贸易对象		
亚洲	东盟（ASEAN）	生效：2009.9 目前：协定追加自由化	韩国—东盟自由贸易区的建立不仅有利于韩国与东盟的经贸往来，促进韩国和东盟国家的经济繁荣、维护地区稳定，还能够推动东亚地区的经济一体化进程
	中国	开始协商：2012.5 签署：2015.6 生效：2015.12 目前：协定服务及投资后续谈判	中韩 FTA 协定中不仅包括货物贸易、服务贸易和投资，还包括原产地规则、海关程序和贸易便利化、贸易救济、植物与植物卫生检疫、技术性贸易壁垒、知识产权、竞争政策、电子商务、环境、经济合作、一般条款等 17 个规则领域、22 个章节的《海关贸易便利化助中韩 FTA 发展》，是一个范围十分广泛的自贸协定。尤其是在服务贸易方面，中方解决了韩方在视听合作合拍、出境游、环境等方面的核心关注，韩方满足了中方在快递、建筑、医疗等方面的核心要价[a]
	新加坡	开始协商：2004.1 签署：2005.8 生效：2006.3	这是韩国和亚洲国家签订的第一个自贸协定。协议规定，新加坡企业在与韩国进行电子消费品、精密工程、生物医药学、化学和农业产品有关的贸易时享有税务优惠。在协定生效后，韩国出口到新加坡的商品将免税。[b] 这一自贸协定将韩国的电子制造业与新加坡的金融、港口服务有机地结合起来。这一协定可以说为两国的经济发展，特别是韩国企业进入东盟市场带来了很多好处
	印度	开始协商：2006.3 签署：2009.8 生效：2010.1 目前：升级谈判	这是印度与发达经济体之间签署的第一个自贸协定，也是韩国签署的第八个自由贸易协定。有望在 10 年内使得双方的年贸易额增长近 1 倍[c]
	土耳其	开始协商：2010.4 签署：2012.8 生效：2018.8	以两国 FTA 和社会保障协定为契机，将推动韩土关系进一步加深，与"战略伙伴关系"相称，并在国际舞台上协调合作取得更多成果。韩土签署 FTA，将为韩国进入欧洲、中东及非洲市场将铺平道路[d]

地区	伙伴 自由贸易对象	现状	意义
亚洲	越南	开始协商：2012.8 签署：2015.5 生效：2015.12	协定主要内容包括货物贸易、服务贸易、投资、知识产权、食品安全及动植物检疫措施、原产地规则、通关便利化、技术性贸易堡垒、电子商务、竞争、经济合作、法律和体制等。°该协定将为越南商品进入韩国市场开辟更广阔的通道，韩国将支持越南提升政策制定和执行能力，提高农林水产、电子工业、石油化工、辅助产业等韩国具有优势而越南拥有合作需求领域的竞争力，同时还为越南普通劳动力、非熟练劳动力创造更多就业机会，有助于推进越南农村扶贫开发。越韩自贸协定将推动越南积极主动融入世界经济，助推越南经济结构调整和实现工业化、现代化，实现可持续发展目标
亚洲	以色列	签署：2019.8	以色列与韩国达成自贸协定具有历史意义，这是以色列首次与东亚国家签署类似协定，将为以色列商品开辟新的市场，同时有助于降低原材料成本从而提高其出口竞争力。自贸协定生效后，以色列出口至韩国的大部分商品将免征关税，主要包括机械设备、医疗设备、化妆品、塑料、金属等；进口至以色列的大部分韩国商品关税也将被取消，主要包括汽车及零部件、医疗设备、电子元件、玩具、塑料、化学品等^f
欧洲	欧洲自由贸易联盟（EFTA）	开始协商：2005.1 签署：2005.12 生效：2006.9	韩国与中、东欧国家间的这一自由贸易协议，将 EFTA 国家与即将成为欧洲经济区（European Economic Area，EEA）新成员国的欧盟成员国联合起来。韩国—EFTA 自贸协定使欧洲自由贸易联盟成为韩国在欧洲市场的桥头堡
欧洲	欧盟（EU）	签署：2010.10 生效：2015.12	这份自由贸易协定是目前为止欧盟与单一国家签署的最为重要的贸易协定，也是欧盟与亚洲国家签署的首个自由贸易协定。欧盟和韩国自由贸易协定的签署不仅有利于推动双方经济发展，还有助于加强双方在教育、文化等多方面的交流与合作。协议也向外界传达了双方反对贸易保护主义、坚持市场开放以及推动贸易自由化的决心
北美洲	加拿大	开始协商：2005.7 签署：2014.9 生效：2015.1	加拿大与韩国达成的自由贸易协议将会提振加拿大出口 32%，相当于一年增长 17 亿加元。与此同时，韩国对加拿大出口每年将增长 20%，约合 13 亿加元^g

伙伴		现状	意义
地区	自由贸易对象		
北美洲	美国	开始协商：2006.6 签署：2007.6 生效：2012.3 目前：协定修订	韩美 FTA 是双方在步入 21 世纪后推动的高标准贸易协定，两国不仅在商品贸易领域实现了 99.8% 的高水平开放，在投资、服务贸易、竞争政策、知识产权、争端解决机制、劳工环境标准等方面均制定了严格规则，体现了美国所倡导的新时期高标准贸易协定的特点。而作为首个与美国缔结 FTA 的东北亚国家，韩美 FTA 对韩国的经济效应对于广大域内国家具有重要示范意义[h]
南美洲	哥伦比亚	开始协商：2009.12 签署：2013.2 生效：2016.7	韩哥自贸协定是哥伦比亚与亚洲国家首次签署的自贸协定。韩国自 2004 年与智利首次签署自贸协定后，2011 年又同秘鲁等南美国家签署了自贸协定。韩哥两国自贸协定生效后，几乎所有的商品关税将在 10 年内被废除[i]
南美洲	秘鲁	开始协商：2009.3 签署：2011.3 生效：2011.8	有利于韩国进军资源丰富的中南美洲国家
南美洲	智利	开始协商：1999.12 签署：2003.2 生效：2004.4 目前：升级谈判	根据该协定，韩国将减少部分智利农产品和水产品的进口关税，而智利也将减免韩国汽车、电脑、电视机和其他电子产品的关税。这项协定对于韩国智利双方会带来双赢效果
南美洲	南美共同市场（MERCOSUR）	协商中	韩国、巴西两国经济界人士就加快签署韩国—南美共同市场贸易协定，于 2019 年召开"韩国巴西经济合作研讨会"，与会人士就韩国与南美共同市场签署贸易协定的必要性、韩国与巴西在革新领域合作方案、巴西产业革新政策动向、韩国与巴西能源和基础设施合作方案等发表了意见。与会人士表示，各界已充分认识到韩国与南美共同市场签署贸易协定的必要性。韩国与南美共同市场 2019 年 5 月进行了第一次协商，截至目前共举行了 4 次正式会谈，缩小了双方的立场差距[j]
中美洲	巴拿马 哥斯达黎加 洪都拉斯 萨尔瓦多 尼加拉瓜	签署：2018.5	这是中美洲国家与亚洲国家间首次签署 FTA，韩国可抢占具有巨大潜力的中美洲市场，在与中国、日本等其他亚洲国家的竞争中占上风[k]

伙伴		现状	意义
地区	自由贸易对象		
大洋洲	澳大利亚	开始协商：2009.5 签署：2014.4 生效：2014.12	利于推动扩展韩国、澳大利亚在政治、安全、贸易、能源、外交和其他双边领域的紧密合作
	新西兰	开始协商：2013.12 签署：2015.3 生效：2015.12	新西兰是韩国第 14 个 FTA 伙伴国，韩国也签署了同澳大利亚、加拿大、新西兰等英联邦三国的 FTA。截至韩国—新西兰自由贸易协定达成，以达成协议的 FTA 为准，韩国的"经济领土"规模达全球 GDP 的 73.5%。韩国对新西兰的出口商品有汽车、重型装备、货车，新西兰对韩国的出口商品有原材料、木材、乳制品、肉类等[l]

注：a. 商务部召开"中韩自贸区谈判"中外媒体吹风会［EB/OL］.http：//www.mofcom.gov.cn/article/fbhfn/fbh2014/201411/20141100800984.shtml.

b. 新加坡与韩国计划提升双边自贸协定［EB/OL］.http：//sg.xinhuanet.com/2013-12/15/c_125860456.htm.

c. 韩国和印度签署自由贸易协定［EB/OL］.http：//finance.sina.com.cn/roll/20090810/22573002204.shtml.

d. 韩国与土耳其签署自由贸易与商品贸易协定［EB/OL］.https：//world.huanqiu.com/article/9CaKrnJwuSe.

e. 越南韩国正式签署自由贸易区协定［EB/OL］.https：//china.huanqiu.com/article/9CaKrnJKG4Q.

f. 以色列与韩国达成自由贸易协定［EB/OL］.https：//baijiahao.baidu.com/s?id=1642548833241493581&wfr=spider&for=pc.

g. 加拿大与韩国完成自贸协定谈判［EB/OL］.https：//china.huanqiu.com/article/9CaKrnJEyI5.

h. 金香丹 . 韩美 FTA 对韩国的经济影响研究［D］. 长春：吉林大学，2017.

i. 韩媒：韩国与哥伦比亚自贸协定将于 7 月正式生效［EB/OL］.http：//www.xinhuanet.com/world/2016-06/16/c_129067678.htm.

j. 韩国巴西经济界主张加快签署韩国南美共同市场贸易协定［EB/OL］.http：//www.mofcom.gov.cn/article/i/jyjl/j/201910/20191002905536.shtml.

k. 张东明，刘玉冰 .2017 年韩国经济发展概况［J］. 当代韩国，2018（1）：1-17.

l. 韩国和新西兰正式签署自贸协定［EB/OL］.https：//cn.yna.co.kr/view/ACK20150323001000881.

　　韩国自由贸易协定战略的主要特点是：第一，先易后难，减少冲击。先与智利、新加坡而非最大的贸易伙伴中国或邻近的发达国家日本或最重要的军事同盟和安保靠山美国进行自由贸易协定谈判，这些国家与韩国贸易量较小，这样自由贸易协定对韩国敏感产业的冲击也会小，能够将脆弱产业的损失降到最低。第二，突出重点，以点带面。之后韩国陆续与东盟、欧盟、美国、中国、印度等重要经济体合作，带来示范效应，并循序渐进地在全球各大洲推进区域合作，在短时间内建立起自由贸易区域网络。第三，追求高水平自由贸易协定。韩国的大多数自由贸易协定都采用了货物贸易、服务贸易、投资等多个领域的较高水平、较全面的一揽子协议。①

综合韩国积极推进自由贸易协定战略的背景和原因，首先是其"贸易立国"的外向型发展战略使然；其次是地区重大经济危机下的积极应对；最后是对区域合作潮流的主动选择与自觉加入。

在政府的积极主导和民间团体的大力支持下，韩国的自由贸易协定战略稳步推进。韩国的自由贸易协定战略可划分为初试阶段、双边自由贸易协定"轮轴"阶段和区域自由贸易协定"关键角色"阶段。② 具体分析如表4-4所示。

表4-4　　　　　　　　　韩国的自由贸易协定战略发展阶段

阶段	时间	韩国自由贸易协定战略的发展
初试阶段	1998~2003年	1998年11月金大中政府宣布与智利谈判，1999年12月开始协商。第一个自由贸易协定合作伙伴选择智利是因为两国双边贸易规模较小，因此自由贸易协定对本国产业冲击小，这样可减小国内利益集团阻力，且对方有自由贸易协定谈判经验。2003年与智利签署自由贸易协定。首个自由贸易协定的成功使韩国积累了谈判经验，证明当初的选择是正确的
双边自由贸易协定"轮轴"战略阶段	2004~2012年	韩国在区域经济合作制度安排方面起步较晚，属于赶超型战略。2003年政府提出未来五至十年的中长期发展战略，明确提出要将韩国建设成为东北亚经济中心。2004年韩国政府发表"自由贸易协定战略路线图"，力图快马加鞭建立自由贸易协定网络，成为双边自由贸易协定轮轴国（hub）ᵃ。政府在各大洲同时出击推进多个自由贸易协定谈判，并力求达成高水平、全面的一揽子自由贸易协定。这一时期，韩国签署或开始谈判的自由贸易协定伙伴包括美国、加拿大、澳大利亚、中国、东盟、欧盟等大型经济体以及各地区的主要贸易对象国
区域自由贸易协定"关键角色"战略阶段	2013年至今	2013年3月15日，日本宣布加入《跨太平洋伙伴关系协定》（The Trans-Pacific Partnership Agreement, TPP）谈判，而美国则在2010年加入并开始主导《跨太平洋伙伴关系协定》谈判。日本加入《跨太平洋伙伴关系协定》促使韩国政府改变了自由贸易协定政策基调。当年6月，朴槿惠政府公布"新政府的新通商路线图"，强调中韩FTA的重要性和紧迫性，提出优先推进中韩FTA，并在已构建的FTA网络基础上发挥连接以中国为中心的东亚一体化和以美国为主导的环太平洋一体化的核心轴（linchpin）功能ᵇ

注：a.自由贸易协定的"轮轴—辐条结构"为：一国与多国签订双边自由贸易协定，而多国之间没有签订双边自由贸易协定，则该国可称为轮轴，其他国家称为辐条。
b.朴英爱，金香兰.朴槿惠政府加快推进中韩FTA的经济动因分析［J］.东北亚论坛,2014（1）.

① 朴英爱，金香兰.朴槿惠政府加快推进中韩FTA的经济动因分析［J］.东北亚论坛，2014（1）.
② 刘洪钟.韩国对外经济战略的历史演变与启示［J］.学术前沿，2016（5）.

韩国从双边自由贸易协定"轮轴"战略转向区域自由贸易协定"关键角色"战略，明确提出要利用其现有自由贸易协定网络领导亚太区域一体化，即在韩美自由贸易协定和中韩自由贸易协定基础上，扮演连接美国主导的《跨太平洋伙伴关系协定》[①]与东盟主导的 RCEP 的关键角色，其战略目的是从本国的经济发展扩展到谋求国际舞台上不可或缺的角色，并提高其在区域经济一体化进程中的影响力，在区域一体化中发挥主导作用。[②]

第二节　韩国与美国的经济合作

一、韩美经济合作历史

美国的援助在"汉江奇迹"的发生、韩国经济的飞跃式发展全过程中是十分重要的一环。南北停战之后，韩国开始依赖美国的援助发展加工业、恢复经济，这一时期韩国进口贸易的 70% 依赖美国的无偿援助。在南北分裂之前，日本在朝鲜半岛造成"南农北工"的经济格局，韩国是典型的农业国家，工业基础十分薄弱。依靠美国和联合国的援助，韩国才得以在 1956 年基本完成经济重建，通胀得到遏制。"汉江奇迹"的发生和美国的产业转移大体也是重合的，韩国一方面承接了美国的产能，另一方面确立了许多有效的经济振兴政策，其轻纺工业等劳动密集型产业、重化工业等资本密集型产业及技术密集型产业等，都得到了有效的、合理的发展。

1992 年以后，韩美经贸关系的发展迈入了新阶段。1992 年，中韩正式确立外交关系，推动了两国的经贸往来，两国间的经济依赖也与日俱增。2004 年，中国取代美国，成为韩国最大的贸易伙伴国、投资对象国以及出口对象国。[③]韩中之间密切的经济相互依赖使得两国的合作范围逐渐扩大。

---

① 2017 年 1 月 23 日，根据特朗普总统的行政命令，美国正式退出《跨太平洋伙伴关系协定》。同年 11 月 11 日，《跨太平洋伙伴关系协定》改为《全面与进步跨太平洋伙伴关系协定》(Comprehensive and Progressive Agreement for Trans Pacific Partnership，CPTPP)。2018 年 3 月 8 日，签署仪式在智利圣地亚哥举行，由澳大利亚、文莱、加拿大、智利、日本、马来西亚、墨西哥、新西兰、秘鲁、新加坡及越南 11 个国家共同签署。12 月 30 日，《全面与进步跨太平洋伙伴关系协定》正式生效。

② 刘洪钟.韩国对外经济战略的历史演变与启示［J］.学术前沿，2016（5）.

③ 刘良忠，柳新华，贺俊艳.海上丝绸之路北方航线背景下中韩跨海通道建设初探［J］.中国海洋经济，2020（1）.

但毕竟中国、韩国和美国的经济结构、所处层次不同，中国无法完全代替美国。

在米尔斯海默新现实主义的视域下分析，韩国实则是美国世界分工体系中的重要组成部分，为其"印太战略"和"亚太战略"的重要盟国。自布雷顿森林体系后，美国用武力和美元霸权来掠夺世界财富，以军事和金融为后盾、以金融危机为手段（如 1997 年金融危机）来收割韩国资本。但美国在韩国经济发展过程中确实扮演着不可或缺的角色，韩国的经济发展离不开美国的合作与支持。

冷战结束后，尤其是进入 21 世纪以来，韩美之间的合作与相互依赖由安全领域逐渐向政治、经济、人文等领域拓展，并形成了全面战略同盟关系。2013 年 5 月 7 日双方发表了《纪念美韩同盟 60 周年联合宣言》，对两国在自由贸易、朝鲜问题、全球合作等方面提出了新的要求与合作方向。在韩美同盟的框架下，相较于中韩合作，韩美经济合作属于由高级政治中的国家安全领域向低级政治中的经济领域的拓展。所以说韩美经贸发展是建立在同盟基础之上的，具有一定的牢固性。[1]

二、韩美自由贸易协定

（一）韩美自贸协定主要内容

《韩美自由贸易协定》的签署开辟了两国经贸发展的新时代。2006 年 2 月 2 日两国开始了 FTA 的相关谈判工作，2007 年 4 月 2 日谈判结束，2012 年 3 月 15 日零时 FTA 正式生效。FTA 的主要内容涉及从农业、工业到服务业等在内的多个领域，其主要内容总结归纳在表 4-5 中。

---

[1]　薛川 . 韩中、韩美相互依赖关系比较分析 [D]. 长春：吉林大学，2016.

表 4-5 　　　　　　　　　　　　《韩美自由贸易协定》主要内容

主要领域	美方承诺提供优惠	韩方承诺提供优惠
市场准入	在韩美 FTA 生效时，美国将立即免除韩国 8628 种（82.1%）产品的关税。纺织品方面：协定生效后，韩国对美输出的 61% 的纺织产品（以进口额为标准），将可立即享有免关税优惠待遇，并允许韩国大宗纺织输出品排除适用严格的自纱生产（Yarn Forward）原产地规则。汽车产品方面：协定生效后，将立即取消韩国汽车零组件以及排气量在 3000cc 以下的小汽车进口关税（现行关税税率为 2.5%），并将在协定生效后的 3 年内陆续取消韩国 3000cc 以上小汽车进口关税	在韩美 FTA 生效时，韩国将立即免除美国 9061 种（80.5%）产品的进口关税。农产品方面：将稻米完全排除于开放领域之外；同意在 10 年内取消美国猪肉和鸡肉进口关税；同意在 15 年内取消美国牛肉进口关税；同意在 20 年内取消美国苹果和水梨之进口关税；韩国对美国产柑桔的关税配额数量限定在每年 2500 公吨；食用马铃薯、食用大豆、天然蜂蜜、脱脂奶粉和全脂奶粉五项产品，仅给予相当低的关税配额数量，高于关税配额部分，仍维持目前税率。汽车产品方面：取消韩国对汽车的特别消费税及汽车年税
医药品	韩国没有接受要保障对新药实行最低价格的美方要求。韩国决定建立独立机构，专门受理美国制药企业的异议申请，提高健康保险药价制度的透明性。两国还将彼此承认对方的医药品试验标准和允许试销非专利药。就医药品知识产权，两国决定引入允许试销非专利药时，讨论是否侵犯专利的制度	
金融服务	产业银行、企业银行等国策金融机关，被排除在 FTA 开放适用范围之外。消费者可以购买在韩国不出售但在美国出售和流通的新型金融商品，其前提是必须符合国内法律规定。在推出新商品时要得到韩国金融监督院的批准	
通信	FTA 生效后两年内将会取消目前设定为 15% 的通过成立国内法人进行的间接投资限制。通信事业者阐述意见的机会将会增多	
知识产权	韩美 FTA 加强对知识产权的保护，包括对软件、音乐、电影、视频和文字的保护，以及对互联网上的版权保护工作的临时副本（音乐，电影，文字等）、防止篡改的技术保护措施（TPMS）、在电影院的电影刑事犯罪记录等的保护。此外，韩美 FTA 也加强了对互联网上网盗版的执法，限制那些未获授权下载的利润，并建立对终端用户知识产权盗版的处罚	
金融服务	一般情况下税收政策不包括在间接征用对象中	保证了美国在韩国的金融机构，包括设立分支银行、保险公司、资产管理公司拥有的权利。允许美国公司提供跨境金融服务，包括投资基金和国际运输保险的投资组合管理服务，除非这些服务是专门由韩国法律禁止的、美国公司在韩国从事的新的金融服务；增加透明度，要求公司提前通知拟议的规例，并有足够的机会发表意见，要求所有的行政指导应以书面形式公之于众。间接的征用对象原则上排除公共卫生、环境、安全、房地产等
其他领域	在卫生、检疫（SPS）领域，将设立定期协议会，但要避免使其成为通商施压的手段，把科学的风险评估和专门机构之间的技术协商放在首位。在开发技术标准及规定的过程中，不歧视对方国家人士，像本国人一样平等对待，在制定和修改新的技术规定时，要向对方国家通报，提供一个提出意见的机会	

　　资料来源：整理自韩美 FTA 原文，及王伟伟. 韩美自由贸协定（FTA）经济效应分析［D］. 青岛：中国海洋大学，2012.

（二）韩美自贸协定的影响

1. 积极效应

经济上，韩美 FTA 带动了两国经济的发展，不仅为韩国经济的发展提供了更加广阔的市场，同时为美国打开了韩国市场的大门，最终变为统一的大市场。此外，韩美 FTA 带来的竞争效应还能够优化资源配置、降低产品成本，有益于国内消费者。韩美 FTA 建成以后，韩美双方相互取消了对于投资的各种限制，韩国和美国各自的优势产业不尽相同，在双方都提供优惠政策的同时，必将带来双方相互投资的增加，况且，增加在韩国的投资也符合美国在亚洲的战略。此外，区域一体化协议要求投资自由化和便利化来促进资本流动的自由化，"国民待遇"条款会确保投资者的国民地位，加上有效的外部争端解决机制，所有这些都会有利于外国直接投资的流入。[①] 政治上，韩美 FTA 也在一定程度上平衡了因为经济相互依赖而越发亲近的韩中关系。

2. 消极影响

从韩国的角度看，韩国是出口导向型经济，对外部经济的依赖性很强，大量进口美国商品，韩美 FTA 生效后，80% 以上的美国商品关税将被取消。这将会严重冲击韩国的农业、渔业和畜牧业等行业，特别是韩国的牛肉产业。韩国一向对其农业实行严格的保护制度，农产品平均关税率高达 46%。一旦 15 年后从美国进口牛肉 40% 的关税被取消，韩国牛肉将失去价格竞争力。韩美 FTA 签订后，韩国国产牛肉价格立即暴跌，跌幅近 8%。[②] 韩国专家估计，韩美 FTA 签订后 15 年内，韩国农业累计亏损估计会达到 12 万亿韩元，畜牧业将承受其中 2/3 的损失，水果产量也将大幅下降。除此之外，韩国食品饮料等行业也将蒙受巨大损失，本土生物制药公司也将因为专利权保护的限制而受到影响。[③]

从美国的角度看，美国取消韩国产汽车 2.5% 的关税后，从长期来看，韩国汽车制造商预计将可以确保 1500 万辆整车的市场份额。这也将伤及美

① 王伟伟.韩美自由贸协定（FTA）经济效应分析［D］.青岛：中国海洋大学，2012.
② 牛肉风波搅动韩国社会 李明博执政地位遭重压［EB/OL］.https://world.huanqiu.com/article/9CaKrnJkybn.
③ 韩国农业：加强技术开发应对挑战［EB/OL］.http://paper.ce.cn/jjrb/html/2012-02/27/content_193111.htm.

国的汽车工业。汽车是韩国的支柱产业之一，美国汽车业的发展比韩国要差很多。韩国的现代汽车集团和其附属企业起亚集团目前占整个美国汽车市场销售的 10.1%，一年的销售量超过 100 万辆，相比之下，美国的福特公司在韩国一年的销量只有几千辆。此外，汽车零部件制造商也将受益匪浅，汽车零部件的关税取消后，价格竞争力将大大增强。[①] 美国取消 13% 的进口关税后，韩国纺织品和服装的价格竞争力将大大提高。

第三节　韩国与欧洲国家的经济合作

一、韩英自由贸易协定

韩国是第一个与英国签署 FTA 的亚洲国家。世界银行的数据显示，2018 年韩英两国贸易额达 131 亿美元，在欧盟所有国家中，英国位列韩国贸易伙伴的第二名，仅次于德国。表 4-6 显示了韩 - 英 FTA 协定的主要内容。

表 4-6　　　　　　　　《韩英自由贸易协定》的主要内容

涵盖方面	协定主要内容
货品关税	所有工业产品之关税保留《韩国—欧盟自由贸易协定》（2011 年 7 月生效）之优惠，完全零关税，汽车及汽车零件等韩国主要出口项目维持零关税，未来韩国出口英国之所有货品 99.6% 将享零关税（工业产品 100% 零关税、农产品 98.1% 零关税，《韩英自由贸易协定》签署前，韩国出口英国货品之平均关税为 4.73%）。 另韩国较敏感之牛肉、猪肉、苹果、砂糖、人参、啤酒大麦、发酵酒精、加工淀粉及太白粉等 9 项适用农产品紧急进口限制措施（ASG）之对象项目关税，定价低于《韩国—欧盟自由贸易协定》水平，以保护韩国农业，而对生产无法充分供应需求之麦芽及辅助饲料，将采取关税配额（TRQ）
原产地	鉴于调整设立于欧盟境内之生产及供应网需要时间，两国设立在欧盟境内之企业使用欧盟产制材料生产之制品在 3 年内先认定为境内生产。另货品经由欧盟运送时，3 年内先认定直接运送，因此韩国企业之货品经由欧盟物流中心出口至英国时，可适用《韩英自由贸易协定》之优惠
智慧财产权	保留目前《韩国—欧盟自由贸易协定》认定之地理标示，决定英国产之苏格兰威士忌及爱尔兰威士忌等两款酒类、韩国产之宝城绿茶、淳昌传统辣椒酱、利川米、高丽人参、高敞覆盆子及珍岛红酒等 64 项农产品及酒类以地理标示认定及保护

资料来源：整理自《韩英自由贸易协定》。

---

① 马胜.韩美自由贸易协定及其对汽车产业的影响［J］.汽车与配件，2012（53）.

当时的英国脱欧深陷泥沼，三番五次的延期和各党派之间的斗争让英国脱欧呈现出高度的不确定性，而硬脱欧风险始终存在，也让英国的经济面临震荡风险。一方面，韩国受到日本的经济制裁，此前不久又放弃了在 WTO 内部的发展中国家的地位优惠；另一方面，韩国半导体和相关产业发展面临困境、国内经济陷于停滞，处于内外交困的局面。在这样的特殊时刻，两国加强经济上的协作，能够增强外部的经济支撑，从而为各自渡过难关提供有力的帮助，是各取所需的双赢策略。①

二、韩国与欧盟自贸协定

（一）韩欧自贸协定内容

韩国与欧盟的自由贸易协定谈判始于 2003 年。当时，韩国外交通商部勾画出了韩国签署自由贸易协定的蓝图，其中就包括签署以美国、中国和欧盟为对象的自由贸易协定。2007 年 5 月，双边谈判正式开始。经过了 8 轮正式会谈、11 轮通商部长级会谈、13 轮首席贸易谈判代表会谈，于 2009 年 7 月最终达成共识。2010 年 10 月 6 日，漫长的谈判结束，双方正式签署了自由贸易协定。欧盟轮值主席国比利时看守内阁副首相兼外交大臣史蒂文·范纳克尔称赞这是欧盟有史以来签署的"最雄心勃勃的"一项自由贸易协定。《韩国—欧盟自由贸易协定》已于 2011 年 7 月 1 日正式生效。截至 2020 年，韩国已经成为欧盟的第八大贸易国，而欧盟是韩国第二大出口目的地。双方 2009 年的贸易额为 620 亿欧元。只有两方政府为企业提供足够的支持，出口或投资才能有效规避风险，获得更大利益。韩国和欧盟虽签署了自由贸易协定，但是双方都清楚这只是开始。

韩欧自由贸易协定共包含十五章、三个备忘录以及一个联合公告。主要内容整理在表 4–7 中。②

---

① 欧洲强国牵手韩国，强力抱团取暖，此举释放三大关键信号［EB/OL］.https：//baijiahao. baidu.com/s?id=1648717537161555305&wfr=spider&for=pc.

② 整理自《韩国—欧盟自由贸易协定》，及姜萌.韩国—欧盟自由贸易区的经济效应分析［D］.青岛：中国海洋大学，2010.

表 4-7   韩欧自由贸易协定主要内容

章节	主要内容
第一章　协议签订的目的及一般协定	韩欧 FTA 的目的是消除贸易壁垒,促进货物和服务贸易的自由化
第二章　市场准入	韩国对欧出口产品种类的 82% 和欧盟对韩出口产品种类的 94% 都将在协定生效后立即减免关税。韩国贸易产品的 94% 和欧盟贸易产品的 99% 将在协定生效后立即或 3 年内取消关税。欧盟所有对韩出口产品都将在 5 年内削减关税,而韩国对欧盟部分产品将在 10 年内才能取消关税。韩国保留 44 种产品、欧盟保留有 39 种产品不削减关税。 工业制成品方面,韩国将在 3 年内对欧盟工业品种类的 95.8% 取消关税,占进口额的 91.8%。在 5 年内对欧盟 99.5% 工业制成品取消关税。欧盟将在 3 年内对韩国进口品种的 94%、进口额的 93% 的工业品消减关税,5 年内对所有输欧工业品取消关税。7 年内双方的所有产品都取消关税。 协议就电子电器、汽车、医疗器械、化工等产品都进行了详细的规定,这些产品在韩欧贸易中占据重要的份额。 农产品方面,韩欧自由贸易协定规定得非常详细,且韩欧关注的焦点不同。除大米外,欧盟对剩余从韩国进口的 99% 的产品在 5 年内取消关税。其中立即取消关税的产品占到进口贸易额比重的 88.3%
第三章　贸易救济	贸易救济措施主要包括 WTO 中传统的贸易防卫措施,如反倾销、反补贴和全球保障措施。该协议还包括双边保障措施条款,该条款允许任何一方在重新暂时性启用适应 WTO 成员的关税以防进口增加可能造成的严重伤害。欧盟将会监控敏感市场,随时准备在条件符合时启动保障措施,同时一旦该 FTA 生效,一项欧盟法规将为双边保障条款引入迅速有效的程序。 此外,还建立了贸易救济工作组以便建立一个贸易救济合作对话论坛。这将帮助各国调查机关更好地掌握双方的惯例,通过交流意见提高贸易保护程序的标准
第四章　技术壁垒	该章目的是减少韩欧贸易中因技术法规、技术标准、合格评定程序和类似要求所产生的技术贸易壁垒。 双方重申自己的义务建立在世贸组织关于 TBT 框架协议下。此外,双方共同合作制定标准和法规,并在适当情况下,在双方监管机构间建立对话,以便在对产品应用技术规定时简化手续和避免不必要的分歧。对于标志和标签,对含标签产品的需求将尽可能减少,并是非歧视性的。 该协议包括了产品监管法规实施的具体承诺:制定规则的透明度,尽可能利用国际标准,在规定制定前与对方探讨,允许对方有足够的时间发表意见和考虑他们的适用性。类似的考虑也适用于技术标准的实施。在韩欧间建立统筹机制,继续审议这些问题,并解决具体问题
第五章　动植物卫生检疫措施协议(SPS)	该章的目的是进一步促进韩欧的动物和动物产品贸易以及农作物贸易,使人类、动物和植物都保持高水平的健康。另一个目的是确保产品贸易检验检疫的透明度
第六章　海关和贸易	该协议将加强双方海关合作,且规定了运用现代标准的简便海关过境手续。它建立在国际标准和世贸组织贸易便利谈判组所提供的问题解决方案之上。为了提高透明度和法律的确定性,贸易便捷化条款包含了预先裁决、上诉程序和关于海关出版及相关贸易法规的详细规则。为了简化过境手续,本章包含降低收费的规定、风险管理、电子提交、减少装运检验、简化通关程序和海关估价过程

章节		主要内容
第七章	服务贸易和电子商务	该章协议将是欧盟迄今为止签订的最费力的自由贸易服务协议。该自由贸易协定将明显改善韩国现有的 WTO/GATT 义务以及正在进行的多哈发展议程（DDA）谈判的提议。该协议还涉及投资自由化，包括大部门的服务业和非服务业。该协议服务业范围包括交通运输、电信、金融、法律服务、环境服务和建设。音像业不包含在本章
第八章	国际收支和资本流动	该章包括资本自由流动的规定。为确保金融系统的稳定性，双方采取可能适用的标准保障措施
第九章	政府采购	韩欧自由贸易区将扩大获得公共工程的采购特许权和构建—运营—移交（BOT）合同的机会。欧盟在该领域被认为是全球的领导者，欧盟供应商将会获得大量的新投标机会
第十章	知识产权保护	知识产权保护是欧盟竞争力的重要组成部分，因此韩欧很艰难地达成了知识产权协议。特别是该章包括对版权、设计和地理标识的规定，作为对知识产权协定（TRIPS）的补充和更新。 外观设计成为知识产权的另一个重要方面，因此本章还制定了外观设计（含未注册的）条款，弥补了 TRIPS 的空白。 该自由贸易协定中还对包含欧盟地理标识的产品提供高水平的保护，如香槟、帕尔玛火腿、费塔奶酪、里奥哈或托凯葡萄酒、苏格兰威士忌。大约有 160 个欧盟地理标志将受到保护
第十一章	竞争	在该章，双方约定禁止和惩罚某些扭曲货物和服务贸易竞争的行为。这意味着反竞争的行为，例如卡塔尔或垄断，将不被双方允许，因为这会损害消费者利益。为保证有效的竞争，双方同意制定竞争法和建立竞争管理机构。协议规定竞争法应该适用国有企业，应当保证双方的企业都有进入市场的同等机会
第十二章	透明性	由于国内的监管环境对贸易有影响，在该章中，协议规定了相关准则——透明性原则，以期为经济经营者创造高效率和可预见的监管环境。 （1）承诺让相关人员对新监管措施发表意见。 （2）设立查询或联络网点，回答关于法规的问题。 （3）适当程序要求，包括行政程序、审查或对自贸区领域内的行政行为提出上诉
第十三章	贸易和可持续发展	韩欧自由贸易协定包括建立共同承诺及贸易和可持续发展的合作框架。该协议推动了贸易和可持续发展合作领域的新进展，使韩欧在环境和劳动力领域加强持续合作。 该章内容包括双方就劳动力和环境标准达成的承诺。该协议还建立了相应体制执行和监督双方的义务，包括民间社团的参与

续表

章节	主要内容
第十四章　争端解决	该自由贸易协定的争端解决机制是基于 WTO 的争端解决谅解，但该程序解决速度更快。该过程的第一步是双方磋商，以期达成一项解决方案。如果双方未达成协议，争议将提仲裁小组。该小组从双方选择三个专家或从事先商定的列表中抽签决定。仲裁小组收集各方的意见，然后举行公开的听证会。相关当事人或公司通过向法庭提交意见书向仲裁小组表达自己的观点。 小组的裁决决议在小组建立后 150 天发布，对双方均具有约束力。裁决后，违反自由贸易协定的一方将在合理时间内使自己遵守协定内容。这个时期由双方商定或由仲裁小组决定。在遵守期间结束时，被发现违反协议的一方必须纠正错误。如果原告认为被告仍然没有遵守 FTA 协定，可以重新向仲裁小组提交诉讼。如果仲裁小组也认为被告仍不遵守协定，可对被告施加相应的惩罚。 自由贸易协定还包含一个调解机制，各方可以用来调解由于非关税壁垒造成的市场准入问题。该机制的目的不是审查措施的合法性，而是为市场准入提供快捷有效的解决办法。在调解机制下，双方可以共同选择一个调解员，或从列表中事先抽签决定。该调解员在双方间调解，并在提名 60 天内提供咨询意见和解决方案。调解员的意见和方案不具约束力，双方可以自由接受或作为他们解决问题的参考意见
第十五章　体制、总则和最后条款	该章说明，该自由贸易协议将被韩国贸易委员会和欧盟委员会负责贸易的部长组成的贸易委员会管理。贸易委员会将每年举行一次会议并安排进程。此外还建立了 6 个专业委员会：货物贸易委员会、动植物检验委员会、海关委员会、服务贸易和电子商务委员会、贸易和可持续发展委员会、韩国开城工业园委员会。还有 7 个工作组：汽车及其零部件工作组、药品和医疗器械工作组、化学产品工作组、贸易救济合作工作组、关于服务协议的相互认可工作组、政府采购工作组、地理标志工作组
备忘录一：原产地原则	在所有优惠贸易协定中原产地原则至关重要。它定义了产品的经济国籍，这可以判断是否对贸易产品加收关税。在所有自由贸易协定和其他国际贸易安排中，欧盟的原产地规则包括附件协议的备忘录。原产地协议本身包含对原产地产品的界定、对领土的界定、出口退税、原产地证明和行政合作安排。 附件二的"产地名单"非常重要。这是关于加工或制作的列表，产于该名单的非原产地的原材料加工后可获得原产地地位的认证。在韩国与欧盟就产地列表谈判中，列表部分内容发生变化。然而这些变化已被欧盟工业界密切关注，并使其合理化。在这种情况下，委员会在 2005 年推动了原产地改革进程，这次改革简化了原产地原则。在与韩国的谈判中，欧盟的原产地规则仍在简化。同时，该协议保护了欧盟敏感产业，包括农业（如汤、意大利面、橄榄油）、水产品（水产养殖产品）、非铁金属（尤其是铜和铝）、纺织品和服装（受配额限制）。 双方就安全生产基准达成具体协议：（1）在两国领域内栽培和收获的植物；（2）两国领域内出生和长大的动物；（3）两国领域内从长成的动物身上取得的产品；（4）在两国的领域内取得的矿物和天然资源；（5）在两国的领域内通过捕捞和养殖取得的食品；（6）在当事国范围外通过捕捞取得的产品和其他产品，以及再加工的产品；（7）在当事国领域内产生的制造或加工过程中产生的废气和废渣；（8）当事国领域外的海底或海洋土壤取得的商品，但是必须具有开采权

章节	主要内容
备忘录二：海关行政互助	海关行政互助协议构建了一个法律框架，帮助获得欧盟和韩国的海关违规或欺诈案例，以确保正确应用海关立法以及与违法行为做斗争。主管当局应提供相关材料确保调查的开展，包括缔约方官员参加行政调查的可能性
备忘录三：文化合作	为了执行联合国教科文组织公约中关于保护和促进文化多样性的要求，特别是第 20 条，该自由贸易协定对文化交流特设专门的协议。该协议只有在韩国批准联合国教科文组织公约后才可能得到实施。该协议有别于其他 FTA 的特殊执行机构和争端解决机制。 该协定设置了关于文化和音像产品的政策对话框架，且在文化活动方面交流合作，特别是在表演艺术、出版物、文物古迹和历史遗址保护，以及视听领域。旨在促进艺术和文化专业人员交流。这种合作和交流不仅有利于双方扩大交流范围，而且还能产生其他益处，如通过相互学习加强训练。这种合作机制除了带来活力效应，还将使不同国家民众获得更详细的知识，并促进新模式的发展

（二）韩欧自贸协定中韩国对于对外经济发展的考量

1. 提振国内经济

韩欧 FTA 的签订有效地提高了韩国国民的生活质量。具体表现在降低韩国市场上的欧洲汽车、名品、高级葡萄酒、奶酪、猪肉、牛肉等产品的价格。2011 年 7 月，韩国向欧盟地区出口的汽车销售额为 4.51 亿美元，与上年同期相比上涨了 84%。另外，虽然韩国国内猪肉价格上涨，但是比利时冷冻猪肉从 100 克 1180 韩元下降为 800 韩元，下降幅度达到 32%，解决了部分国内消费者的民生问题。韩国与欧盟签署的自由贸易协定于 2011 年 7 月 1 日生效以来，已经带来了显著的经济效果。

欧盟为韩国提供了世界规模最大的市场。以 2009 年为准，欧盟和韩国的年贸易额为 788 亿美元，是仅次于中国的第二大贸易伙伴。欧盟平均关税为 5.6%，高出美国 3.5 个百分点。韩国政府当时就预测，随着这次签署 FTA，出口额将增加 25.3 亿美元，同时还可能创造 25.3 万个就业岗位，GDP 年均增长 0.56%。[①]

---

① Jackie Gower, ed.The European Union Handbook ［M］.2nded.London：Fitzroy Publishers，2002.

2. 打压竞争对手，维护市场份额

由于地理、资源等要素的制约，韩国、日本和中国台湾地区实施的都是出口导向型战略，在度过"刘易斯拐点"①后，将重心转向具有较高附加值产品的加工与出口。这要求其把握世界产业发展方向，以便迅速调整、优化产品结构，寻求新的利润增长点，因此三者在产业布局上有较多相似之处。如在 20 世纪末，日本、韩国、中国台湾地区纷纷出台措施，通过财政补贴等方式发展平板显示器件产业。因此在 2011 年之前，韩国对欧洲出口的部分产品一直面临与日本、中国台湾地区的同质化竞争，韩系产品的优势难以凸显，贸易额始终无法有效扩大。②

日本作为欧盟的第六大进口国，其办公及电信设备、交通运输工具等的贸易额较韩国有明显的优势，2011 年日本对欧出口办公及电信设备总额为1109 亿欧元，汽车总额为 1636 亿欧元。③韩国与欧盟 FTA 签订后，日本产品在欧洲市场的前景不容乐观。日本贸易振兴机构（JETRO）当时预测，韩国与欧盟 FTA 生效后，仅在第一年就会有 1000 亿日元以上的出口市场份额被韩国抢走。④

中国台湾地区与韩国同为"亚洲四小龙"之一，在国际市场上也是主要竞争对手。中国台湾在办公及电信设备的出口上略占优势。韩国与欧盟 FTA会直接冲击中国台湾地区对欧出口的竞争力。

3. 拓展韩国对外经济格局

在逆全球化浪潮中，FTA 是对抗贸易保护主义的有力工具。另外，韩国与欧盟之间互相提供的优惠贸易待遇比世贸组织（WTO）的最惠国待遇更具吸引力。韩国与欧盟 FTA 的签署，使更多的欧盟成员国家愿意把韩国作为自由贸易协定的伙伴国，能够助推韩国与其他国家 FTA 谈判进程的加速。长远来看，通过自由贸易区的拓展，韩国将成为一个联系欧洲、亚洲和美国的新的贸易中心之一。

---

① 刘易斯拐点即劳动力过剩到短缺的转折点，是指在工业化进程中，随着农村富余劳动力向非农产业的逐步转移，农村富余劳动力逐渐减少，最终达到瓶颈状态。

② 王晓斐 . 韩国与欧盟自由贸易协定探析［D］. 青岛：青岛大学，2012.

③④ The EU in the world – International Trade（2011）［EB/OL］.https：//ec.europa.eu/eurostat/statistics–explained/index.php?title=The_EU_in_the_world_–_international_trade&oldid=484271.

第四节 韩国与东盟的经济合作

一、韩国—东盟自由贸易协定

20世纪90年代以来，东亚地区的区域经济合作不断发展。作为东亚地区建立时间最早的区域合作组织，东盟在推动东亚区域经济合作中发挥着举足轻重的作用。目前，东盟已与中国、日本、韩国、澳大利亚和新西兰、印度分别达成了自由贸易协定，已然成长为亚洲区域经济合作的中心。

东盟对外签订的FTA各具特色，其中韩国—东盟自由贸易协定的谈判起步虽然晚于中国和日本，但是进展迅速，先于中国和日本完成协定文本的正式签署。2014年12月，在釜山举行的第二次韩国—东盟特别峰会上，《韩国—东盟面向未来特别声明》发表。该声明旨在进一步加强韩国与东盟各领域的联系与合作，并强调双方将积极利用和不断完善韩国—东盟自由贸易协定机制，进一步扩大双方贸易规模扩大。由此可见，韩国高度重视同东盟发展经济合作关系。中国与东盟地理位置临近，在资源优势、劳动力、产业结构等诸多方面存在相似性，且都与韩国存在较强的贸易互补性。韩国与东盟达成自由贸易协定，并利用《韩国—东盟面向未来特别声明》的契机不断加深经贸合作与互相依存度，会对中国与东盟的合作产生冲击。[1]

韩国—东盟自由贸易协定采取了分步签署的方式，先后签署了《韩国—东盟全面经济合作框架协定》（以下简称《框架协定》）、《韩国—东盟全面经济合作框架协定中的争端解决机制协定》（以下简称《争端解决机制协定》）、《韩国—东盟全面经济合作框架协定中的货物贸易协定》（以下简称《货物贸易协定》）、《韩国—东盟全面经济合作框架协定中的服务贸易协定》（以下简称《服务贸易协定》）、《韩国—东盟全面经济合作框架协定中的投资》（以下简称《投资协定》）等（见表4-8）。

---

[1] 李杨.韩国—东盟自由贸易协定研究［D］.重庆：西南政法大学，2015.

表 4-8 　　　　　　　　　　　　韩国—东盟自由贸易协定一览

主要协定	签署及生效时间	目的及意义
《框架协定》	签署：2005.12 生效：2006.7	韩国—东盟 FTA 的基础性文件，《框架协定》涵盖了对货物贸易、服务贸易、投资、争端解决机制和经济合作等领域的安排，标志着韩国—东盟区域经济一体化进程的开端
《争端解决机制协定》	签署：2005.12 生效：2006.7	FTA 的核心机制之一，为自贸区争端解决提供了法律依据，是实现韩国—东盟自贸区各项机制正常运转、维护成员国利益的重要保障

《争端解决机制协定》主要内容如下：
1. 适用范围
适用于《货物贸易协定》《服务贸易协定》《投资协定》及将来依据《框架协定》所签订的法律文件下发生的争议。
另外，也适用于"缔约方的中央、地方、地方政府或者权力机构以及非政府实体"。
2. 争端解决程序
2.1 磋商
协定规定，提起磋商的前提条件是某一措施"与《框架协定》下的义务不一致"，或者某一缔约方"未能履行其在《框架协定》下的义务"，导致申请方利益的减损或丧失，或者阻碍了《框架协定》目标的实现；磋商应以书面方式提出；磋商程序的相关期限是被申请方在收到磋商请求之日起 7 天内答复，并在不超过 30 天的期限内进行磋商，否则申请方可直接请求设立仲裁庭。
2.2 斡旋、调解或调停
只要争端当事方同意，可随时启动斡旋、调解或调停程序，并可随时终止。它与其他程序具有兼容性，也不是仲裁的前置程序。协定规定，斡旋、调解或调停程序"并不影响任何当事方在进一步或其他程序中的权利"。
2.3 仲裁
仲裁程序是《争端解决机制协定》的核心程序，法律色彩较强。协定规定，申请设立仲裁庭应在磋商未能解决争端时以书面方式提出。在仲裁庭的组成方面，协定要求仲裁庭应由 3 人组成，其中两名由争端双方各自推选，第三名即仲裁庭主席由双方共同选定。如双方不能达成一致，则应请求 WTO 总干事来指定仲裁庭主席。仲裁裁决是终局的，对争端方具有约束力。各方应针对仲裁建议，就实施方式与合理期间达成一致。如若一方未能执行，则该方应做出补偿，或者另一方中止减让。然而，协定更加倡导对裁决建议的执行，并不鼓励中止减让

《货物贸易协定》	签署：2006.8 生效：2007.6	韩国—东盟 FTA 的核心部分，旨在通过削减关税与非关税贸易壁垒、明确时间表，为双方经贸发展创造更加便利的环境

《货物贸易协定》主要内容如下：
1. 降税产品分类
所有产品分为正常产品和敏感产品两大类，正常产品又分为一轨产品和二轨产品，敏感产品又分为一般敏感产品和高度敏感产品，是各国出于保护国内产业的需要，以"负面清单"（negative list）的方式提出的。
2. 关税减让模式
2.1 关于正常产品的降税模式
《货物贸易协定》对东盟新、老成员的差别待遇是协定所体现的一项重要原则。对于韩国和新加坡、文莱、马来西亚、印度尼西亚、菲律宾、泰国六个东盟老成员国，自 2006 年 1 月 1 日起开始降税，2017 年 1 月 1 日关税降为零。对于越南、柬埔寨、老挝、缅甸四个东盟新成员国，降税缓冲期限更长，2018 年 1 月 1 日关税降为零。
2.2 关于敏感产品的降税模式
对于一般敏感产品，各国税率最终将削减至 0%~5%；对于高度敏感产品，税率减让幅度较低，其中，E 组高度敏感产品不参与减让。

主要协定	签署及生效时间	目的及意义
《货物贸易协定》	签署：2006.8 生效：2007.6	韩国—东盟 FTA 的核心部分，旨在通过削减关税与非关税贸易壁垒、明确时间表，为双方经贸发展创造更加便利的环境

3. 原产地原则

在原产地标准上，《货物贸易协定》为 12 类产品制定了"完全获得标准"[a]，对于其他产品制定了"增值标准"[b]或"税目改变标准"[c]。

4. 数量限制和非关税壁垒

韩国与东盟各成员国承诺，除非世贸组织（WTO）允许，否则应取消关税壁垒。

然而，韩国、泰国、越南和马来西亚四国仍为 D 组高度敏感产品实施了关税配额，这是韩国—东盟 FTA 实现高水平贸易自由化的重要障碍。

5. 贸易救济措施

《货物贸易协定》并未对传统的贸易救济措施如反补贴、反倾销做出具体规定。为了防止保障措施的滥用，《货物贸易协定》还规定了具体限制条件

主要协定	签署及生效时间	目的及意义
《服务贸易协定》	签署：2007.11 生效：2009.5	韩国—东盟 FTA 的重要组成部分，其正式生效标志着双方正式全面开展服务贸易合作

《服务贸易协定》主要内容如下：

1. 适用范围

《服务贸易协定》适用于韩国与东盟之间"影响服务贸易的措施"，同时明确规定了几种不适用于协定的情形，将"行使政府职权时提供的服务""管理政府机构为政府目的而购买的服务"等情形排除在协定适用范围之外。

2. 市场准入

《服务贸易协定》规定，在确定的"服务贸易"范围内，"每一缔约方对任何其他方的服务和服务提供者给予的待遇，在条款、限制和条件方面，不得低于其在具体承诺减让表中所同意和列明的内容"。

3. 国民待遇

根据《服务贸易协定》规定，给予的国民待遇形式可以不相同，但如若这种形式在同等情况下"改变竞争条件"导致有利于给予方的服务或服务提供者，"则此类待遇应被视为较为不利的待遇"。

4. 具体承诺

《服务贸易协定》将服务贸易分成了 12 个部门、155 个分部门进行市场开放承诺（见表 4-9）

主要协定	签署及生效时间	目的及意义
《投资协定》	签署：2009.6 生效：2009.9	《投资协定》是韩国—东盟自由贸易协定全面签署所需的最后一个协定，与《货物贸易协定》《服务贸易协定》共同构成韩国—东盟自由贸易协定的三大基石。其正式生效标志着双方正式推进投资自由化

《投资协定》主要内容如下：

1. 投资待遇

《投资协定》规定了国民待遇、最惠国待遇（包含准入前与准入后两个阶段）、公平和公正待遇（仅限于准入后）。

2. 投资保护

2.1　征收方面

《投资协定》规定了四种可以征收的情形："公共目的；符合可适用的国内法包括法律程序；以非歧视的方式实施；按照《投资协定》规定给予补偿。"

2.2　补偿标准方面

"以征收公布时或征收发生时被征收投资的公平市场价值计算，先者为准。"

主要协定	签署及生效时间	目的及意义
《投资协定》	签署：2009.6 生效：2009.9	《投资协定》是韩国—东盟自由贸易协定全面签署所需的最后一个协定，与《货物贸易协定》《服务贸易协定》共同构成韩国—东盟自由贸易协定的三大基石。其正式生效标志着双方正式推进投资自由化

2.3 资金转移方面

允许投资转移，同时较为细致地规定了东道国阻止或迟延转移的条件，前提是"公平、非歧视和善意实施"与特定内容相关的法律法规，包括"依据司法判断或行政决定、税收"等多种情况。此外，协定还规定了补偿战乱损失等对投资进行更加全面的保护。

3. 投资争端解决

根据《投资协定》第18条，只有"一缔约方与另一缔约方的投资者之间产生的"，涉及因前一地约方违反该协定关于国民待遇、最惠国待遇、一般投资待遇、高级管理人员和董事会、转移、征收和补偿的规定，"通过对某一投资的管理、经营、运营、销售或其他处置等行为给投资者造成损失或损害"的投资争端才适用于第18条规定的争端解决机制。而缔约方之间争端解决，则适用于2005年12月签订的《争端解决机制协定》

注：a. 完全获得产品是指与生产相关的全部工程完全在当事国的领域内完成的产品，主要包括养殖的家畜、收获的食物、开采的矿物、捕获的水产等。一般在FTA当中以列举的方式规定商品的完全获取以及生产过程。

b. 增值标准主要关注产品生产过程中所产生的附加价值。如果一国在制造加工过程中实现一定比率以上的增值，则把该国规定为产品的原产地。

c. 税目改变标准是指若出口国家进口某种原材料经过制造或加工，在特定的附有清单的商品目录上改变了税目，则可视为已经过"实质性改变"，仍视该国家为原产地。该标准属于实质性改变标准的一种。参见张芹.浅析原产地签证调查中实质性改变规则的运用原则［J］.商品与质量：学术观察，2012（3）.

表4-9   韩国—东盟自贸协定各国开放部门统计

国家	具体开放部门												总开放部门数
	商务	通信	建筑	分销	教育	环境	金融	旅游	休闲文化与体育	运输	健康与社会	其他	
韩国	1	1	1	1	1	1	1	1	1	1	0	0	10
新加坡	1	1	1	1	1	1	1	1	1	1	1	1	12
柬埔寨	1	1	1	1	1	1	1	1	1	1	1	1	12
马来西亚	1	1	1	1	1	1	1	1	1	1	1	0	11
越南	1	1	1	1	1	1	1	1	1	1	1	0	11
泰国	1	1	1	1	1	1	1	1	1	1	0	0	10
印度尼西亚	1	1	1	0	1	0	1	1	0	1	1	1	9
菲律宾	1	1	1	0	0	0	1	1	1	1	0	0	7
缅甸	1	1	1	0	0	1	1	1	0	1	0	0	7
老挝	1	0	1	0	0	0	1	1	1	0	0	0	6
文莱	1	1	1	0	0	0	0	1	0	1	0	0	5

二、区域全面经济伙伴协定（RCEP）

（一）RCEP 的主要内容

《区域全面经济伙伴关系协定》（RCEP）于 2022 年 2 月 1 日对韩国正式生效。韩国政府 2021 年末曾向国会提交评估报告，认为 RCEP 生效后 20 年，韩国实际国内生产总值（GDP）平均每年多增长 0.14%。RCEP 生效后将帮助韩国进一步实现市场多元化，推动韩国与东盟的紧密合作关系，同时，韩国和日本也将首次建立起双边自贸关系。[1]RCEP 的主要内容见表 4-10。

表 4-10　　　　　　　　《区域全面经济伙伴关系协定》内容概览

章节	内容概览
第一章　初始条款和一般定义	主要阐明 RCEP 缔约方的目标是共同建立一个现代、全面、高质量以及互惠共赢的经济伙伴关系合作框架，以促进区域贸易和投资增长，并为全球经济发展做出贡献。该章节还对协定中的通用术语进行了定义
第二章　货物贸易	本章旨在推动实现区域内高水平的贸易自由化，并对与货物贸易相关的承诺做出规定。规定包括：承诺根据《关税与贸易总协定》第三条给予其他缔约方的货物国民待遇；通过逐步实施关税自由化给予优惠的市场准入；特定货物的临时免税入境；取消农业出口补贴；全面取消数量限制、进口许可程序管理，以及与进出口相关的费用和手续等非关税措施 [a] 方面的约束
第三章　原产地规则	确定了 RCEP 项下有资格享受优惠关税待遇的原产货物的认定规则。在确保适用实质性改变原则的同时，突出了技术可行性、贸易便利性和商业友好性，以使企业尤其是中小企业易于理解和使用 RCEP 协定。在本章第一节中，第二条（原产货物）和第三条（完全获得或者完全生产的货物）以及附件一《产品特定原产地规则》（PSR）列明了授予货物"原产地位"的标准。协定还允许在确定货物是否适用 RCEP 关税优惠时，将来自 RCEP 任何缔约方的价值成分都考虑在内，实行原产成分累积规则。第二节规定了相关操作认证程序，包括申请 RCEP 原产地证明、申请优惠关税待遇以及核实货物"原产地位"的详细程序。本章有两个附件：（1）产品特定原产地规则，涵盖约 5205 条 6 位税目产品；（2）最低信息要求，列明了原产地证书或原产地声明所要求的信息
第四章　海关程序与贸易便利化	通过确保海关法律和法规具有可预测性、一致性和透明性的条款，以及促进海关程序的有效管理和货物快速通关的条款，目标是创造一个促进区域供应链的环境。本章包含高于 WTO《贸易便利化协定》[b] 水平的增强条款，包括：对税则归类、原产地以及海关估价的预裁定；为符合特定条件的经营者（授权经营者）提供与进出口、过境手续和程序有关的便利措施；用于海关监管和通关后审核的风险管理方法等

----

① 　RCEP 送暖，韩国与亚太经济体深度融合［EB/OL］.https : //baijiahao.baidu.com/s?id=171 9990928179498911&wfr=spider&for=pc.

章节	内容概览
第五章 卫生与植物卫生措施	制定了为保护人类、动物或植物的生命或健康而制定、采取和实施卫生与植物卫生措施的基本框架，同时确保上述措施尽可能不对贸易造成限制，以及在相似条件下缔约方实施的卫生与植物卫生措施不存在不合理的歧视。虽然缔约方已在WTO《卫生与植物卫生措施协定》中声明了其权利和义务，但是协定加强了在病虫害非疫区和低度流行区、风险分析、审核、认证、进口检查以及紧急措施等执行的条款
第六章 标准、技术法规和合格评定程序	加强了缔约方对WTO《技术性贸易壁垒协定》的履行，并认可缔约方就标准、技术法规和合格评定程序达成的谅解。同时，推动缔约方在承认标准、技术法规和合格评定程序中减少不必要的技术性贸易壁垒，确保标准、技术法规以及合格评定程序符合WTO《技术性贸易壁垒协定》规定等方面的信息交流与合作
第七章 贸易救济	包括"保障措施"和"反倾销和反补贴税"两部分内容。关于保障措施，协定重申缔约方在WTO《保障措施协定》下的权利义务，并设立过渡性保障措施制度，对各方因履行协议降税而遭受损害的情况提供救济。关于反倾销和反补贴税，协定重申缔约方在WTO相关协定中的权利和义务，并制定了"与反倾销和反补贴调查相关的做法"附件，规范了书面信息、磋商机会、裁定公告和说明等实践做法
第八章 服务贸易	消减了各成员影响跨境服务贸易的限制性、歧视性措施，为缔约方间进一步扩大服务贸易创造了条件。包括市场准入承诺表、国民待遇、最惠国待遇、当地存在、国内法规等规则。部分缔约方采用负面清单方式进行市场准入承诺，要求采用正面清单的缔约方在协定生效后6年内转化为负面清单模式对其服务承诺做出安排
第九章 自然人移动	列明了缔约方为促进从事货物贸易、提供服务或进行投资的自然人临时入境和临时停留所做的承诺，制定了缔约方批准此类临时入境和临时停留许可的规则，提高人员流动政策透明度。所附承诺表列明了涵盖商务访问者、公司内部流动人员等类别的承诺以及承诺所要求的条件和限制
第十章 投资	涵盖了投资保护、自由化、促进和便利化四个方面，是对原《东盟"10+1"自由贸易协定》投资规则的整合和升级，包括承诺最惠国待遇、禁止业绩要求、采用负面清单模式做出非服务业领域市场准入承诺并适用棘轮机制（即未来自由化水平不可倒退）。投资便利化部分还包括争端预防和外商投诉的协调解决。本章附有各方投资及不符措施承诺表
第十一章 知识产权	为本区域知识产权的保护和促进提供了平衡、包容的方案。内容涵盖著作权、商标、地理标志、专利、外观设计、遗传资源、传统知识和民间文艺、反不正当竞争、知识产权执法、合作、透明度、技术援助等广泛领域，其整体保护水平较《与贸易有关的知识产权协定》有所加强
第十二章 电子商务	旨在促进缔约方之间电子商务的使用与合作，列出了鼓励缔约方通过电子方式改善贸易管理与程序的条款；要求缔约方为电子商务创造有利环境，保护电子商务用户的个人信息，为在线消费者提供保护，并针对非应邀商业电子信息加强监管和合作；对计算机设施位置、通过电子方式跨境传输信息等方面提出了相关措施方向，并设立了监管政策空间。缔约方还同意根据WTO部长级会议的决定，维持当前不对电子商务征收关税的做法
第十三章 竞争	为缔约方制定了在竞争政策和法律方面进行合作的框架，以提高经济效率、增进消费者福利。规定缔约方有义务建立或维持法律或机构，以禁止限制竞争的活动，同时承认缔约方拥有制定和执行本国竞争法的主权权利，并允许基于公共政策或公共利益的排除或豁免。本章还涉及消费者权益保护，缔约方有义务采取或维持国内法律和法规，以制止误导行为、在贸易中做虚假或误导性描述；促进对消费者救济机制的理解和使用；就保障消费者的共同利益进行合作

续表

章节	内容概览
第十四章　中小企业	缔约方同意在协定上提供中小企业会谈平台，以开展旨在提高中小企业利用协定并在该协定所创造的机会中受益的经济合作项目和活动，将中小企业纳入区域供应链的主流之中。协定强调充分共享 RCEP 中涉及中小企业的信息，包括协定内容、与中小企业相关的贸易和投资领域的法律法规，以及其他与中小企业参与协定并从中益的其他商务相关信息
第十五章　经济与技术合作	为实现 RCEP 各方的共同发展提供了框架，为各方从协定的实施和利用中充分受益、缩小缔约方发展差距方面做出贡献。根据本章，缔约方将实施技术援助和能力建设项目，促进包容、有效与高效地实施和利用协定，包括货物贸易、服务贸易、投资、知识产权、竞争、中小企业和电子商务等。同时将优先考虑最不发达国家的需求
第十六章　政府采购	协定认识到政府采购在推进区域经济一体化以促进经济发展中的作用，将着力提高法律、法规和程序的透明度，促进缔约方在政府采购方面的合作。本章包含审议条款，旨在未来对本章节进行完善，以促进政府采购
第十七章　一般条款与例外	规定了适用于整个 RCEP 协定的总则，包括缔约方法律、法规、程序和普遍适用的行政裁定的透明度、就每一缔约方行政程序建立适当的审查与上诉机制、保护保密信息、协定的地理适用范围等。同时，本章将 GATT 1994 第二十条和 GATS 第十四条所列一般例外做必要修改后纳入本协定。缔约方可以采取其认为保护其基本安全利益所必需的行动或措施。本章还允许缔约方在面临严重的收支平衡失衡、外部财政困难或受到威胁的情况下采取某些措施
第十八章　机构条款	规定了 RCEP 的机构安排，以及部长会议、联合委员会和其他委员会或分委员会的结构。联合委员会将监督和指导协定的实施，包括根据协定监督和协调新设或未来设立的附属机构的工作
第十九章　争端解决	旨在为解决协定项下产生的争端提供有效、高效和透明的程序。在争端解决有关场所的选择、争端双方的磋商、关于斡旋或调解或设立专家组、第三方权利等方面做了明确规定。本章节还详细规定了专家组职能、专家组程序、专家组最终报告的执行、执行审查程序、赔偿以及中止减让或其他义务等
第二十章　最终条款	主要包括关于附件、附录和脚注的处理；协定与其他国际协定之间的关系；一般性审查机制；协定的生效、保管、修订、加入及退出条款等。指定东盟秘书长作为协定的保管方，负责所有缔约方接收和分发文件，包括所有通知、加入请求、批准书、接受书或核准书。条约的生效条款规定，协定至少需要 6 个东盟成员国和 3 个东盟自由贸易协定伙伴交存批准书、接受书或核准书后正式生效

资料来源：根据《〈区域全面经济伙伴关系协定〉（RCEP）各章内容概览》整理，http：//www.mofcom.gov.cn/article/zwgk/bnjg/202011/20201103016080.shtml。

a. 非关税措施（non-tariff measures，NTMs）包括数量限制措施和其他对贸易造成障碍的非关税措施。

b.《贸易便利化协定》是世界贸易组织 1995 年成立后首次缔结的多边贸易协定，于 2017 年 2 月 22 日生效。

c.《与贸易有关的知识产权协定》（Agreement on Trade-related Aspects of Intellectual Property Rights，TRIPs）简称《知识产权协定》，是世界贸易组织管辖的一项多边贸易协定。

　　RCEP 成员国共同开放市场，将成为一个持续受益于全球化和自由贸易经济体的俱乐部，协定正式生效后，韩国的贸易将得到发展，中小型企业也将得到巨大的发展机会。

一方面，RCEP 的正式生效有助于实现韩国市场多元化，并拓展东盟市场。2020 年，韩国对 RCEP 成员国的出口额为 2690 亿美元，占出口总额的一半。RCEP 生效后，东盟市场对包括汽车零部件、钢铁等韩国主力出口产品进一步降税，为韩国出口注入了新动力。同时，在东盟市场，网络游戏、动漫、电影制作等领域也将开放，为韩流蔓延创造条件。预计韩国文化服务业出口在 2030 年之前将以年均 1.1% 的速度增长。而且 RCEP 所带来的不仅是直接的经济效益，通过成员之间的相关贸易法规，还能降低贸易成本。此外，RCEP 在韩国生效后，意味着韩国和日本首次建立起双边自贸关系。双方关税取消率为 83%，但不包括汽车、机械等行业。

为确保 RCEP 在韩国顺利落地，韩国的相关部门在 2021 年已开始准备。韩国的产业部和企划财政部、外交部、农林畜产食品部、海洋水产部、中小风险企业部等相关部门和贸易支援机构在韩国国会通过 RCEP 批准案后的当天就召开会议，检查 RCEP 准备情况及有关支持企业利用协定的计划。同时，韩国的贸易支援机构也开展积极宣传，让国内企业了解 RCEP 市场开放效果和成本节约效果。韩国政府已在 2021 年 12 月更新"trade navi"（自贸协定信息检索平台）网站税率、原产地信息等，举办了各行业及地区系列推介座谈会，并在 2020 年内编制了《RCEP 利用指南》等。①

另一方面，世界经济的不稳定性和新冠肺炎疫情让人们更加意识到区域合作的重要性，使区域合作在各国对外关系中的位置不断提升。作为世界上最大的自贸区，RCEP 正式生效后将促进韩国与亚太地区各经济体之间的互联互通，促进区域经济深度融合与自由贸易发展。

自 2021 年起，韩国不断加大与 RCEP 成员国的合作，具体时间表见表 4-11。

表 4-11   2021 年以来韩国与 RCEP 成员方的合作

时间轴	对象国	具体合作
2021 年 7 月 27 日	东盟	在第 18 次东盟—韩国自贸协定执行委员会会议上，双方同意升级自 2010 年生效的东盟—韩国自贸协定

---

① RCEP 送暖，韩国与亚太经济体深度融合［EB/OL］.https：//baijiahao.baidu.com/s?id=1719990928179498911&wfr=spider&for=pc.

续表

时间轴	对象国	具体合作
2021 年 10 月	菲律宾	韩国和菲律宾之间的自贸协定谈判达成协议，并签署联合宣言。根据协议，韩国对菲律宾产品关税最终降为零的比例达到 94.8%，菲律宾对韩国撤销关税的比例为 96.5%。由此，菲律宾成为继新加坡、越南、马来西亚、柬埔寨之后第 5 个与韩国建立双边自贸区的东盟国家
2021 年 12 月	新加坡	韩国和新加坡完成韩国—新加坡数码伙伴关系协定（KSDPA）的谈判。该协定将通过建立前瞻性的数码贸易规则和规范，促进数码系统之间的兼容互通性，深化两国在数码经济领域的双边合作。协定还将深化新兴领域的双边合作，如个人信息保护、电子支付和源代码保护
2021 年 12 月 14 日	越南	韩国与越南签署两国关于社会保险的协定。这是韩越两国政府签署的第一个关于社会保险的全面双边协定。根据协定，越南公民赴韩国务工可续缴社会保险。反之，韩国公民赴越务工亦可续缴社会保险。该协定将有助于促进韩越全面合作伙伴关系发展

（二）RCEP 生效后的未来展望 ①

1. 全球环境视角

（1）调整世界经济环境格局。当今世界疫情仍在蔓延，全球经济萎靡不振，以美国为首的单边主义、保护主义横行，使世界经济雪上加霜，RCEP将在很大程度上打破了区域贸易与投资的国别束缚，降低了交易成本，并可以提高国家间贸易与投资效率，提高区域内国家的国际竞争力，进而推动各合作方自身的经济恢复与重振。

据统计，RCEP 现有的 15 个成员，总人口 22.7 亿，国内生产总值合计26.2 万亿美元、总出口额 5.2 万亿美元，均约占全球的 30%，协定所构成的一体化市场囊括了全球近 1/3 的经济体量。此外，协定成员国包含了发达国家、发展中国家和最不发达国家，可以说是目前最大、最有包容性的贸易协定。多元的经济成员组成的 RCEP 具有极大的发展潜力和经济体量优势，其实施将推动实现东亚地区多边合作和区域贸易自由化，有利于激发各成员国的经济潜力，做大区域经贸"蛋糕"，并反向回馈各国自身的经济增长、产业升级与企业国际化、效率化。

---

① 整理自李冬新 . RCEP 生效在即，助力做大区域贸易"大蛋糕"市场［EB/OL］.http：//www.rmhb.com.cn/Theworld/202111/t20211117_800263698.html.

（2）推动区域贸易投资自由化。RCEP中涉及的地区间货物贸易、服务贸易和投资将以更高水平的形式开放。首先，货物贸易方面，零关税产品数量超过90%，可以大幅降低区域内贸易成本和商品价格；其次，投资方面，15个成员均采用负面清单对制造业、农林渔业、采矿业等领域投资做出较高水平开放承诺，政策透明度明显提升；最后，服务贸易方面，各方还就中小企业、经济技术合作等做出规定，纳入了知识产权、电子商务、竞争政策、政府采购等现代化议题，以适应知识经济、数字经济发展的需要。

（3）提供多种类经济体区域合作新范式。RCEP根据各成员国不同的经济层级，在经济水平差别很大的国家之间寻找各方利益的交织点，为发达国家提供更大的市场与资源开发源头，助推发展中国家产业升级转型，扶持最不发达国家的基础建设与投资。其中，RCEP专设了中小企业和经济技术合作等内容，着力帮助不发达国家借助其他成员的优势强化自身经济短板，更好地分享协定所带来的丰富成果。

RCEP以构建全球最大自由贸易区的形式将各成员国的共有利益发挥到最高水平，在未来不仅有利于区域经济增长势能发挥作用，还有利于为更多经济体量参差不齐的国家间合作建立参考框架。

当今世界，各国经济均受到"灰犀牛""黑天鹅"等事件的干扰，严重阻碍了国家间正常经贸合作和经济增长，世界经济的不稳定性侧面反映出区域经贸合作在国家经济战略中的重要程度。在纷繁复杂的国际环境中，合作的互利与资源的交互使RCEP成为各成员国阻止甚至抵御各种冲击的有效选择。

2. 国家发展视角

（1）韩国。《区域全面经济伙伴关系协定》（RCEP）于2022年2月1日起对韩国正式生效。

韩国产业通商资源部表示，韩国出口依存度高，将通过RCEP实现市场多元化，扩展经济领土；RCEP将密切韩国与东盟的合作关系，加速推进韩国的"新南方政策"；RCEP还能有效应对世界贸易组织等多边体制功能减弱、全球供应链重构等问题。此外，RCEP的生效还使韩日间间接拥有了自由贸易协定，从关税减让水平来看，双方实施关税减让的税目均为83%，但日方关税减让覆盖的贸易额为78%，高出韩方2个百分点。

（2）中日韩合作愿景。RCEP的链条中已包含中国—东盟自贸协定、中韩自贸协定等多个自贸合作关系，促成 RCEP 合作后还可以为中日韩等自贸合作的谈判增强政治互信，在已有合作的基础上延伸合作链条，形成合作网络模式，为未来的合作奠定基础，在各自已有的区域优势上拓展市场资源与技术、管理等信息交流，取长补短，最大限度地开发和加深成员国的利益基底。

第五节　韩国与中国的经济合作

中韩的经济合作情况

1992 年中韩建交前，韩国和中国的贸易量约为 30 亿美元，主要是通过中国香港等地的间接贸易和少数边境贸易来实现的。[①] 中韩建交的第一年，即 1992 年，中韩贸易额达到约 64 亿美元，此后每年的增长率都接近 19%，[②] 规模稳步增长。2001 年，中国加入世界贸易组织后，增长率更是大幅提高。根据 2022 年 1 月发布的《韩国、美国和日本对中国的进口依赖现状及未来任务》报告称，"自 2017 年以来，韩国对中国的进口依赖度在 2021 年增加了 3.8%"，报告提到，"相比之下，日本对中国进口的依赖程度在同一时期只增加了 0.1%。对美国来说，这一比率下降了 4.2%"。这主要可以归因于中韩两国行业层面的国际竞争力和行业依赖程度的互补性（见图 4-1）。

（一）中韩两国行业层面的国际竞争力和行业依赖程度

韩国贸易协会国际贸易通商研究院 2022 年 3 月 14 日公布的资料显示，2020 年，在全球出口市场中占有率排名第一的产品最多的国家是中国（1798 种），排在后面的依次是德国（668 种）、美国（479 种）、意大利（201 种）、日本（154 种）、印度（148 种）。韩国为 77 种，较前一年增加了 6 种，总数连续两年排名全球第十。按照行业来划分，化学制品（29 种）、钢铁和非铁金属（20 种）占据了总数的 63.7%。[③]

---

① 李炫星."一带一路"视域下深化中韩互利合作研究［D］.哈尔滨：哈尔滨师范大学，2022.
② 文春花、李钟林.中韩贸易摩擦［J］.中外企业家，2014（3）.
③ 韩国 77 种产品在全球出口市场中占据最大份额［EB/OL］.https://www.163.com/dy/article/H2GJL9H205377PO6.html.

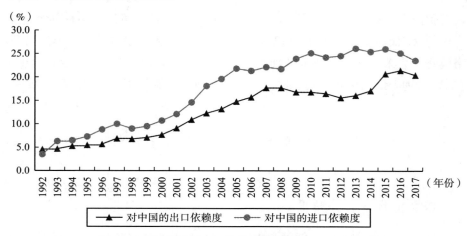

图 4-1　韩国对华进出口依赖程度趋势（1992~2017 年）

资料来源：무역통계로 보는 한중 경제［EB/OL］. https://dream.kotra.or.kr/kotranews/cms/news/actionKotraBoardDetail.do?SITE_NO=3&MENU_ID=410&CONTENTS_NO=1&bbsGbn=242&bbsSn=242&pNttSn=160549.

在行业竞争力方面，根据经济合作与发展组织（OECD）的 TIVA[①] 数据库以及国内相关数据模型分析，[②] 中韩两国的农业出口国际竞争力均不显著，出口国际竞争力主要体现在工业领域。根据 OECD 在 2022 年 2 月发布的中韩两国 TIVA 报告（如图 4-2 和图 4-3 所示），中国在外需驱动下，2018 年出口增幅百分比总计为 14.4%，低于 2008 年的 23.7%；韩国在外需的驱动下，2018 年出口增幅百分比为 29%，略低于 2008 年的 29.2%。按行业划分，中国的纺织品、服装、皮革和相关产品以及计算机、电子和电气设备等行业具有极强的国际竞争力，基本金属和金属制品、未分类的机械和设备以及其他制造业、机械和设备的维修和安装等行业具有较强国际竞争力；韩国的计算机、电子和电气设备具有极强的国际竞争力，基本金属和金属制品、未分类的机械和设备以及运输设备也是具有较强国际竞争力的行业。从服务业出口 VARCA[③] 指数来看，中国在所有服务行业中比较有竞争力的仅有运输和仓

---

① 增值贸易（TIVA）指标为经济之间的商业关系提供了新的见解，并为全球价值链（GVCs）各个阶段的价值创造提供了广泛 的视角。与单纯的贸易总额措施相比，该方法更全面地反映了全球投资服务的显著贡献、进口在出口表现中的作用以及经济相互依赖关系的真实性质。

② 具体推测数据来自 2018 年 12 月经济合作与发展组织（OECD）的 TIVA 数据库中按照增加值来源和最终目的地的总出口数据，以及刘文，徐荣丽："双轮驱动"自贸区战略与中日韩贸易合作研究［J］. 山东社会科学，2020（10）.

③ 衡量一国产业或行业国际竞争力最常用的指标是巴拉萨（Balassa，1965）提出的显性比较优势指数（RCA）。VARCA$_{ik}$ 表示 i 国 k 部门基于出口贸易增加值的国际竞争力指数。

储行业，其他相关行业不具有国际竞争力；韩国运输和仓储行业具有一定国际竞争力，但竞争力近年来也在逐渐减弱。

由此可以推知，韩国对于半导体、大容量电池、稀土金属和医疗用品的生产这四个行业的进口需求最为迫切，而这四个行业也是 21 世纪至关重要的行业，韩国这四个行业对中国的依赖程度非常高。在中间产品方面，2019年韩国对中国进口的依赖程度明显重于日本和美国，并且远远高于 10.4% 的国际平均水平。韩国和日本之所以严重依赖中国进口中间产品和材料部件，是因为"韩国—中国—日本"在中间产品贸易的基础上作为一个经济集团联系在一起。韩国在半成品和材料零件方面对中国的依赖程度要高于日本和美国。代表韩国主要企业集团和相关成员的韩国工业联合会（FKI）表示，2020 年韩国约 29.3% 的材料零部件进口来自中国，而日本和美国的比例分别为 28.9% 和 12.9%。

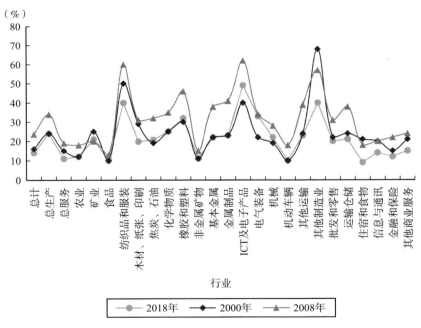

图 4-2　中国国内分行业出口增值

注：各行业指标按 2000 年、2008 年和 2018 年工业增加值的百分比计算，"总计"项为各行业总计出口的工业增加值百分比。

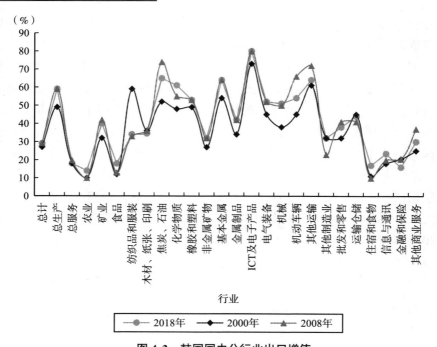

图 4-3 韩国国内分行业出口增值

注：各行业指标按 2000 年、2008 年和 2018 年工业增加值的百分比计算，"总计"项为各行业总计出口的工业增值百分比。

（二）中韩经济合作的近况

中国经济规模逐步扩大，强化中韩两国的经济纽带关系的必要性逐渐提高。随着《中韩自贸协定》于 2015 年 6 月 1 日正式签订，中韩两国实质性、代表性的经济合作迈入了崭新阶段。虽然 2017 年因韩国部署萨德系统两国经济产生了严重摩擦，但从多个经济指标看，两国交易及贸易水准在 2018年几乎恢复到了正常水平。[①]2019 年，两国贸易规模超越了约 3000 亿美元，是 1992 年建交时的 46 倍左右。[②]

2020 年新冠疫情爆发后，中韩两国的经济交流仍在缓慢而有序地进行。中国 2020 年第一季度的经济增长率虽然降至 -6.8%，但在第二季度实现了

---

① 李炫星."一带一路"视域下深化中韩互利合作研究 [D].哈尔滨：哈尔滨师范大学，2022.

② 한겨레신문：2019 년한 – 중경제협력전망 [EB/OL]. https://www.hani.co.kr/arti/economy/economy_general/881062.html#csidx1531afb9b0a3015ada538dc8e457650.

快速反弹，在全球疫情严重的情况下仍保持了 2.3% 的全年经济增长率。[①]在这种情况下，2021 年 1 月 18 日，韩国总统文在寅在青瓦台春秋馆召开的新年记者会上说："中韩关系非常重要。中国是韩国最大的贸易国，为增进朝鲜半岛的和平，需要和中国保持合作关系。我们会为中韩关系的发展而继续努力。"[②]2021 年 1 月 26 日，习近平总书记在与文在寅总统的通话中强调，中韩互为重要的合作伙伴。2020 年两国的贸易逆势增长，印证了中韩合作的互补性和巨大潜力，即中韩两国在经济方面仍然保持着密切的关系。[③]

第六节　韩国与日本的经济合作

一、韩日经济实力对比分析

日本自 2011 年加入跨太平洋伙伴关系协定（TPP）谈判后，推进东亚共同体建设的意愿骤降，中日联手推动东亚共同体的进程被搁置。由经济规模较小的东盟主导成立东亚合作平台，形成了"小马拉大车"的局面。东亚区域合作的主导力量薄弱，影响到东亚合作的水平及发展前景。因此，如何加深中日互信合作，让三个各自为战的东盟"10+1"模式，经过中日韩的紧密合作，带动实现更为均衡的东盟 + 中日韩"10+3"模式，显得尤为重要。[④]RCEP 的签署和实施有效缓解了这一局面。

韩国更加依赖海外贸易带来的利益，而日本国内循环比较顺畅，经济体系相对成熟。依赖于世界贸易的发展，韩国 GDP 增长很快。但相对而言，一旦世界经济后退或者不稳定因素出现，韩国便面临着较大的风险。另外，日本本土由于少子化，市场萎缩，所以日本企业并不愿意对本国投资，一直

① KOTRA：2020 년 중경제성장률 2.3% ［EB/OL］. https://dream.kotra.or.kr/kotranews/cms/news/actionKotraBoardDetail.do?SITE_NO=3&MENU_ID=410&CONTENTS_NO=1&bbsGbn=242&bbsSn=242&pNttSn=186927.
② NATE 뉴스：코로나여건갖춰지면시진핑방한추진［EB/OL］. https://news.nate.com/view/20210118n18762?mid=n0201.
③ 习近平同韩国总统文在寅通电话［EB/OL］. https://baijiahao.baidu.com/s?id=1690001306912194852&wfr=spider&for=pc.
④ 李冬新，杨延龙. 新形势下东亚产业链调整与区域合作［J］. 南开学报（哲学社会科学版），2021（4）.

注重对外投资，海外资产非常庞大。日本的海外纯资产①达到了3.5万亿美元，30年来常常位居世界第一。而韩国的海外纯资产在2014年以前是赤字，到2014年底开始黑字，现在不到5000亿美元。

从1970年到2019年的50年间（日本、韩国历年GDP及人均GDP对比见表4-16和图4-1），韩国人均GDP从占日本的13.7%增长到了78.9%，GDP总量从占日本的4.2%增长到了32.3%。韩国和日本人均GDP增长规律有很大的不同。韩国人均GDP受亚洲经济大环境影响，亚洲经济越好，韩国人均GDP越高。日本正好相反，亚洲经济越差，日本人均GDP越高。日本存在经济的"避险性"，日本在劳动力价格低廉地区设立了大量工厂，金融危机后纷纷回流日本，对冲了金融危机对日本带来的影响。日本经济如日中天的20世纪80年代是亚洲经济的黑暗时期；1997年亚洲国家经济普遍陷入衰退，日本人均GDP没有受到太大影响；2008年亚洲各国受到世界金融危机的巨大冲击，日本人均GDP反而在2008年后快速上扬。韩国则是受到亚洲经济大环境影响更为深远。1997年亚洲金融危机，韩国人均GDP几乎腰斩，2008年世界金融危机对亚洲各国带来毁灭性打击，韩国人均GDP也出现大倒退。

日本对亚洲各国的投资以利用廉价劳动力为主，而韩国对亚洲各国的投资以获得亚洲市场为主，两国的侧重点不同。近年来，中国经济快速增长，与亚洲各国经济联系密切，所以韩国GDP增长与其最大贸易伙伴——中国也具有高度联动性。

表4-16　　　　　　日本、韩国历年GDP及人均GDP对比

年份	人均GDP			GDP总量		
	日本（美元）	韩国（美元）	韩国占比（%）	日本（亿美元）	韩国（亿美元）	韩国占比（%）
1970	2037	279	13.7	2126	90	4.2
1971	2272	301	13.3	2402	99	4.1
1972	2967	324	10.9	3180	109	3.4
1973	3397	406	12.0	4321	139	3.2
1974	4253	563	13.2	4796	195	4.1
1975	4659	617	13.2	5215	218	4.2
1976	5197	834	16.1	5862	299	5.1

① 海外纯资产 = 海外总资产 – 负债。

续表

年份	人均 GDP			GDP 总量		
	日本（美元）	韩国（美元）	韩国占比（%）	日本（亿美元）	韩国（亿美元）	韩国占比（%）
1977	6335	1055	16.7	7214	385	5.3
1978	8821	1405	15.9	10136	520	5.1
1979	9105	1783	19.6	10550	670	6.4
1980	9465	1715	18.1	11054	654	5.9
1981	10361	1883	18.2	12190	729	6.0
1982	9578	1992	20.8	11345	784	6.9
1983	10425	2198	21.1	12433	878	7.1
1984	10984	2413	22.0	13184	975	7.4
1985	11584	2482	21.4	13989	1013	7.2
1986	17111	2834	16.6	20790	1168	5.6
1987	20745	3554	17.1	25328	1480	5.8
1988	25051	4748	19.0	30717	1996	6.5
1989	24813	5817	23.4	30549	2469	8.1
1990	25359	6610	26.1	31328	2834	9.1
1991	28925	7636	26.4	35844	3307	9.2
1992	31464	8126	25.8	39088	3555	9.1
1993	35765	8884	24.8	44541	3927	8.8
1994	39268	10385	26.5	49070	4636	9.5
1995	43440	12564	28.9	54491	5666	10.4
1996	38436	13403	37.9	48337	6102	12.6
1997	35021	12398	35.4	44147	5698	12.9
1998	31902	8281	26.0	40325	3833	9.5
1999	36036	10672	29.6	45621	4975	10.9
2000	38532	12256	31.8	48875	5762	11.8
2001	33846	11561	34.1	43035	5477	12.7
2002	32289	13165	40.8	41151	6273	15.20
2003	34808	14672	42.2	44457	7027	15.80
2004	37688	16469	43.4	48152	7932	16.5
2005	37321	19402	52.0	47554	9349	19.7
2006	35433	21743	61.4	45304	10532	23.3
2007	35275	24086	68.3	45153	11726	26.0

续表

年份	人均 GDP			GDP 总量		
	日本（美元）	韩国（美元）	韩国占比（％）	日本（亿美元）	韩国（亿美元）	韩国占比（％）
2008	39339	21350	54.3	50379	10473	20.8
2009	40855	19143	46.9	52314	9439	18.0
2010	44507	23087	51.9	57001	11441	20.1
2011	48167	25069	52.1	61575	12532	20.4
2012	48603	25466	52.4	62032	12784	20.6
2013	40454	27182	67.2	51557	13708	26.6
2014	38109	29249	76.8	48604	14843	30.5
2015	34524	28732	83.2	43895	14658	33.4
2016	38761	29288	75.6	49225	15001	30.5
2017	38386	31616	82.4	48669	16239	33.4
2018	39159	33340	85.1	49548	17206	34.7
2019	40246	31761	78.9	50818	16424	32.3

资料来源：日本的数据来自 https：//gdp.gotohui.com/data-3413，韩国的数据来自 https：//gdp.gotohui.com/data-3422。

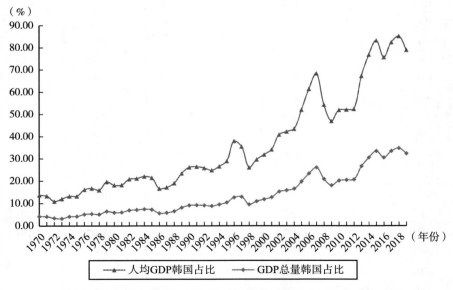

图 4-1　韩国人均 GDP 及 GDP 总量分别占日本的比例趋势分析
资料来源：由表 4-16 整理而来。

二、韩国历届政府对日经济政策及影响

二战结束以后，日韩两国邦交正常化进展迟缓。在美国的策划和推动下，日韩两国于20世纪60年代中期才实现了邦交正常化。实现邦交正常化以后，日韩关系的发展并不顺利，长期在历史问题、慰安妇问题、领土问题等方面龃龉不断。冷战结束以后，美国积极推动美日韩三国关系向实质性同盟关系转变。面对21世纪以来国际关系格局的变动，日韩两国积极谋求建立新型伙伴关系。[①] 自卢武铉时期以来，韩国历届政府对日经济政策基调见表4-17。

表4-17　　　　　　　　韩国历届政府对日经济政策基调

卢武铉 （2003~2008年）	在对日关系上，卢武铉执政之始，也曾希望继续执行实用主义的对日静观政策，即尽量不提历史问题，大力发展双边经合合作。2004年7月，他在韩日首脑会谈中表示，在本政府任期内不从政府角度提及历史问题。然而，日本不断歪曲历史问题和激化领土矛盾的行为严重伤害了韩国人民的感情和国家主权。在此情况下，卢武铉认为对日静观政策并不能改变日本的恶意，因此决定采取强硬对日政策[a]
李明博 （2008~2013年）	2011年10月19日，李明博与来访的日本首相野田佳彦在首尔举行了会谈。两位领导人讨论了扩大韩日货币互换的问题。李明博表示，"不忘历史"是韩日关系的基础，敦促日本在历史问题上做出努力。两位领导人一致认为，为稳定两国金融市场，有必要加强双方的货币合作，并讨论了韩日货币互换问题。李明博当天在结束与野田在青瓦台举行的韩日首脑会谈后召开的联合记者会上还称，双方决定加强工作磋商以推动早日重启韩日自由贸易协定（FTA）谈判[b]
朴槿惠 （2013~2017年）	坚持对日本的"双轨"外交，在坚决应对"慰安妇"道歉和赔偿等历史遗留问题的同时，在经济、安全等领域加强韩日关系[c]
文在寅 （2017~2022年）	以实用主义为立场，发展对日本的合作伙伴关系；坚持有原则地应对"慰安妇"等系列历史问题；强化与日本在解决朝鲜半岛问题方面的战略合作

资料来源：a.韩国总统卢武铉简介［EB/OL］.http://www.chinadaily.com.cn/hqzx/2006-10/13/content_707974.htm.

b.韩国第十七届总统李明博正式就职［EB/OL］.http://news.cctv.com/world/20080225/103646.shtml.

c.朴槿惠坚持对日"双轨"政策历史经济区别对待［EB/OL］.http://news.youth.cn/gj/201505/t20150506_6617217.htm.

---

① 姜龙范.二战后日韩关系的演变［J］.东亚评论，2018（1）.

2019 年，文在寅执政时期，韩日新一轮贸易摩擦突起，日本对韩国实行出口管制措施等，涉及韩国经济的支柱产业，韩国政府及民众反应剧烈，且此次日韩贸易摩擦与以往的日韩贸易摩擦相比持续时间更长、影响程度更大，对日韩两国的经济带来一定的负面影响。日韩贸易摩擦不仅对两国的政治经济关系造成负面影响，也使日韩的一些支柱产业受到沉重打击，各个产业的大中小企业均受到不同程度的负面影响。日本对韩国发起的限制措施、韩国的应对措施，以及对日韩两国的影响分析见表 4-18。

表 4-18　　　　　　　日对韩发起的限制措施、韩国的应对措施
及对日韩两国的经济影响分析

日本对韩国的限制措施	对韩国的影响
限制出口三种关键材料。[a] 日本对韩国出口的氟化聚酰亚胺、光刻胶、高纯度氟化氢三种材料的出口制度从原来的总括许可变为个别许可	这三种材料是有机发光显示屏（OLED）和半导体生产的关键原料，根据韩国贸易协会对本半导体原料出口管制相关统计，韩国从日本进口的氟化聚酰亚胺、光刻胶、高纯度氟化氢的总额分别占韩国这三种产品进口总额的 93.7%、91.9% 和 43.9%。因此可见韩国对日本限制出口的三种材料具有很强的依赖性。这意味着韩国从日本进口这三种材料需要由日本政府审批，且审批期较长，这对韩国的半导体产业的供应链造成巨大的打击，增加了韩国半导体产业的进口成本
从"白色国家名单"除名。[b] 日本将韩国从外贸法第 48 条所规定的可享受日本出口优惠的"白色国家名单"中除名。"白色国家名单"是日本最惠待遇国的另一个版本，日本的"白色国家名单"共包括 27 个国家，除阿根廷外均为发达国家。韩国曾在 2004 年被列入其中，这也是唯一进入日本"白色国家清单"的亚洲国家。日本对可能存在风险的技术物资和武器实行两种出口管制措施，主要分为清单管制和全面管制，对四大国际机制建议的存在高风险的武器、军民两用物品及技术实行严格的"清单管制"，需经过经济产业大臣许可后出口。对未在"清单管制"范围内的存在风险的武器、物品及技术实行"全面管制"，需要出口方了解其转用可能的情况下向经济产业省申请出口许可。但处于"白色国家清单"中的国家则可以免除以上程序	这一举措可能会导致一些对韩国具有重要用途的战略物资被限制出口，进而形成日本对韩国全面出口管制的局面

韩国对日本的限制措施	对日本的影响
韩国颁布《战略物资进出口告示修正案》^c	过去很长一段时间，韩国现有的战略物资出口地区分为优惠国（"Ga"地区）和非优惠国（"Na"地区）两个地区。但此次修正案将原来的"Ga"地区分为"Ga1"地区和"Ga2"地区，而把日本重新调整到"Ga2"地区。目前被分在"Ga2"地区的国家只有日本，"Ga2"级别的国家和"Na"级别的国家需要接受同样严格的出口审查，日本在被列为"Ga2"级别国家后，在个别出口许可提交文件时，需要增加3种文件，且审查期延长10天左右
以《日韩军事保护协议》为筹码^d	韩方利用日本对于军事情报的需求，力图与日本再次协商出口管制问题。韩国此番做法，给日本政府造成很大的压力，日本政府有了明显的谈判意愿，给日韩贸易谈判带来了一丝希望

资料来源：李婷婷.贸易摩擦与日韩关系新变局［J］.现代国际关系，2019（8）.

　　a. 2019年7月1日，日本经济产业省发布通告：出口管制制度是建立在国际信任关系基础上的，但经相关部委和机构的审查，日本和韩国之间的信任关系已受到严重损害。在这种情况下，在与韩国的信任关系下很难进行出口管制，此外，由于与大韩民国有关的出口管制出现了问题，因此适当的出口管制是必要的。
　　b. 2019年8月2日，日本内阁会议做出决定，将韩国从享有贸易便利政策的"白色国家名单"中除名，并在同月28日开始实施。
　　c. 在日本宣布对韩国限制出口三种特殊材料并且将韩国从日本的"白色国家名单"除名后，韩国政府也迅速做出回应并采取报复措施。同年8月12日，韩国产业通商资源部发表了《战略物资进出口告示修正案》，内容包括将日本排除在本国的出口审查优惠国家之外，而该修正案于9月18日起开始正式实施。
　　d.《日韩军事保护协定》是日韩在二战之后签署的第一份军事协议，这份文件的签订使日韩之间可以直接进行军事情报的交换，而不必通过美国这个"中间人"。这份协议是日韩军事领域的一项重要协定，这一协定不仅摆脱了日韩对美国军事情报的依赖，又提高了日韩之间的情报传送效率。

　　新一轮的日韩贸易摩擦在韩国又称"半导体保卫战"，显然日本对韩国的出口限制使韩国一些产品出现生产原料供应不足的问题，受到最大影响的是生产半导体的电子企业。三星电子和海力士作为韩国半导体产业的龙头企业，在此次日韩贸易摩擦中利润下跌严重。除三星电子、海力士等大型半导体企业外，大多数半导体企业在这次贸易摩擦中均受到不同程度的影响，如圆益集团旗下三星电子持股的半导体材料企业圆益IPS公司，生产铝制品、陶瓷制品、石英制品等半导体及面板设备用的核心部件消耗品的SKC公司，主要生产半导体热处理设备的半导体及面板设备供应商AP System公司以及近些年来发展良好的主要生产清洗设备、湿法刻蚀设备、显像设备等的面板设备供应商DMS公司均在2019年出现营业利润大幅下滑的问题。

　　韩国是世界上最大的半导体生产国，如果韩国的半导体不能按时供应，那么对一些机电产品来说是致命的打击。新一轮日韩贸易摩擦不仅影响了日韩两国的关系，也对全球经济带来不可预测的影响。

综上所述，新一轮的日韩贸易摩擦从日本对韩国实行贸易管制开始，逐渐衍生出更多的贸易摩擦。这场风波给日韩的民众和企业都造成了一定的伤害，使对日韩经济具有重要意义的部分产业的发展受阻，破坏了两国之间的友好关系，使两国之间长久维持的贸易合作关系遭到破坏，给未来的经济合作带来更多的不确定性。日韩贸易摩擦对东北亚区域经济合作、东南亚的制造业发展，甚至全球半导体产业链发展都会带来一些消极影响。因此日韩之间应积极进行协商洽谈，减少此次贸易摩擦造成的不利影响。

参考文献

［1］EU Trade with the World（2011）［EB/OL］.https：//ec.europa. eu/eurostat/statistics-explained/index.php?title=The_EU_in_the_world_-_ international_trade&oldid=484271.

［2］Gower J.The European Union Handbook（2e）［M］.London：Fitzroy Publishers，2002.

［3］韩国第十七届总统李明博正式就职［EB/OL］.http：//news.cctv.com/ world/20080225/103646.shtml.

［4］韩国总统卢武铉简介［EB/OL］.http：//www.chinadaily.com.cn/ hqzx/2006-10/13/content_707974.htm.

［5］在韩国成立公司的要求［EB/OL］.https：//new.qq.com/rain/a/ 20201123a07won00.

［6］《区域全面经济伙伴关系协定》（RCEP）各章内容概览［EB/OL］. http：//www.mofcom.gov.cn/article/zwgk/bnjg/202011/20201103016080.shtml.

［7］越南韩国正式签署自由贸易区协定［EB/OL］.https：//china.huanqiu. com/article/9CaKrnJKG4Q.

［8］姜萌.韩国—欧盟自由贸易区的经济效应分析［D］.青岛：中国海洋大学，2010.

［9］金香丹.韩美FTA对韩国的经济影响研究［D］.长春：吉林大学，2017.

［10］日本GDP历年数据［DB/OL］.https：//gdp.gotohui.com/data-3413.

［11］李冬新，杨延龙.新形势下东亚产业链调整与区域合作［J］.南开学报（哲学社会科学版），2021（4）.

［12］李冬新.RCEP生效在即 助力做大区域贸易"大蛋糕"［J/OL］.人民画报，http：//www.rmhb.com.cn/Theword/202111/t20211117_800263698.html.

［13］刘洪钟.韩国对外经济战略的历史演变与启示［J］.学术前沿，2016（5）.

［14］刘文，徐荣丽."双轮驱动"自贸区战略与中日韩贸易合作研究［J］.山东社会科学，2020（10）.

［15］韩国和印度签署自由贸易协定［EB/OL］.http：//finance.sina.com.cn/roll/20090810/22573002204.shtml.

［16］最时尚冬奥会，对奢侈品牌意味着什么［EB/OL］.https：//m.thepaper.cn/baijiahao_16892309.

［17］朴英爱，金香兰.朴槿惠政府加快推进中韩FTA的经济动因分析［J］.东北亚论坛，2014（1）.

［18］王晓斐.韩国与欧盟自由贸易协定探析［D］.青岛：青岛大学，2012.

［19］以色列与韩国达成自由贸易协定［EB/OL］.https：//baijiahao.baidu.com/s?id=1642548833241493581&wfr=spider&for=pc.

［20］新加坡与韩国计划提升双边自贸协定［EB/OL］.http：//sg.xinhuanet.com/2013-12/15/c_125860456.htm.

［21］薛川.韩中、韩美相互依赖关系比较分析［D］.长春：吉林大学，2016.

［22］海关贸易便利化助中韩FTA发展［EB/OL］.http：//expo.ce.cn/sy/gd/201607/05/t20160705 _13448555.shtml.

［23］朴槿惠坚持对日"双轨"政策 历史经济区别对待［EB/OL］.http：//news.youth.cn/gj/201505/t20150506_6617217.htm.

［24］RCEP送暖，韩国与亚太经济体深度融合［EB/OL］.https：//baijiahao.baidu.com/s?id=1719990928179498911&wfr=spider&for=pc.

［25］韩媒：韩国与哥伦比亚自贸协定将于7月正式生效［EB/OL］.http：//www.xinhuanet.com/world/2016-06/16/c_129067678.htm.

第五章

韩国经济发展的困境与挑战

根据国际货币基金组织的数据，2020 年韩国 GDP 为 1.5512 万亿美元，位列全球第十，人均 GDP 高达 3.1497 万美元，位居世界第 26 位①，由此联合国正式将韩国认定为发达国家。韩国用了不到 60 年的时间，由世界最贫穷的国家发展成为繁荣富强的世界发达国家。不过，近年来韩国经济增速明显放缓，2020 年受新冠肺炎疫情影响更是出现了负增长，韩国企划财政部表示 2020 年韩国经济下降了 1.1%②。而这是因为韩国经济结构过分依赖对外经济、危机抵御能力较为脆弱、步入老龄化社会且居民消费低迷、财阀经济对于韩国经济发展的影响和新增长动力的缺乏等。本节将阐述当前韩国经济发展过程中面临的困境与挑战。

第一节 经济结构的对外依赖性

众所周知，在韩国的经济发展过程中，起关键性作用的是外向型经济发展和贸易立国。可以说 20 世纪 60 年代起至今，外向型经济发展是引领韩国经济增长的主要动力，因此韩国的外向型经济发展政策也一直广受世界各国的关注。1960 年韩国对外贸易总额才 3.5 亿美元，而 2019 年增长至 10455.8 亿美元，名义对外贸易额增长了 2987 倍以上，由此带动 GDP 由 1960 年的

---

① 联合国 57 年首次认定韩国为发达国家［EB/OL］.https：//3g.163.com/money/article/GED9KJI500258105.html.

② 将 2020 年韩国经济增长率下调至 –1.1%［EB/OL］.https：//www.163.com/money/article/FU25SQ4100259FVR.html.

20亿美元增长到2019年的16467亿美元，名义GDP增长了823倍以上，人均国民收入也由1960年的79美元增加至2019年的31846美元，名义人均国民收入增长了403倍以上。尽管2020年和2021年受到新冠肺炎疫情的冲击，对外贸易额有所回落，但是经过一系列疫情管控和经济复苏举措，韩国GDP和人均GDP均有所增加，2021年韩国GDP为1.7万亿美元，增长4.3%，人均GDP高达3.5万美元。由此可见，韩国利用不到60年的时间，已由世界最贫穷的国家发展成为经济规模排世界第10位、人均收入排世界第26位的国家，成为世界发达国家之一。

但是，正是由于主张外向型经济发展，导致韩国的对外经济依存度在世界各国之中处于特别高的水平。2020年韩国的对外贸易依存度（即进出口贸易额与GDP总值之比）达到了63.5%，而中国只有32.5%，美国和日本也在30%左右，与韩国形成鲜明对比。仔细观察韩国的外向型经济发展进程就可发现，韩国对外贸易额的大幅增长并非单纯以开放政策为基调展开的，而是多种发展政策和措施在不同时期发挥了恰当的引领作用。根据韩国经济所面临的不同周边环境、可利用资源以及政府推行的不同经济政策等，可以把韩国外向型经济的发展历程划分为四个时期：建国初期进口替代贸易为主且出口低迷时期（1948~1961年）、政府主导下出口导向型产业体系的确立及拓展时期（1962~1979年）、自由开放的外向型经济发展时期（1981~2000年）、构建全球化FTA网络全面融入世界经济时期（2001年至今）。

一、建国初期进口替代贸易为主且出口低迷时期（1948~1961年）

（一）建国初期进口替代贸易政策的出台背景

第二次世界大战以后，韩国终于从日本殖民统治下得到解放并于1948年8月建立大韩民国。建国以后直到1952年为止，韩国深陷社会和政治动荡、经济体系紊乱和发展停滞的局面。其原因可归结为以下几点：

第一，南北分裂。以北纬38度线为界线的朝鲜半岛南北分裂使以前南北互补的经济结构突然脱节，从而对韩国经济造成了大混乱。在日本殖民时期，半岛北部即朝鲜所处的地区依托电力和丰富的矿物资源，重工业得到发展，而半岛南部即韩国所处的地区则主要倚重农业。南北分裂使韩国突然失去了来自朝鲜的电力和工业物品的供应渠道。此外,南部韩国的领土也比北部朝鲜少,但韩国人口却占之前总人口的66%,这无疑加重了韩国的经济负担。

第二,与日本经济圈的突然脱离。在日本殖民时期,韩国的产业发展与产业组织由日本人掌控,并且对外贸易领域对日本的依存度高达80%~90%。独立后,之前在韩国的日本企业家、经营管理人员、技术人员等均立刻撤离,由此造成韩国经济与日本经济之间的联系突然中断。韩国大部分产业失去了重要的原材料供应地,丧失了重要的产品销售市场。韩国虽然实现了政治、经济、社会的独立,但准备还不够充分,导致经济突然受到了重大打击。

第三,独立前后大量货币的发行导致韩国发生了恶性通货膨胀,从而使正常的企业投资与生产活动无法进行,国内蔓延着各种投机活动。1953年7月,朝鲜战争停战协定签署,随后美国迅速实施了对韩国的经济援助。经济步入了恢复期,1954~1956年韩国基本修复了战争造成的各种破坏,经济恢复到战前水平,1957~1961年经济逐步得到稳定。这一期间,美国的经济援助对韩国经济的影响巨大,为此后韩国政府发展轻工业奠定了重要基础。

(二)建国初期进口替代贸易政策的主要内容

建国初期,韩国把产业发展重点放在轻工业上,由此集中的资金也主要投放到轻工业,而轻工业投资中50%以上是美国的援助。同时,韩国把经济发展目标定位为进口替代。其中,占据主导地位的产业为号称"三白产业"的制粉、制糖、棉纺产业。这些产业的共同特征为以原料加工为主,而原料的供应依靠美国,销售目标则是国内市场。

1.制粉产业

韩国制粉产业始于1919年的"满洲制粉株式会社",总部位于朝鲜平壤附近的镇南浦,后来逐步扩展到韩国。1945年解放以后,由于日本人撤离,使得韩国各地的制粉厂纷纷停产,而1950~1953年又经历了朝鲜战争,其工厂设施基本遭到破坏。1954年,韩国设立韩国制粉株式会社,修复产业设施、投入国外援助资金,重新进行了建设。1956年,其生产能力终于超过独立前的水平,1959年则达到了独立前生产能力的6倍以上,实现了飞跃式的发展。①

2. 制糖产业

在日本殖民时期，韩国制糖产业只有 1920 年传教会开办的一家工厂，到 1945 年解放以后，韩国还不能生产糖，全部依赖进口。直到 1953 年，以当今三星集团的母企业第一制糖株式会社的创立为标志，韩国制糖企业陆续得以建立，且发展迅速，短时间内实现了进口替代，完全自给。制糖产业是韩国第一个完全由民间开办并成功的产业。

3. 棉纺产业

韩国的棉纺产业是在日本殖民地时期从日本引进设备和技术开办的，至 20 世纪 30 年代末，已具备相当规模的生产能力。但经过解放后的混乱以及朝鲜战争的破坏，除了釜山以及大邱地区的少数工厂，其余均受到重大打击。从 1952 年起，韩国的棉纺产业在美国和韩国政府的大力支援和扶持之下，发展迅速，1955 年就达到了战前的水平，且不断扩张。不过其设施中，2/3 以上是依靠国外援助资金来建设的，因此国外援助对棉纺产业的影响巨大。

上述三大产业作为进口替代产业发展迅速，到 20 世纪 50 年代末期，已初具规模，并显现出以下两个特点。

第一，原材料均依靠国外援助。比如制粉产业的原料——大麦，当时韩国国内年均只能生产大约 13 万吨，并且生产的大麦主要在地方的小规模制粉农家自己加工，大企业的加工原料只能依靠从美国进口②。制糖产业的原材料——原糖和棉纺产业的原材料——棉花也主要依靠进口，但是当时韩国政府拥有的外汇有限，因此这些原材料的进口须得到政府的特别优惠，即要依靠美国的援助。

第二，设立原材料垄断供应组织，按比例分配。三大产业各设立“韩国制粉工业协会”“大韩制糖协会”“大韩纺织协会”，由协会牵头进口原材料，各协会的代表制定进口原材料的分配方案，并分配给会员企业。这种方式有效避免了各企业进口原材料时的价格竞争，同时朝鲜战争以后，在韩国国内恶性通货膨胀背景下，这种方式也有助于各企业以相对低廉的价格获得原材料。

---

① 한국산업은행．한국의산업［R］.1962：171.
② 한국산업은행．한국의산업［R］.1962：179.

（三）建国初期低迷的出口贸易

建国初期的贸易规模，尤其是出口规模直至 20 世纪 60 年代初都不足 5000 万美元，可以说微不足道。由表 5-1 可知，韩国进口为出口的 10 倍以上，其中 70%~80% 为国际援助，因此实际进口贸易规模同样微小。以国际援助为主要形式的进口充分体现了韩国经济当时所面临的挑战，完全依赖援助的经济是无法具有生存能力的。因此从 20 世纪 50 年代初开始韩国政府出台了各种促进出口贸易的政策，但是在国内生产基础脆弱的情况下这些政策的收效不大。

表 5-1 　　　　　　　　 建国初期韩国对外贸易及国外援助变化

年份	出口 （百万美元）	进口 （百万美元）	国外援助 （百万美元）	援助与进口之比 （%）	出口与进口之比 （%）
1948	22.3	132.9	180.0	86.5	10.7
1949	13.8	61.6	116.5	87.7	10.4
1950	29.4	132.7	58.7	95.3	47.7
1951	15.6	214.2	106.5	80.3	11.8
1952	26.6	345.4	160.5	74.9	12.4
1953	44.8	243.3	191.8	55.5	13.0
1954	24.2	341.4	149.4	61.4	9.9
1955	18.0	386.1	232.8	68.2	5.3
1956	24.6	442.2	319.9	82.9	6.4
1957	22.2	378.2	374.0	84.6	5.0
1958	16.5	303.8	311.0	82.2	4.4
1959	19.8	343.5	210.7	69.4	6.5
1960	32.8	316.1	231.9	67.5	9.5
1961	40.9	421.8	196.8	62.3	12.9

资料来源：韩国统计厅：《韩国统计年鉴》，1964 年。

李承晚政府曾通过追求进口替代工业化来建设自立经济，"三白产业"（制粉、制糖、纺织）的急速增长在一定程度上带动了国内制造业发展。但是"三白产业"只能进行进口替代，并不具有出口竞争力。生产商更注重通过垄断援助追求国内寻租，对出口置之不理。此外，因国内市场狭小，通过进口替代实现的工业发展收效甚微。

另外，当时的贸易政策把重点放在了改善国际收支和缓解国内供需失衡方面。虽实行了诸如进出口豁免制和许可制、指定进出口许可商品、进出口商品价格控制、补偿贸易和外汇管制等贸易管理措施，但多数政策因没有取得预期效果而不得不废止。

为了刺激出口，从1954年起韩国开始实行出口补贴制度，并于1957年出台了《贸易法案》。虽然这部法案以出口补贴制度和进出口连锁制度等直接援助为内容，具有进出口支援制度的特征，但是在缺乏基本出口生产能力的状况下，此类制度无法获得实效。在财政收入和国家综合国力有限的前提下，由于政府无力支付出口补贴，不得不在决定加入关税及贸易总协定后的1965年废止该法案。

综上所述，到1961年，韩国经济通过进口替代政策在"三白产业"发展方面取得了一定的成果。但经过较快增长，狭小的国内市场很快就达到饱和，如果不开拓国外市场，仅靠国内市场是无法继续发展的。此外，以美国为首的国外援助也自20世纪50年代末期开始减少。由此，谋取长远发展，获取稳定的外汇收入，只能依靠扩大出口贸易来实现。

二、政府主导下出口导向型产业体系的确立及拓展时期（1962~1980年）

（一）政府主导的出口导向型轻工业发展（1962~1971年）

20世纪50年代韩国经济的最大特点为依靠美国援助进行经济恢复建设，重点发展领域为进口替代的"三白产业"，确保经济稳定。尽管美国大量的经济援助对韩国经济的恢复起到了重要作用，但从1958年开始，美国急剧缩减无偿援助，使韩国政府感受到巨大的经济压力。韩国试图扭转过度依赖美国援助的现状，开始积极建立自立的经济体系。

20世纪60年代初的韩国，人口密度高，产业设施薄弱，失业人口众多，造成社会很不安定。在这样的背景之下，经济发展战略的重点转为如何充分利用剩余劳动力，出口导向型发展战略开始浮出水面。在进口替代战略的实施过程中，韩国政府逐步认识到只靠引进原材料和技术来发展国内生产，虽可暂时增加产品供给，但进口原料需要付出大量外汇，而当时韩国是世界上最贫穷国家之一，没有稳定的外汇收入来源，仅靠国外援助和贷款是不能持久的。同时，韩国资源缺乏、市场狭小、资金不足，只有丰富而廉价的劳动力，为此韩国选择了出口导向型的工业化发展战略，并把重点放在轻工业上。这些产业主要有服装、鞋帽、木板、假发、食品加工业、木制品等，其共同特点如下：首先，均为劳动密集型产业，对劳动力的需求巨大；其次，相比于其他产业，技术标准相对低，由此进入较易；最后，设备等投资花费较低。因此对于资金缺乏、失业率高、技术工人稀缺的韩国来说，发展这些产业十分适合。此外，这些产业又与20世纪50年代的制粉、制糖、棉纺"三白产业"关系密切，因此可有效利用已有资源，并对已有产业进行补充和壮大。

通过这些产业的发展和增加出口，韩国既可以克服现有的劣势，又可以充分利用所具有的优势，同时带动其他产业发展。

1961年，朴正熙政府明确"经济第一主义"的指导思想，成立了经济企划院，专门负责经济建设，并颁布了"经济开发五年计划"。这是韩国历史上第一次综合开发计划。第一个五年经济计划向国民表明了政府致力于经济发展的决心，也使韩国国民看到了经济发展的希望。由此，以1962年为起始，韩国每五年根据其经济发展现状，制定新的经济发展目标，实行新的发展战略。

在从1962年开始实施的出口导向型经济发展政策中，政府不仅把产业发展重点放在劳动密集型轻工业上，而且又对出口企业给予了税收优惠、融资优惠以及行政支持。

政府出台的税收优惠、融资优惠主要有：第一，对出口用原料和出口产业用设备进口等实行关税减免制度；第二，对出口商品及其投入物资实行国内间接税减免制度；第三，对出口所得利润减免直接税；第四，与出口相关的实行优惠金融制度；第五，出口用原材料的进口实行损耗许可制度；第六，实行与出口业绩挂钩的进口经营权制度；第七，对于出口产业用电费用等社会间接资本给予相应折扣。

政府出台的行政支持主要有以下一些：第一，通过扩大大韩贸易振兴公社的海外工作网络，帮助国内出口商开拓海外市场；第二，根据商品类别和国别制定年度出口目标，政府奖励出口业绩优良的企业；第三，将原来的月度出口扩大会议改名为月度贸易扩大会议，由总统直接出席听取出口商提出的困难，并及时予以解决。这些促进出口的措施持续到了20世纪

70 年代初期。

（二）政府主导的出口导向型重化学工业发展（1972~1980 年）

1. 国内外环境的变化

20 世纪 70 年代，韩国所处的国内外政治、经济、安保等环境发生了重大变化，韩国政府也不得不对其国家发展战略进行重大调整。

首先，进入 70 年代以后，韩国的经济环境发生了很大变化。1971 年 8 月，美国宣布美元贬值，并且停止美元兑换黄金，由此布雷顿森林体系走向崩溃，国际货币基金组织体系受到重大打击。同时，1972 年石油输出国组织成立，资源民族主义抬头。此外，发达国家开始加强对发展中国家的劳动密集型出口商品的贸易壁垒，自由贸易体制也开始受到挑战。在亚洲，东南亚国家等发展中国家凭借低廉的劳动力，积极扩大纺织、服装等轻工业领域的产品出口。上述种种经济现象使韩国在 20 世纪 70 年代面临的出口压力空前加大，虽然出口快速增长，但进口增长同样飞快，由此韩国的贸易收支持续出现逆差。

其次，韩国面临的国内外政治、安保环境不容乐观，重点扶持国防产业的必要性日益增加。1971 年，美国尼克松政府缩减了 1/3 的驻韩美军，同时也表示将来要进一步缩减军队。这是因为美国已陷入越南战争的泥潭，对朝鲜半岛局势只能采取心不在焉的态度。

在这种新的国内外环境之下，韩国政府推出了重点发展重化工业的政策。韩国政府推行这种政策的主要目的是：一要强化国防建设；二要实现出口产业的高度化，继续保持出口竞争力和出口增长；三要降低对进口原材料的依赖，改善贸易收支，从而达到"一石三鸟"的效果。

1973 年初，朴正熙总统在新年记者会上正式宣布要发展重化工业，提出 1980 年初要实现 100 亿美元的出口额和人均国民收入达到 1000 美元，并且在出口商品结构中，重化学制品的比重要超过 50%。此后，作为这一政策的具体推进措施，组建了以国务总理为委员长的"重化学工业推进委员会"和下属机构——"重化学工业推进委员会企划团"，选定钢铁、化学、非铁金属、机械、造船、电子 6 大产业作为重大战略产业，国家对其进行重点培育和扶持，并制定相关工业园的选址、国内外投融资计划等。

此外，20 世纪 70 年代为了缩小城市与农村居民之间的收入差距，韩国推出了"新农村运动"和"高米价"政策。出台高米价政策是因为韩国一直不能做到粮食自给，要从国外进口大量粮食，为提高农民的种粮积极性，须提高农民收入，而最直接的手段就是提高米价。但是，为了降低城市消费者的经济负担，又实行了米价双轨制，从而增加了不少财政负担。

2. 重化工业发展政策

继1973年的新年记者会以及组建"重化学工业推进委员会"后，韩国政府又发布了《重化学工业发展指南》，以构筑重化工业发展的强有力的支持体系。1973年12月，政府又制定了《国民投资基金法》，进一步完善其政策措施。其具体内容为：为了实现产业高度化，1973~1981年，对钢铁、化学、非铁金属、机械（包括汽车）、造船、电子6大战略产业投入88.52亿美元，占制造业总投资的64%。并且在财政、金融、税收等方面给予支持和优惠，积极鼓励民间企业特别是大型企业的积极参与。这一时期，韩国在浦项建立了钢铁生产基地，在汶山建立了非铁金属生产基地，在昌原建立了机械产品生产基地，在木浦和蔚山建立了造船生产基地，在龟尾建立了电子产品生产基地，在丽川和蔚山建立了化学产品生产基地（见表5-2）。

表5-2　　　　　　　　重化学工业6大产业的发展计划内容

项目		年份	规模	投融资（1973~1981年）				生产基地
				国外（百万美元）	国内（百万美元）	合计（百万美元）	比重（%）	
钢铁		1976	409.2万吨	1502	674	21769	24.6	浦项
		1981	1470万吨					
非铁金属生产	银	每年	10万吨	222	123	345	3.9	汶山
	铅	每年	8万吨					
	锌	每年	5万吨					
	铝	每年	10万吨					
机械		1981	48亿美元	1049	1137	2186	24.7	昌原
造船	生产	1980	545万吨	416	352	768	8.7	木浦蔚山
		1985	920万吨					
	出口	1980	10亿美元					
		1985	29亿美元					

续表

项目		年份	规模	投融资（1973~1981 年）				生产基地
				国外 （百万 美元）	国内 （百万 美元）	合计 （百万 美元）	比重 （%）	
电子	出口	1981	25 亿美元	593	599	1192	13.5	龟尾
化学	石油冶炼	1981	1225 万桶 / 日	1523	662	2185	24.7	丽川 蔚山
	石油化学	1981	60 万吨					
	乙烯	1986	150 万吨					
	化肥	1975	国际规模					
合计				5305	3547	8852	100	

资料来源：重化学推进委员会企划团：《重化学工业发展计划》，1973 年；《重化学工业推进现状》，1979 年。

对于重化工业的财政支持，主要通过《国民投资基金法》设立的国民投资基金以低息融资的形式提供。1974~1981 年，在财政投融资中，国民投资基金所占的比重高达 80%~90%，其中重化工业领域的支持所占比重平均达到 67.9%（见表 5-3）。

表 5-3　　　　　　　　　国民投资基金对重化工业的支援状况

项目	1974 年	1975 年	1976 年	1977 年	1978 年	1979 年	1980 年	1981 年	合计
国民投资基金 （亿美元）	626	1066	4607	2013	3626	4397	4384	5430	23149
重化工业支持 （亿美元）	343	477	938	1485	2523	3152	2967	3830	15715
比重（%）	54.8	44.7	58.4	73.8	69.6	71.7	67.7	70.5	67.9

资料来源：韩国财务部：《财政投融资白皮书》，1982 年。

同时，仅靠财政融资不能满足庞大投资资金的需要，因此为了鼓励大型企业参与重化学领域投资，实行了产业支援资金形式的金融支持，由政府控制的产业银行以贷款形式发放。在税收上也对重化工业给予积极倾斜。对重化工业的 14 个核心行业在最初 3 年给予免税、其后 2 年减免 50% 国内税的优惠。此外，对重化工业建设中引进的设备等，给予关税减免优惠，且对重化学工业产品的出口收入给予所得税和法人税的 50% 减免优惠。为了支持重化学工业需要的技术人才，政府还设立各种专门技术学校或职业教育机构，并出资建立研究所等，为人才培育提供支持。

（三）外向型经济的飞跃发展

20 世纪 50 年代，韩国是贸易逆差严重且世界上最贫穷的国家之一。1962 年开始，韩国确立了出口导向型轻工业发展战略，大力发展劳动密集型轻工业，如服装、鞋帽、木板、假发、食品加工业、木制品等，借助韩国的国际比较优势，特别是利用廉价而丰富的劳动力，积极开拓国际市场，带动了整个劳动密集型出口产业的快速发展和繁荣。此后，从 1972 年开始，为应对国内外环境的变化，韩国又成功进行了重化学工业领域的产业转型，实现了产业升级，成为令人瞩目的"亚洲四小龙"之一，同时也是发展中国家成功的楷模。

具体考察实施政府主导的出口导向型轻工业发展时期，1962 年的出口额只有 5500 万美元，比 1961 年增长了 34.1%，进口额为 4.22 亿美元，比 1961 年增长了 33.4%，贸易逆差为 3.67 亿美元。此后，伴随着外向型经济的飞快发展，截至 1971 年，年均出口增长率达到了 38.9%，年均进口增长率达到了 24.8%。1971 年的出口额达到 10.68 亿美元，是 1961 年的 26 倍多，进口额达到 23.94 亿美元，是 1961 年的 7 倍多。同时，出口增长明显快于进口增长，但 1971 年的贸易逆差还是达到了 13.26 亿美元。

实施政府主导的出口导向型重化工业发展时期，1972 年的出口额为 16.24 亿美元，比起 1971 年增长了 52.1%，进口额为 25.22 亿美元，比起 1971 年增长了 5.3%，贸易逆差为 8.98 亿美元。此后，伴随着重化学工业的飞快发展，截至 1980 年，年均出口增长率达到了 38.5%，年均进口增长率达到了 29.9%。1980 年的出口额为 175.05 亿美元，是 1971 年的 16 倍以上，进口额为 222.92 亿美元，是 1971 年的 9 倍以上，出口增长明显快于进口增长，贸易逆差为 47.87 亿美元（见表 5-4）。

表 5-4 　　　　　　　　　　　1961~1980 年韩国对外贸易的增长

年份	出口		进口		贸易收支金额（百万美元）
	金额（百万美元）	增速（%）	金额（百万美元）	增速（%）	
1961	41	—	316	—	-275
1962	55	34.1	422	33.4	-367

续表

年份	出口		进口		贸易收支金额（百万美元）
	金额（百万美元）	增速（%）	金额（百万美元）	增速（%）	
1963	87	58.4	560	32.8	-473
1964	119	37.2	404	-27.8	-285
1965	175	47.1	463	14.6	-288
1966	250	43.0	716	54.6	-466
1967	320	27.9	996	39.1	-676
1968	455	42.2	1463	46.8	-1007
1969	623	36.7	1824	24.7	-1201
1970	835	34.2	1984	8.8	-1149
1971	1068	27.8	2394	20.7	-1326
1972	1624	52.1	2522	5.3	-898
1973	3225	98.6	4240	68.1	-1015
1974	4460	38.3	6852	61.6	-2391
1975	5081	13.9	7274	6.2	-2193
1976	7715	51.8	8774	20.6	-1058
1977	10046	30.2	10811	23.2	-764
1978	12711	26.5	14972	38.5	-2261
1979	15055	18.4	20339	35.8	-5283
1980	17505	16.3	22292	9.6	-4787

资料来源：韩国贸易协会，https://www.kita.net/。

为了更加深入地了解韩国对外贸易的发展变化，下面将考察这一时期主要贸易商品结构的变化。首先，韩国的主要出口商品随着时代的发展发生了很大变化。1962 年出口总额中工业品只占 27.7% 的比重，出口产品以初级产品为主。但是，随着劳动密集型的轻工业发展，1972 年出口总额中工业品所占比重迅速提高至 88.9%，并且轻工业品出口额占据了工业品出口总额的 67.4%。此后，随着政府主导的重化学工业的快速发展，韩国的工业品出口逐渐转向重化学工业品。1980 年重化学工业品和轻工业品的出口额在总额中所占比重基本持平，到 20 世纪 80 年代后期，重化学工业成为韩国出口支柱产业（见表 5-5）。

表 5-5   1962 年、1972 年、1980 年出口商品结构变化   单位：%

商品	1962 年	1972 年	1980 年
初级产品	72.3	11.1	7.7
工业品	27.7	88.9	92.3
一轻工业品	—	67.4	48.4
一重化学工业品	—	21.5	43.9

资料来源：韩国贸易协会，https：//www.kita.net/。

随着韩国贸易结构的变化，这一时期韩国的主要出口品目也发生了很大变化（见表 5-6）。1960 年韩国的出口以铁矿石、钨矿石、焦炭等矿产品为主，同时包括鱿鱼、活鱼等水产品，以及蚕丝、木合板、谷物、猪皮等。此后，随着轻工业为主的出口导向型发展政策的大力推进，1970 年纤维、木合板、假发等轻工业产品在出口总额中所占比重大幅增加，上述三大品目的出口额占出口总额的 62.6%。

表 5-6   1961 年、1970 年、1980 年出口商品品目的变化

排序	1961 年			1970 年			1980 年		
	品目	金额（百万美元）	比重（%）	品目	金额（百万美元）	比重（%）	品目	金额（百万美元）	比重（%）
1	铁矿石	5.3	13.0	纤维	341.1	40.8	服装	2778	15.9
2	钨矿石	5.1	12.6	木合板	91.9	11.0	钢板	945	5.4
3	蚕丝	2.7	6.7	假发	90.4	10.8	鞋帽	908	5.2
4	焦炭	2.4	5.8	铁矿石	49.3	5.9	船舶	620	3.5
5	鱿鱼	2.3	5.5	电子产品	29.2	3.5	音响器材	593	3.4
6	活鱼	1.9	4.5	饼干制品	19.5	2.3	人造纤维	564	3.2
7	铅	1.7	4.2	鞋帽	17.3	2.1	橡胶制品	503	2.9
8	木合板	1.4	3.3	烟草制品	13.5	1.6	木材制品	485	2.8
9	谷物	1.4	3.3	钢铁制品	13.4	1.5	影像制品	446	2.5
10	猪皮	1.2	3.0	金属制品	12.2	1.5	集成电路	434	2.5
合计		25.3	62.0	合计	677.5	81.1	合计	8276	47.3

资料来源：韩国贸易协会，https：//www.kita.net/。

从 1972 年开始，伴随着以重化学工业为主导的出口导向型政策的推进，韩国的主要出口品目又发生了很大变化。1980 年的十大出口品目中虽然服装和鞋帽等轻工业产品占据了主导，但是前十位贸易品目中出现了钢板、船

舶、音响器材、影像设备和集成电路等。并且，服装和鞋帽等轻工业产品虽排在出口贸易的前列，但是其所占比重是趋于减少的，电子产品（集成电路、影像设备、电脑等）、钢铁及制品、汽车、船舶等品目的出口比重是趋于增加的。

与出口商品结构不同，韩国的进口商品主要以生产资料和原材料为主。1962 年韩国的生产资料和原材料进口额占进口总额的 16.4% 和 70.5%，其中出口创汇用原材料进口极少的原因是当时的韩国主要出口初级产品。但是到了 1972 年，出口创汇用原材料的进口比重达到了 27.3%，生产资料的比重则增加到了 30.2%，相反，内销用原材料的比重降至 33.9%。此后韩国的进口商品结构中生产资料和出口创汇用原材料的比重一直占据主要份额，并一直延续到 1980 年，说明韩国是出口导向型国家（见表 5-7）。

表 5-7　　　　1962 年、1972 年、1980 年进口商品结构变化　　　　单位：%

年份	生产资料	出口用原材料	内销用原材料	石油类
1962	16.4	—	70.5	6.6
1972	30.2	27.3	33.9	8.6
1980	25.7	20.4	30.0	25.1

资料来源：经济企划院：《主要经济指标》，1988 年。

特别要指出的是，这一时期韩国确立以重化学工业为主的外向型经济体系为此后的韩国经济发展奠定了坚实的基础。一方面克服了 20 世纪 60 年代以轻工业为主的出口导向型工业发展的局限性，另一方面确立了韩国产业结构升级和高度化以及持续发展的方向。

通常，对于发展中国家以及追求短期利益的民间企业来说，重化学工业虽具有长远发展前景，但是需要庞大的投资、投资回收期长且风险过大，很难在现实中进行操作。而韩国在政府主导下进行了果敢和集中的投资以及重点培育，从而实现了快速的产业结构转型。可以说，这样的发展模式在当时的发展中国家中是绝无仅有的。

此外，在这一政策的推行过程中，比起民间企业，韩国政府强有力的推进起到了更关键作用，如政府直接和间接的国家资源投入并干预财政支持、税收减免、人才支持等。不过也有一些韩国学者提出，政府行为产生了资源分配效率低下的问题，并且产业结构调整中出现了大量的社会费用以及重复投资等，这一政策的负面效果同样不可小视。

三、自由开放的外向型经济发展时期（1981~2000 年）

20 世纪 80 年代，为应对国内外政治、经济环境的变化，韩国政府的宏观经济政策又发生了根本性的改变，由之前的"增长优先"转变为"稳定基础上的增长"，特别是实行了金融自由化政策，降低了针对对外贸易的优惠，同时通过进口自由化政策扩大了对外开放的力度。这样的"稳定、自由、开放"政策取得了一定的成功。

（一）金融自由化与对外贸易支持力度的减小

20 世纪 70 年代，韩国经济虽然保持了年均 9.0% 的高增长率，但是重化学工业的集中投资、中东地区建设热潮、高米价政策等造成了大量国家财政赤字，加上两次国际石油危机等，引发了韩国的高通货膨胀。在对外贸易上，韩国实行的是固定汇率制①，高通货膨胀致使韩元变相升值，导致出口竞争力下降。1980 年的"10·26 事变"和"12·12 兵变"②使韩国政治空前动荡，同时受自然灾害影响农作物歉收，造成韩国经济自 1956 年以来首次出现负增长。

同时，1972 年以后韩国政府对重化学工业给予大规模的低息政策贷款，而这在通货膨胀弥漫的环境下实质上是给予负利息，从而大大降低了金融机构的货币中介作用，导致 20 世纪 80 年代从根本上改革金融制度的呼声日益高涨。随着韩国经济规模的持续扩大，过去金融资金的分配方式对金融业的发展以及实体经济的增长起不到大的作用。

在这样的背景之下，韩国政府于 1981~1983 年推进了国有银行的民营化，放松了监管机构对银行内部经营的各种限制和干预。1981 年 6 月韩日银行、1982 年 9 月第一银行和首尔信托银行、1983 年 3 月朝兴银行等均被民营化，同时新银行也相继被设立。1982 年政策金融贷款利息也基本维持在与一般

---

① 1974 年 12 月开始至 1979 年 12 月，5 年间韩元兑美元汇率一直被固定在 1 美元兑 484 韩元。
② "10·26 事件"，又称"暗杀朴正熙事件"，指在 1979 年 10 月 26 日，时任韩国中央情报部部长的金载圭在首尔宫井洞暗杀总统朴正熙及其亲信车智澈等人而突发的事变。此后，全斗焕派出保安司令部的兵力，分头出击，将中央情报部人员一网打尽，控制了朴正熙被刺后的混乱局势。此后，按照韩国国家宪法程序，决定由国务总理崔圭夏出任代总统。但 1979 年 12 月 12 日，全斗焕又发动兵变，并于 1980 年 9 月 1 日成为韩国总统。

利息相同的水平，并大大减少了利息补助额。从此，韩国金融业的民间企业开始增加，金融机构的业务也开始走向多样化，特别是出口贸易贷款的表现尤其突出。

1973~1981 年贸易贷款占银行贷款的 13.3%，1982~1986 年，虽然出口额大幅增加，但贸易贷款比重却下降到 10.2%，1987~1991 年更下降至 3.1%，1994 年则降到 2.0%。与此相反，优惠贷款利息率也逐步下降，1973~1981年银行一般贷款的年利息率为 17.3%，贸易贷款的年利息率为 9.7%，存在 7.6个百分点的利息率优惠，但 1982~1986 年、1987~1991 年及 1992~1993 年一般贷款利息率与贸易贷款的年利息率差额均为 1.5 个百分点左右，到了1994 年，一般贷款利息率与贸易贷款的年利息率基本持平。这说明政府针对对外贸易的支持力度大为减小，鼓励各产业之间的公平竞争，国家要加强市场功能谋取整个产业的均衡发展和经济的稳定增长（见表 5-8）。

表 5-8　　　　　　　**银行业贸易贷款比重的变化**　　　　　　单位：%

项目	1973~1981 年	1982~1986 年	1987~1991 年	1992~1993 年	1994 年
贸易贷款比重	13.3	10.2	3.1	2.2	2.0
贸易贷款利息率	9.7	10.0	10~11	10~11	8.5~11.5
一般贷款利息率	17.3	10~11.5	10~13	10~12.5	8.5~12.5

资料来源：韩国银行：《经济统计年报》，1973~1994 年。

（二）进口自由化政策的实施

从 1984 年开始，韩国实行了进口自由化政策。不过为了减小进口开放对国内市场的冲击，以及缩小对日贸易逆差，韩国加强了进口监督。1984年的平均关税率由 23.7% 下降为 21.9%，其中农产品的关税率由 31.4% 下降为 29.6%，工业品的关税率由 22.6% 下降为 20.8%，原材料的关税率由11.9% 下降为 10.6%（见表 5-9）。

表 5-9　　　　　　　**1983~1994 年韩国进口关税率变化**　　　　单位：%

项目	1983 年	1984 年	1988 年	1990 年	1992 年	1994 年
平均关税率	23.7	21.9	18.1	11.4	10.1	7.9
农产品	31.4	29.6	25.2	19.9	18.5	16.6

续表

项目	1983 年	1984 年	1988 年	1990 年	1992 年	1994 年
工业品	22.6	20.8	16.9	9.7	8.4	6.2
原材料	11.9	10.6	9.5	3.9	3.3	2.8

资料来源：韩国贸易协会：《韩国贸易史》，2006 年，第 226 页。

此后，在降低关税方面，韩国采取了逐步缓慢降低的方式，对于具有国际竞争力的产业和商品品目则采取阶段性降低的方式，以最小化国内产业受到的冲击和国际收支缩减的副作用等。虽然竞争力偏弱的轻工业产品受到了一定的打击，但伴随进口自由化，韩国的国际竞争力得到加强，而韩国国内企业则更加重视技术开发和商品品质的提高，促进了产业内的国际分工。

1986 年以后，韩国的国际收支转变为顺差，且其规模不断扩大，从1989 年开始韩国的进口限制也被取消，进口自由化速度进一步加快。最终，机械、电子、电气、钢铁、金属、化学等领域的工业品全部实现了自由化，且进口关税率也持续下降。不过，对关键的农产品，如大米等，由于农民的强烈反对，一直没有实行进口自由化。

到了 1994 年，韩国的平均关税率由 1983 年的 23.7% 下降至 7.9%，下降幅度高达 15.8 个百分点，其中农产品的进口关税率由 31.4% 下降至16.6%，下降幅度达到 14.8 个百分点；工业品的进口关税率由 22.6% 下降至 6.2%，下降幅度达到 16.4 个百分点；原材料的关税率由 11.9% 下降至2.8%，下降幅度达到 9.1 个百分点。显然，韩国整体进口关税率已大幅下降（见表 5-9）。

资本市场的开放步伐比商品市场的开放步伐缓慢，韩国政府对资本市场的开放保持较慎重的立场，但在美国政府的持续施压下还是进行了开放。韩国政府特别关注国际收支的不平衡以及国内货币供给量增加等问题，而这一时期韩国实行的是一揽子汇率制度。20 世纪 80 年代末期，韩国的国际收支顺差规模越来越大，国际机构和美国政府对韩国的汇率操纵问题不断施加压力，1990 年 3 月，韩国宣布实行浮动的汇率管理制度，但是直到 1997 年发生亚洲金融危机为止，每天的汇率浮动限制在 ±2.25%，政府还是对外汇市场进行了较多的干预。

（三）外向型经济的发展成果

在追求对外贸易的自由开放时期，1981 年韩国的出口额为 212.54 亿美元，比 1980 年增长了 21.4%，进口额为 261.31 亿美元，比 1980 年增长了 17.2%，贸易逆差达到了 48.77 亿美元。此后，韩国的外向型经济得到稳定发展，至 2000 年为止出口的平均增长率达到了 12.6%，进口平均增长率达到了 11.7%。2000 年的出口额为 1722.68 亿美元，约为 1980 年的 10 倍，进口额为 1604.81 亿美元，约为 1980 年的 7 倍，出口增长与进口增长相差不大，可以认为这是实施进口自由化措施的结果。此外，这一时期韩国的贸易逆差开始转为贸易顺差，2000 年的贸易顺差达到了 117.86 亿美元（见表 5–10）。

表 5–10　　　　　　　　1980~2000 年韩国对外贸易的增长

年份	出口		进口		贸易收支金额（百万美元）
	金额（百万美元）	增速（%）	金额（百万美元）	增速（%）	
1980	17505	—	22292	—	−4787
1981	21254	21.4	26131	17.2	−4878
1982	21853	2.8	24251	−7.2	−2397
1983	24445	11.9	26192	8.0	−1747
1984	29245	19.6	30631	16.9	−1387
1985	30283	3.6	31136	1.6	−853
1986	34714	14.6	31584	1.4	3131
1987	47281	36.2	41020	29.9	6261
1988	60696	28.4	51811	26.3	8886
1989	62377	2.8	61465	18.6	912
1990	65016	4.2	69844	13.6	−4828
1991	71870	10.5	81525	16.7	−9655
1992	76632	6.6	81775	0.3	−5144
1993	82236	7.3	83800	2.5	−1564
1994	96013	16.8	102348	22.1	−6335
1995	125058	30.3	135119	32	−10061
1996	129715	3.7	150339	11.3	−20624
1997	136164	5.0	144616	−3.8	−8452

续表

年份	出口		进口		贸易收支金额（百万美元）
	金额（百万美元）	增速（%）	金额（百万美元）	增速（%）	
1998	132313	−2.8	93282	−35.5	39031
1999	143685	8.6	119752	28.4	23933
2000	172268	19.9	160481	34.0	11786

资料来源：韩国贸易协会，https://www.kita.net/。

这一时期，韩国的劳动密集型轻工业品在出口中的比重开始明显下降，重化学工业领域高附加值的资金密集型和技术密集型的产品出口比重不断提高，韩国的出口竞争力得到不断提高。例如，服装和鞋帽制品及皮革制品的出口比重在 1990 年还排在前十位，并且累计比重达到了 20.1%，但是到了 2000 年鞋帽制品已经不在前十位出口产品中，只剩下皮革制品和服装，并且所占比重明显比 1990 年有所下降，其累计比重只有 6.8%。相反，电子产品、机械制品、钢铁及制品、化学产品、船舶、汽车等高附加值的资金、技术密集型产品的比重大幅提高，其比重由 1990 年的累计 54.1% 提高到 2000 年的 74.7%，说明韩国实现了产业升级和产业高度化（见表 5−11）。

表 5−11　　　　　　　　　　1990 年与 2000 年出口商品品目的变化

排序	1990 年			2000 年		
	品目	金额（百万美元）	比重（%）	品目	金额（百万美元）	比重（%）
1	电子产品	14772	22.7	电子产品	46366	26.9
2	服装	5803	8.9	机械制品	29732	17.3
3	机械制品	5217	8.0	汽车	15266	8.9
4	钢铁及制品	4720	7.3	矿物油	9376	5.3
5	鞋帽制品	4307	6.6	钢铁及制品	8422	4.9
6	人造纤维	3877	6.0	船舶	8229	4.8
7	皮革制品	3017	4.6	皮革制品	7280	4.2
8	船舶	2801	4.3	人造纤维	6393	3.7
9	汽车	2324	3.6	有机化学品	4970	2.9
10	塑料及制品	1439	2.2	服装	4552	2.6
合计		47611	68.2	合计	122039	75.9

资料来源：韩国贸易协会，https://www.kita.net/。

进口方面，矿物油（原油类）的进口额不断增加，1990年进口额为110.23亿美元，占进口总额的15.8%，2000年增加至380.77亿美元，在进口总额中的比重也提高至23.7%，说明韩国不产石油但化学工业已经高度发达，由此作为化学产业原产料的原油进口大幅增加，并将加工好的汽油及化学产品进行出口。此外，机械制品、电子产品、精密仪器、钢铁产品的进口也排在前十位，即这些品目的出口和进口比重均很高，说明韩国已经在这些领域进入了世界产业分工体系，融入了全球化经济浪潮。此外，劳动密集型产品如皮革和木制品等在1990年进口较多，但到2000年就不在前十位进口品目中，说明韩国的人均收入已经很高，劳动密集型产品的生产不再具有国际比较优势（见表5-12）。

表 5-12　　　　　　　　　1990 年与 2000 年进口商品品目的变化

排序	1990 年			2000 年		
	品目	金额 （百万美元）	比重 （%）	品目	金额 （百万美元）	比重 （%）
1	机械制品	12391	17.7	矿物油	38077	23.7
2	矿物油	11023	15.8	电子产品	35511	22.1
3	电子产品	8738	12.5	机械制品	20873	13.0
4	钢铁	3571	5.1	精密仪器	6760	4.2
5	有机化学品	3436	4.9	钢铁及制品	5990	3.7
6	精密仪器	2340	3.4	有机化学品	4971	3.1
7	皮革	1793	2.6	珍珠、宝石	2916	1.8
8	木制品	1607	2.3	塑料及制品	2712	1.7
9	塑料及制品	1396	2.0	铝及制品	2133	1.3
10	谷物	1316	1.9	矿砂、矿渣	2096	1.3

资料来源：韩国贸易协会，https://www.kita.net/。

四、构建全球化 FTA 网络全面融入世界经济时期（2001 年至今）

进入20世纪90年代以后，在国际贸易关系中，以世界贸易组织（World Trade Organization，WTO）为代表的多边贸易体制遇到了诸多困难和挑战，而以自由贸易区（Free Trade Area，FTA）为代表的双边和区域经济一体化组织则日渐升温。世界各国都把建立FTA作为自己国家的重要经济战略来规划实施，从而谋取本国经济利益的最大化和产业结构的高度化。

据 WTO 统计，向 WTO 通报的区域经济一体化组织中 90% 以上为 FTA。长期奉行"贸易立国"的韩国虽然在 FTA 的实施上起步较晚，但 2000 年以后通过积极的努力，在明确和有效的 FTA 战略指导下，与多个国家同时展开 FTA 协商，获得了巨大的成果，截至 2021 年已经与 50 余个国家构建起全球化 FTA 网络，成为亚洲签订 FTA 协定最多的国家，并且已经全面融入世界经济体系。

考察 2001~2019 年的韩国对外贸易发展状况（见表 5–13），可以发现，到 2011 年为止，其进出口贸易的增长势头还是不错的。这一时期韩国年均出口增长率达到了 12.1%，年均进口增长率达到了 12.7%。但是从 2012 年开始出口和进口的增长步入停滞状态，2012~2019 年的出口年均增长率为 0，进口年均增长率为 –1.69%。其原因可以归结如下：首先是韩国最大的贸易伙伴国、占据出口总额 1/3 的中国经济步入新常态，经济增速下降到 6%~7%，造成中韩贸易增长缓慢甚至有些年份缩减；其次是韩国进入发达国家行列以后，新增长动力缺乏，经济面临困境。

表 5–13　　　　　　　　　　2000~2019 年韩国对外贸易的增长

年份	出口		进口		贸易收支金额（百万美元）
	金额（百万美元）	增速（%）	金额（百万美元）	增速（%）	
2000	172268	—	160481	—	11786
2001	150439	–12.7	141098	–12.1	9341
2002	162471	8.0	152126	7.8	10344
2003	193817	19.3	178827	17.6	14991
2004	253845	31.0	224463	25.5	29382
2005	284419	12.0	261238	16.4	23180
2006	325465	14.4	309383	18.4	16082
2007	371489	14.1	356846	15.3	14643
2008	422007	13.6	435275	22.0	–13267
2009	363534	–13.9	323085	–25.8	40449
2010	466384	28.3	425212	31.6	41172
2011	555214	19.0	524413	23.3	30801
2012	547870	–1.3	519584	–0.9	28286
2013	559632	2.1	515586	–0.8	44046

续表

年份	出口		进口		贸易收支金额（百万美元）
	金额（百万美元）	增速（%）	金额（百万美元）	增速（%）	
2014	572665	2.3	525515	1.9	47150
2015	526757	−8.0	436499	−16.9	90258
2016	495426	−5.9	406193	−6.9	89233
2017	573694	15.8	478478	17.8	95216
2018	604860	5.4	535202	11.9	69658
2019	542233	−10.4	503343	−6.0	38890

资料来源：韩国贸易协会，https：//www.kita.net/。

这一时期，韩国进出口商品结构的最大特点是出口最多的 10 个品目和进口最多的 10 个品目虽然排序上会有所不同，但品目构成是基本相同的，主要为电子产品、机械制品、汽车、矿物油、钢铁及制品、精密仪器、化学制品（包含有机化学品、塑料制品及橡胶制品）等，韩国借助自己构建的全球化 FTA 网络，积极开拓海外市场，深度融入世界经济分工体系和全球价值链网络，广泛开展了与世界各国的产业内贸易（见表 5-14 和表 5-15）。

表 5-14　　　　　　　　2010 年与 2019 年出口商品品目的变化

排序	2010 年			2019 年		
	品目	金额（百万美元）	比重（%）	品目	金额（百万美元）	比重（%）
1	电子产品	110789	23.8	电子产品	153629	28.3
2	汽车	53445	11.5	机械制品	70904	13.1
3	机械制品	52031	11.2	汽车	62863	11.6
4	船舶	46735	10.0	矿物油	42179	7.8
5	精密仪器	37829	8.1	塑料制品	32594	6.0
6	矿物油	32580	7.0	钢铁及制品	32277	6.0
7	钢铁及制品	29437	6.3	精密仪器	20997	3.9
8	塑料制品	23953	5.1	有机化学品	20986	3.9
9	有机化学品	16829	3.6	船舶	18888	3.5
10	橡胶制品	6575	1.4	橡胶制品	7285	1.3
合计		410203	88.0	合计	462602	85.4

资料来源：韩国贸易协会，https：//www.kita.net/。

表 5-15 2010 年与 2019 年进口商品品目的变化

排序	2010 年			2019 年		
	品目	金额（百万美元）	比重（%）	品目	金额（百万美元）	比重（%）
1	矿物油	122597	28.8	矿物油	127341	25.3
2	电子产品	63073	14.8	电子产品	89700	17.8
3	机械制品	47576	11.2	机械制品	51631	10.3
4	钢铁及制品	31570	7.4	钢铁及制品	22684	4.5
5	精密仪器	15076	3.5	精密仪器	18478	3.7
6	矿砂、矿渣	14127	3.3	汽车	16693	3.3
7	有机化学品	12152	2.9	矿砂、矿渣	15094	3.0
8	塑料制品	9858	2.3	有机化学品	12694	2.5
9	汽车	7867	1.9	杂项化学产品	11517	2.3
10	杂项化学产品	6950	1.6	无机化学品	8164	1.6
	合计	330846	77.7	合计	373996	74.3

资料来源：韩国贸易协会，https：//www.kita.net/。

通过以上分析我们不难看出，韩国自 20 世纪 60 年代以来一直致力于出口导向型经济发展战略，出口一直是韩国经济增长的源动力。韩国在经济发展过程中更多的是依靠贸易来拉动国内经济，即贸易立国，而不是通过国内需求的扩大来实现经济增长。相较于日本、中国等国家，韩国的外贸依存度较高。但是韩国过于依赖出口的经济结构，经常使内需相关产业发展陷入停滞，与出口相关部门的差距越来越大。特别是 1997 年亚洲金融危机以来，韩国的开放度越来越高，在封闭经济体系下受到保护的内需部门逐渐面临激烈的国际竞争。

第二节 危机抵御能力的脆弱性

韩国的对外贸易政策由最初的进口替代政策转换为出口导向型政策，后又演化为极大胆的金融和贸易自由化政策等。这些政策手段都有其政策背景与开展方向，也存在其产生到消失的过程。同时，这些政策也导致了韩国对外经济依存度和国内开放度的大幅提高，进而又导致在受到强烈外部冲击时经济体系具有一定脆弱性等困境。

一、2008 年金融危机

2008 年的国际金融危机对韩国经济的影响表明，过高的对外贸易依存度，使韩国经济在面对外部冲击时相当脆弱，特别是对国际金融风暴尤其敏感，且经济的不稳定性显著增加。美国次贷危机发生以后，美欧的大型银行如花旗、高盛、美林、汇丰等都深深卷入了这场风暴，造成巨额外资迅速从韩国股市及汇市中撤出，导致韩国股市大幅下跌、韩元大幅贬值，韩国成为在亚洲甚至世界上受金融危机冲击最大的国家之一。

例如，韩国综合股价指数于 2008 年初就开始下跌。3 月以后，国际金融市场逐渐恢复平静并开始出现反转，韩国综合股价指数在 5 月达到了 1888.9 点。但是，9 月美国雷曼兄弟公司申请破产引发了国际性金融危机，国内及国外投资者极度恐慌心理和悲观预期引发了大量抛盘，韩国综合股指迅速大幅下跌，并在 10 月 24 日创下了年中最低点 938.8 点，较年初 1 月 2 日的 1853.4 点下跌了 914.6 点，跌幅达到了 49%（见图 5-1）。

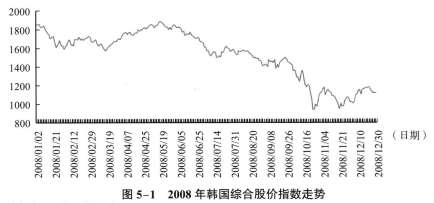

图 5-1　2008 年韩国综合股价指数走势
资料来源：韩国统计厅，http://kostat.go.kr/portal。

在汇市上，2008 年开始韩元步入了缓慢的贬值过程。但到了 9 月，国际金融危机暴发后，其贬值速度大大加快，并在 11 月 24 日创出了 1513 韩元兑 1 美元的最高点。为此韩国不得不与美国、中国、日本达成货币互换协议，才止住了贬值势头。但到年底汇率还是达到 1259.5 韩元兑 1 美元，较年初 1 月 2 日的汇率 936.9 韩元兑 1 美元，贬值了 34.4%，成为亚洲国家中货币贬值最多的国家（见图 5–2 和表 5–16）。

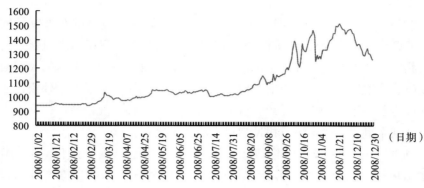

图 5–2　2008 年韩国韩元兑美元汇率走势

资料来源：韩国银行，http://www.bok.or.kr/portal。

表 5–16　　　　　　　　　2008 年东亚主要国家的月平均汇率变动

月份	日本日元	中国人民币	新加坡新元	马来西亚林吉特	泰国泰铢	印度尼西亚盾	韩国韩元
1	1.00	1.00	1.00	1.00	1.00	1.00	1.00
2	0.99	0.99	0.99	0.99	1.03	0.98	1.01
3	0.93	0.98	0.97	0.97	1.04	0.97	1.04
4	0.95	0.97	0.95	0.97	1.04	0.98	1.04
5	0.97	0.96	0.95	0.98	1.06	0.99	1.10
6	0.99	0.95	0.96	0.99	1.09	0.99	1.09
7	0.99	0.94	0.95	0.99	1.10	0.97	1.08
8	1.01	0.95	0.98	1.02	1.11	0.97	1.11
9	0.99	0.94	0.99	1.05	1.13	0.99	1.21
10	0.93	0.94	1.03	1.08	1.13	1.05	1.41
11	0.90	0.94	1.05	1.10	1.15	1.22	1.49
12	0.85	0.95	1.03	1.09	1.16	1.20	1.45

资料来源：韩国银行，http://www.bok.or.kr/portal。

二、2020 年新冠肺炎疫情

韩国是最早受到新冠肺炎疫情影响的国家之一，截至 2022 年 2 月 10 日，韩国累计确诊 1185361 人，累计死亡人数达 6963 人。随着新冠肺炎疫情在韩国境内的扩散，韩国的出口和产业界相继受到不同程度的冲击，2020 年韩国经济增长率跌至 –1.1%。尽管随着疫情变化和文在寅政府疫情防控策略的实施，疫情得到了有效防控，但是，这并不意味着疫情对韩国经济影响的结束，尤其是对韩国这样深度参与全球分工、外贸占 GDP 比重比较高（2018 年、2019 年其出口额占 GDP 比重分别为 37.3%、33.1%）的国家来说，经济受到冲击与影响不可避免。疫情对韩国经济增长及贡献因素（进出口、消费、投资等）和金融、资本市场及行业等都产生了比较大的影响。

2020 年，随着疫情的全面升级和迅速蔓延，多国陷入抗击疫情与稳定或维持经济的两难处境。疫情对韩国经济、产业（行业）和企业造成了较大的不利影响，投融资形势不容乐观，企业从境内外特别是境外获得融资的可能性大大降低，投资者信心也受到很大的影响；很多企业的投资计划被打乱，各区域的实体经济都受到疫情影响。2020 年 1 月 28 日新春假期结束后首个交易日，韩国综合股价指数（KOSPI）下挫 69.41 点，下跌 3.09%。2 月 19 日至 3 月 6 日 KOSPI 由 2210.34 点下跌至 2040.22 点，累计下跌达 7.7%，其中 2 月 24 日下跌 3.87%，创 16 个月来最大跌幅，市值缩水 67 万亿韩元。2 月 19 日至 3 月 6 日，韩元兑美元的汇率曾一度跌至 1220.6，为 2019 年 8 月来新低。韩国 CXO 研究所以该国国内涉及电子、金融、通信等 20 个不同行业的 100 家主要上市公司为调查对象进行研究，发现从 1 月 20 日韩国首例新冠肺炎病例确诊开始，至 3 月 20 日，两个月的时间里其市值总额从 896 万亿韩元减少到 630 万亿韩元，蒸发近 30%。随着全球疫情防控形势变得复杂、严峻，从 3 月 9 日开始国际油价暴跌引发的国际股指期货、股市暴跌后的巨幅震荡产生了多重叠加效应，3 月 13 日，韩国股市开盘仅几分钟便暴跌，综合股价指数和创业板指数跌幅均超 8%，触发一级“熔断”，导致交易暂停 20 分钟；3 月 12 日、13 日两个交易日，韩国期货市场两次“临时停牌”，这是时隔 8 年多后韩国期货市场首次暂停交易，可以说韩国国内资本市场整体处于低迷状态。

此外，自疫情暴发以来，韩国旅游、餐饮、交通运输、影视、传统零售业等服务行业因人口聚集特性受到直接冲击，其他行业如汽车制造业、半导体行业等受冲击也比较大。国际油价大跌后的反弹、震荡对韩国国内产业造成整体性影响。随着新冠疫情在全球蔓延及复杂化、恶化，叠加 3 月、4 月国际原油价格暴跌引发的全球股指期货及股市的巨幅震荡产生的多重叠加效应，除了医疗、健康、智能制造、网络和物流等行业有望加速发展，因疫情引发的在家办公和在线教育等"非接触式"行业有一些"危中见机"的正面影响外，预期韩国内其他的产业（行业）都将受到负面影响。2020年韩国半导体、乘用车、石油制品、无线通信设备、汽车零部件等行业的出口均出现大幅下降，对相关行业造成了较大冲击。上述多重叠加效应造成全球原油需求急剧下降，国际油价一蹶不振。因国际油价乏力，炼油企业的收益率下降，石油需求骤减。同时，随着国际油价的大跌，造船、建筑业的海外订单也大幅减少。[①]

第三节　老龄化问题的严重性

近年来，韩国的生育率降低和平均寿命延长进一步加速了韩国的老龄化进程。20世纪90年代，韩国处于高出生率、高死亡率和高青壮年劳动人口比例的状态，但如今韩国已面临着低出生率、平均寿命延长和劳动力不足且劳动人口高龄化的局面。2000年，韩国65岁以上人口比例达7.22%，步入高龄化社会。2015年，韩国65岁以上人口比例达13%，步入老龄社会。韩国老龄化进程速度快且增幅大，远远超过英国、美国等发达国家的老龄化速度。据专家预测，2060年韩国65岁以上人口比例将高达40.1%，意味着韩国即将步入超老龄化社会。

一、韩国人口规模及变化

（一）人口增长率呈下降趋势

如表5-17所示，韩国人口增长率总体呈下降趋势，2000年人口增长率为0.84%，但2010年降为0.50%。虽然2015年小幅回升（0.53%），但从2015年起逐年下降，专家预测，2030年韩国人口增长率将低至0.07%，2060年甚至跌破0，达-0.97%。

---

① 闻岳春，何诚颖. 新冠疫情对韩国经济的影响及其应对［J］. 当代韩国，2020（4）.

表 5-17   韩国人口规模及变化趋势

年份	总人口 （万人）	人口增长率 （%）	0~14 岁人口 占比（%）	15~64 岁人口 占比（%）	65 岁以上人口 占比（%）	老龄化指数
2000	4700.8	0.84	21.1	71.7	7.2	34.3
2010	4955.4	0.50	16.1	73.1	10.8	67.2
2015	5101.5	0.53	13.8	73.4	12.8	93.1
2016	5124.6	0.45	13.4	73.4	13.2	98.6
2017	5144.6	0.39	13.1	73.1	13.8	104.8
2018	5163.5	0.37	12.9	72.8	14.3	110.5
2019	5188.3	0.34	12.8	72.4	14.8	116.4
2020	5197.4	0.31	12.6	71.2	15.6	123.7
2030	5294.1	0.07	11.5	64.0	24.5	212.1
2060	4524.6	-0.97	9.4	49.6	41.0	434.6

　　资料来源：韩国统计厅：《未来人口预测》，2016 年，http：//kostat.go.kr/portal/eng/survey Outline/8/6/index.static。

　　此外，韩国人口减少速度和老龄化速度也远远超过其他经合组织国家。2017~2037 年，经合组织国家人口年均增长率将为 7.5%，韩国仅为 1.3%；经合组织国家 0~14 岁人口增长率为 -2.7%，韩国为 -11.5%；经合组织国家 15~64 岁人口增长率为 -0.1%，韩国为 -18.9%；经合组织国家 65 岁以上人口增长率为 47.4%，韩国为 118.6%。[①]

（二）生育率降低和平均寿命延长

　　如表 5-18 所示，韩国总和生育率远低于世界平均水平且低于其他经合组织国家。2005 年，韩国以 1.08% 的总和生育率震惊世界；2018 年，韩国以 0.98% 的总和生育率创历史新低，成为世界上唯一一个生育率低于 1% 的国家。总和生育率 0.98% 意味着韩国平均一名女子一生产下的子女不足 1 名，在接下来的半个世纪，若韩国的总和生育率不发生明显改变，韩国现有的5100 万人口或将骤减 1/3，面临严重的人口危机。

---

　　① 李雪威. 韩国人口结构变化与高龄人口就业促进政策［J］. 东亚评论，2019（1）.

表 5-18　　　　　　　　　　经合组织主要国家总和生育率　　　　　　　单位：%

年份区间	世界	韩国	日本	美国	加拿大	英国	法国	德国	澳大利亚
2005~2010	2.56	1.23	1.34	2.06	1.64	1.88	1.97	1.36	1.95
2010~2015	2.51	1.26	1.40	1.89	1.61	1.92	2.00	1.39	1.92
2015~2020	2.47	1.33	1.46	1.90	1.56	1.91	1.99	1.44	1.86
2025~2030	2.38	1.45	1.57	1.91	1.58	1.90	1.98	1.51	1.81
2045~2050	2.25	1.60	1.69	1.92	1.67	1.89	1.96	1.62	1.78

资料来源：United Nations，The World Population Prospects：2015 Revision.https：//www.un.org/en/development/desa/publications/world-population-prospects-2015-revision.html.

除了低生育率之外，韩国老年人口数量和平均寿命的增长速度也远远领先其他经合组织国家。1960 年韩国 65 岁以上老年人口数量为 72.6 万人，2015 年韩达到 665.4 万人，是 1960 年的 9 倍多。同时，韩国 65 岁以上人口比例也从 2000 年的 7.2% 增长为 2020 年的 15.6%，增幅超过 100%，老龄化发展速度远高于 OECD 国家的平均水平。

（三）青壮年劳动力紧缺和劳动人口高龄化

如表 5-19 所示，2010 年，韩国 15~64 岁劳动年龄人口占总人口的 73.1%，2015 年占 73.4%，2020 年占 71.7%。2010~2020 年，这一比例逐年下降，据韩国统计厅发布的《未来人口预测》，2060 年韩国劳动年龄人口占总人口的比重将低至 49.6%。

在 15~64 岁劳动年龄人口中，15~24 岁人口是劳动人口的储备力量，25~49 岁人口是劳动人口的中流砥柱，50~64 岁是劳动人口的高龄阶段。2010 年，15~24 岁人口占劳动年龄人口的 22.8%，2015 年占 18.0%，2020 年占 15.6%，预计 2060 年将减少为 14.5%，劳动年龄人口中的储备力量受出生率降低的影响也逐渐减少。2010 年，25~49 岁人口占劳动年龄人口的 58.8%，2015 年占 52.8%，2020 年占 51.2%，预计 2060 年将降至 47.8%。相反，2010 年，50~64 岁人口占劳动年龄人口的 18.4%，2015 年占 29.2%，2020 年占 33.3%，2060 年将增至 37.7%。由于储备力量和中坚力量逐年减少，高龄就业人口数量逐渐增多，韩国面临青壮年劳动力紧缺和劳动人口高龄化的局面。

表 5-19　　　　　　　　　　韩国劳动年龄人口变化趋势　　　　　　　　　单位：%

年份	占总人口比重	15~24 岁人口占比	25~49 岁人口占比	50~64 岁人口占比
2010	73.1	22.8	58.8	18.4
2015	73.4	18.0	52.8	29.2
2020	71.7	15.6	51.2	33.3
2025	68.0	13.4	50.6	36.0
2030	64.0	13.5	49.7	36.8
2060	49.6	14.5	47.8	37.7

资料来源：韩国统计厅：《未来人口预测》，2016 年，http://kostat.go.kr/portal/eng/survey Outline/8/6/index.static。

二、韩国政府采取的措施

面对严峻的人口危机，韩国政府在 2005 年正式启动了一系列鼓励生育的政策，但是仍然没有改变韩国低生育率的现状，也没能阻止韩国老龄化的进程。2005 年，韩国颁布了《低生育行动框架与人口政策》，标志着韩国政府正式启动了鼓励生育政策。至今韩国已经发布了五个"低生育与老龄化社会基本计划"，并针对各个时期面临的人口危机出台了相关政策，采取了一系列解决措施。

李明博执政时期，出台了《应对低生育率与老龄化社会的第二次基本计划》，采取从育儿到住房的全方位补贴政策。在社会福利方面，给予育儿补贴，保护女性员工权益并完善失业保险制度，加大医疗保障力度，向 65 岁以下老年人发放基础养老金等。在住房政策方面，加大公租房的供应，并为年轻夫妻购置新房给予购房税优惠，取消对购房贷款的限制性规定等。

朴槿惠执政时期，主要采取了一系列缓解晚婚晚育问题和提升韩国双职工家庭生育率的举措。近年来，由于住房、就业等沉重的社会压力和韩国人偏向舒适和奢华的消费理念，选择晚婚晚育甚至是不育的韩国人逐年增多。政府为了改善这一问题并提高生育率，加大了对于提高生育率的财政预算，以降低孩子的抚养成本和教育成本，并扩大对产妇的健康保健范围，为韩国公民结婚和生育提供良好的经济条件和社会环境。

文在寅执政初期，为解决低生育率采取了一系列措施，包括增加 81 万个公共部门职位以降低年轻人失业率、缩短每周最长工作时间至 52 小时、提供看护儿童的补贴、针对单身人士开展各种职业培训、增加带薪"父亲假"等。① 但是,"就业难""房价高""男女地位"等问题导致韩国生育率持续走低。因此,韩国政府 2019 年宣布将改变做法,文在寅表示,韩国将不再执着于提高生育率,而将把目标放在提升韩国公民的生活品质和实现男女平等上。新政策的目标是每年新生儿达到 30 万名以上,韩国政府会完善医疗保障和增加育儿补贴,并为实现每个家庭养育 2 名小孩的设想而营造良好的社会环境。

第四节　财阀经济体系的局限性

财阀经济体系是韩国经济的一大特点。德国、日本等国家在现代化进程中都采取过财阀经济体制,但与韩国的财阀经济不同。王泠一、许悦联(1997)指出,以血缘和亲缘为核心纽带的家族控制和家族经营是韩国财阀企业的显著特点和典型特征。所谓财阀就是某个家族通过控股和支配经营管理权实际掌握一系列企业所形成的企业集团。财阀的统帅通常任财阀企业母公司的会长(董事长),往往还兼任其他企业的会长职务,会长及整个家族控制母公司的大部分股份,而母公司又控制其他企业的大部分股份,由此构成家族的股份控制和经营管理上的统治。② 张树焕(2010)指出,韩国的财阀经济体制是在国家指导下大力发展私营大企业的经济运行模式,政府的目标是着力培养一批经济效益好、竞争力强的私营大企业。韩国作为后发现代化国家,靠企业的自发竞争不可能在很短时间内发展起一大批私营大企业,因此政府在财阀形成过程中发挥了极其重要的作用,它通过税收、贷款等方面的优惠政策培育了一批具有强大竞争力的财阀企业。财阀模式中政府和企业的关系是:政府追求经济发展计划,而企业追求利润。③

在韩国经济的发展中,大企业集团发挥了重要的作用,并且经过 1997

---

① 韩生育率创近十年新低 文在寅:恐面临人口断崖[EB/OL].http://news.sina.com.cn/o/2017-08-31/doc-ifykpzey3330983.shtml.
② 王泠一,许悦联.韩国经济五缘结构变幻[J].上海经济,1997(1).
③ 尹保云.韩国为什么成功[M].北京:文津出版社,1993:180.

年金融危机的洗礼之后，迅速融入全球经济中，具备了很强的国际竞争力。相反，韩国的中小企业发展有限，与大企业集团之间的差距不断拉大。

当前，随着产业融合与复合化趋势的到来以及技术的复杂与精细程度越来越高，在全球竞争中，单靠一个企业或企业集团来进行生产越来越不现实。因此全球竞争态势也从单一企业之间的竞争转变为企业网络之间的竞争，企业的竞争力不仅来自本身，更来自合作关系中包括中小企业在内的企业网络。而这需要以中小企业提高能力和大企业与中小企业之间共同发展为基础。但是，在韩国国内，大企业集团与中小企业的关系不平等，利益矛盾严重，做到合作与共同发展是难上加难的问题。

从韩国企业发展的历程以及近年韩国企业发展态势中可看到，韩国大企业通常是以牺牲中小企业利益实现自身发展的。韩国大企业要独享经济增长的好处，而与大企业合作的下游中小企业，很少能分到经济繁荣的一杯羹；对与之合作的中小企业，大企业总是压低它们提供的零部件和原材料的等级和价格或者延迟支付货款，甚至强占中小企业开发的专利技术并挖走它们的技术管理人才等。因此有一部分学者认为，大企业集团对中小企业的欺压是韩国社会最大的不公正。

在金大中和卢武铉执政时期，韩国政府为了保护中小企业的利益即中小企业的经营项目免遭强势大企业集团的侵占，大致划分了大中小企业各自的经营范围。但李明博和朴槿惠执政时期，出台了鼓励大企业发展的政策，大企业集团屡屡向餐饮业、汽车维修、葡萄酒销售、高尔夫练习场和出租车运营等传统上是中小企业经营的行业进军并加大投资。乐天、新世界、Homeplus 等大型超市集团则在韩国各地开设了很多小型连锁店，使平民小商店以及传统集市受到沉重打击。

2011 年，李明博总统也意识到大企业过度挤占中小企业发展空间的问题，提出了国政运营的新目标"共生发展"——"不要扩大差距的发展，而是减少差距的发展，不是无雇佣的增长、而是增加工作岗位的增长，让韩国成为相互照顾的温暖的社会"。为了"共生发展"，他特别告诫大企业集团，"要从贪欲经营到伦理经营、从自由的资本到负责任的资本、从贫富两极分化到相生繁荣"。[①]2011 年 9 月和 11 月，政府分两次颁布了"中小企

---

① 李明博:《光复节祝词》，2011 年 8 月 15 日。

业适合行业以及品目"，从而划定了中小企业的固有行业以及领域。如果大企业违反规定，将被指定为"不道德企业"，受到社会舆论和消费者的强烈谴责。

不过，在韩国影响力最大、代表保守势力的《朝鲜日报》在李明博光复节讲话的第二天即 2011 年 8 月 16 日就发表社论，说要从总统开始，"警惕以韩国社会共生发展为借口的诋毁市场经济或民粹主义的行为"。韩国另一家保守派大报《东亚日报》在 8 月 18 日发表了题为《政界打击大企业无益于国民》的社论，指出："企业的最大目的是通过经营实现壮大，在创造利润的同时创造工作岗位并向国家上缴税收，大部分国家财富也来自于此。企业拥有社会责任，但如果将企业视为慈善机构，必定会阻碍企业与产业的发展。"

因此，韩国财阀经济体系具有其特殊性也有其局限性。而在不同的利益团体和社会阶层的矛盾与对立中，如何实现大企业与中小企业的共同发展，如何构建大企业与中小企业的共生关系，将是未来韩国经济要解决的重要课题。

第五节　新经济增长动力的匮乏性

韩国的经济增长率在 20 世纪 70 年代为 6.9%，80 年代为 8.6%，90 年代为 6.7%，进入 21 世纪后迅速下降为 4.4% 左右，2018 年和 2019 年更只有 2.7% 和 2.0%，并且这种下降趋势将进一步延续。分析进入 21 世纪以后韩国经济增长率下降的原因，可以发现劳动投入和资本投入的快速下降是主因。劳动投入的增加率在 20 世纪 90 年代为 1.72%，进入 21 世纪以后大幅下降为 0.51%（见表 5-20），而这归因于就业人数增长乏力和平均工作时间的减少。就业人数增长乏力除就业岗位因素之外，还与人口增长缓慢和出生率低而新增劳动力供给不足有关，而平均工作时间的减少可归因于法定工作时间的减少。值得关注的是，上述两个因素的变化趋势是进一步下降的，没有上升动力，因此将来甚至还存在人口增长率达到负数的可能性。

表 5-20　　　　　　　　韩国经济增长率及其推动因素　　　　　　单位：%

期间	GDP 增长率	劳动投入增长率	资本投入增长率	技术进步增长率
1971~1980 年	6.89	3.76	13.54	-0.30
1981~1990 年	8.63	2.00	10.48	3.66
1991~1997 年	6.66	1.72	11.02	1.68
2000~2005 年	4.41	0.51	5.49	2.16

资料来源：李世旭、李江镐：《韩国经济新的增长模式与政策选择》，韩国开发研究院，2006 年，第 29 页。

一、就业问题日益严重

（一）韩国青年就业状况

自 20 世纪 90 年代开始，韩国就长期面临就业难的问题。1997 年和 2008 年的两次金融危机使韩国进入爆发性就业难时期。李明博总统上台后立即大力振兴韩国就业，近十多年来韩国政府为解决韩国青年就业问题提出了多套方案，尽管就业率和失业率在个别年份有所改善，但是并没有从根本上解决问题。韩国公民对韩国国内的就业形势并不看好，尤其是作为韩国就业主力军的青年就业压力较大，部分青年甚至拒绝和逃避就业，韩国高校学生毕业后能立即就业的人少之又少。近年来，韩国青年就业率持续走低，失业率居高不下，韩国国内的就业形势不容乐观。

1. 就业率较低

自 2008 年金融危机以来，韩国青年就面临着日益严峻的就业形势，就业率始终呈下降趋势。2013 年，韩国 15~29 岁青年就业率为 40.7%，2014 年仅为 25.6%，朴槿惠总统上台后也并没有实现她在竞选中提出的将就业率提升为 70% 的承诺，韩国青年就业率持续走低，在民意调查中韩国公民迫切希望朴槿惠政府优先致力于改善青年就业难的现状。

2017 年，韩国国内经济环境受到国内传统制造业产业调整的影响和美国贸易保护主义的考验，加之朴槿惠"亲信干政"等事件的发酵，韩国企业活动大幅缩减，韩国面临史上最为严重的"就业荒"。韩国统计厅 2017 年 12 月公布的统计资料显示，在韩国 645.6 万名 20~29 岁青年中，就业者只有 368.9 万人，就业率只有 57.1%，与 2016 年同期相比下降了 0.8 个百分点。同时，在韩国被称为重点求职年龄段的 25~29 岁青年共有 346.5 万人，这一群体的就业率也只有 68.2%，与 2016 年同期相比也下降了 0.5 个百分点。①

2. 失业率较高

文在寅 2018 年 1 月 25 日在青瓦台主持召开"青年就业问题对策研讨会"时表示，过去 10 年，韩国历届政府为解决青年失业问题，共拿出了 21 套相关方案，并投入大量的财政预算，但都没能从根本解决韩国青年失业问题，失业率仍居高不下。而且，事实上韩国青年失业率远远超过官方数据，平均 4 名韩国青年中就有 1 人没有稳定工作，也就是韩国青年失业人数实际达 100 万人以上。

2017 年，在韩国 15~29 岁青年群体中，失业者达 43.5 万人，失业率为 9.8%。2018 年韩国 15~29 岁的青年失业率为 9.5%，比 2017 年下降了 0.3 个百分点。25~29 岁青年人口失业率为 8.8%，比 2017 年减少了 0.7 个百分点。但青年广义失业率仍高达 22.8%，为 2015 年开始统计的最高值。据政府统计，2019 年 7 月，韩国 15~29 岁的年轻人失业率为 9.8%。但这一数字不包括打零工者和临时工，并不能真实反映韩国当前紧张的就业市场。根据韩国统计局提供的补充数据，考虑到每周工作不足 36 小时且想换工作的人以及季度性上班的人群，年轻人的失业率应该为 23.8%。若失业率为 9.8%，韩国青年的失业人数为 43.5 万，而 23.8% 的统计表明这一人数介于 105 万到 121 万之间。②2020 年，受新冠肺炎疫情的影响，韩国就业市场遭受巨大冲击，5 月就业人数减少超过 39 万人，韩国失业者和失业率均创自 1999 年以来的历史新高。

（二）韩国政府采取的措施

李明博执政时期，韩国政府通过执行预算支出，改善员工的工作环境，为临时工提供更好的工作条件，从而创造了更多的就业岗位。同时，政府提出了包括"工作岗位分享"（job sharing）制度在内的多项促进就业政策。"工作岗位分享"制度指的是，通过下调金融业、国有企业等多个超平均薪资水平的企业员工薪资以增加就业岗位。同时，李明博总统把经济复苏作为韩国

---

① 金万甲，姬宏. 韩国《青年就业问题特别对策》实施背景及面临的问题［J］. 当代韩国，2018（2）.

② 韩国失业青年实际超百万？韩媒：每 4 名青年就有 1 人没稳定工作［EB/OL］.https：// finance.sina.com.cn/roll/2019-08-28-doc-ihytcitn2410616.shtml.

政府工作的重中之重，把创造就业作为经济复苏的核心，努力将韩国政府打造为就业政府。李明博认为扩大就业应优先从服务业入手，因为服务业可以提供更多的就业岗位，同时要扶持创新型中小企业，以创造更多的就业机会。为了解决韩国公民"无业可就"和韩国企业"无工可用"的现状，韩国政府将构建综合信息网，完善职工培训体系，实现人力供需的平衡，形成经济复苏与创造就业的良性循环。

朴槿惠在总统大选时向韩国公民承诺要再创新的"汉江奇迹"，在任期内让韩国经济增速维持在4%左右、青年就业率超过70%等。朴槿惠总统认为解决韩国老龄化问题的关键在解决青年就业难问题，青年没有工作、收入过低或工作不稳定等原因，导致韩国人不婚或者晚婚，进一步加速了韩国的老龄化进程。因此，朴槿惠政府提出通过延长工作年限、改革工资体系、缩短工作时间等举措，提供更多的就业岗位。2016年4月22日，朴槿惠总统在"2016年财政战略会议"上指出，韩国政府要为因企业重组而失业的人员提供失业补贴和就业培训，同时推进新产业发展、放宽政府管制和改革劳动体制等，为失业者提供更多的再就业岗位。同时，朴槿惠呼吁韩国国会尽快通过《服务产业发展基本法》和《派遣法》等4大劳动力市场改革法案。为保障财务的稳健性，韩国企业要增加投资、创造就业岗位，从而增加税源。由此可见，韩国政府只有保证韩国经济持续健康发展，才能进一步推动就业问题的解决。

文在寅总统在竞选时承诺在任期内将振兴就业作为韩国政府首要的施政目标，并将增加就业方面的预算达10万亿韩元（约合人民币612.6亿元）。企划财政部为落实文在寅总统振兴就业的施政纲领，2018年韩国财政预算以促进就业为首要目标，重点对创造就业岗位有帮助的项目进行预算编排。文在寅政府还提出了"青年就业对策"，根据该对策，若企业录用5人以上15~34周岁的青年，政府将对企业发放每人每年900万韩元补贴。同时，2018~2021年全面实施青年就业补贴制度。若企事业单位录用青年规模超5人，可获每人每年900万韩元政府补贴，享受政策期限最长3年。韩国政府还推出了旨在激励青年储蓄的制度。根据该制度，若青年到中小企业就业后，3年间存款600万韩元，政府将为其提供2400万韩元补贴，存款到期时可领取3000万韩元。另外，韩国政府将大力推进针对青年的职业培训，成立在线咨询中心为青年的求职活动提供帮助和支持。[①]

二、制造业投资力度下降

资本投入的增长率也由 20 世纪 90 年代的 11.02% 大幅下降至 2000~2005 年的 5.49%（见表 5-21）。21 世纪初期，韩国的出口虽增长强劲，但目前由出口增长带动内需增长和投资增长的模式不再如初期那样有效。出口增长且收益提高的大企业集团不再像过去那样积极投资，而中小企业对大企业集团极其依赖的生产结构使其收益率极低，由此无法扩大投资。相反，对外投资则持续增加，由此出现了对外投资代替国内投资，进而出现了"产业空洞化"的现象。[②] 但归根结底，这是因缺乏新的经济增长动力和创新能力导致的。

20 世纪以制造业为中心的发展战略虽获得了成功，但是造成地区差异严重。进入 21 世纪以后，韩国虽大力发展信息通信产业并构建了相关配套设施，但因为缺乏原创技术，核心技术的对外依存度还是很高；同时，信息通信产业领域中的设备和电子产品制造能力虽达到了一定高度，但软件开发能力较弱；在研发方面，虽在短时间内构筑了以大企业为中心的技术开发体系，但存在研发费用激增、投资效率低下等问题。与高度发达的国家相比，韩国在技术研发、设计、营销、物流等方面有较大差距，而随着中国、巴西、印度等新兴经济体的崛起，其制造领域的竞争优势也被大幅降低。

未来韩国经济的发展要依靠创新和技术进步，而这需要优质的人力资源。但目前出生率低下，且教育体制存在各种弊病，如片面追求升学率，学生学业负担过重，为提高成绩学生要去课外辅导班，而辅导费用又十分昂贵，只有家境好的学生才上得起，导致教育不均等和阶层分化。当前在韩国，符合时代要求的创新型人才的选择范围和余地已越来越少。

[①] 解决青年就业难 韩国政府拟补助录用青年单位 ［EB/OL］.http：//finance.eastmoney.com/news/1351, 20180315843940532.html.

[②] "产业空洞化"是指，伴随对外直接投资和产业转移的持续进展，越来越多的企业将主要生产和经营基地从国内转移到国外，仅在国内留下一个"空壳"，以致国内投资不断萎缩的经济现象。日本学者高野邦彦认为，产业空洞化是因为特定地区的特定产业衰退，但新产业的发展不能弥补旧产业衰退而导致的。

三、服务国际竞争力较弱

进入 21 世纪以后，在中国、东盟、巴西等国家和地区的激烈竞争之下，韩国劳动密集型产业的价格优势消失殆尽并逐步走向衰退，从这些行业中退出的劳动力只能转向批发、零售、餐饮、住宿等小型服务企业，结果韩国自营业者的比重逐渐提高，但这些行业的特性使其劳动生产率难以得到提高，相反教育、医疗等由高级专门劳动力组成的知识密集型服务业所占比重则比较低，造成韩国服务业各部门的国际竞争力普遍较弱。

显示性比较优势指数（Revealed Comparative Advantage Index，RCA）是美国经济学家贝拉·巴拉萨（Bela Balassa）于 1965 年测算部分国际贸易比较优势时采用的一种方法，可以反映一个国家某一产业的出口竞争力。它通过该产业在该国出口中所占的份额与世界贸易中该产业所占世界贸易总额的份额之比来表示。这一指数剔除了国家总量波动和世界总量波动的影响，可以较好地反映一个国家某一产业的出口与世界平均出口水平之间的相对优势。RCA 指数大于 1 说明该行业在国际竞争中具有比较优势，小于 1 则说明在国际竞争中处于比较劣势。

从韩国学者们近年来对韩国服务业发展的 RCA 指数分析中可以看出，韩国服务业中 RCA 指数大于 1 的行业主要为运输和政府服务业，而其余的旅游、通信、建筑、保险、金融、电脑与信息、专利权使用费、个人娱乐和文化等，RCA 指数都小于 1，韩国在国际竞争中处于比较劣势。1997 年底的亚洲金融危机暴发以前，韩国经济的开放程度有限，服务业处在政府保护之下，但此后韩国经济的开放步伐越来越快，而如今伴随着通信技术的发达，海外服务产品的购买也越来越简便，韩国服务业面临着新经济增长动力匮乏的巨大挑战。

因此，为了提高韩国服务业的生产效率和国际竞争力，适当降低技术含量较低的生计型服务业的比重，加快发展高技术和高附加值的知识密集型服务业、提高其竞争力，显得尤其重要。

参考文献

［1］李雪威.韩国人口结构变化与高龄人口就业促进政策［J］.东亚评论，2019（1）.

［2］金万甲，姬宏.韩国《青年就业问题特别对策》实施背景及面临的问题［J］.当代韩国，2018（2）.

［3］闻岳春，何诚颖.新冠疫情对韩国经济的影响及其应对［J］.当代韩国，2020（4）.

［4］王泠一，许悦联.韩国经济五缘结构变幻［J］.上海经济，1997（1）.

［5］尹保云.韩国为什么成功［M］.北京：文津出版社，1993.

［6］崔志鹰，朴昌根.当代韩国经济［M］.上海：同济大学出版社，2010.

［7］李钟元.韩国经济论［M］.陈龙山，张玉山译.延吉：延边大学出版社，2011.

［8］杨昭全.当代中朝中韩关系史［M］.长春：吉林文史出版社，2013.

［9］崔文，金华林.现代韩国经济［M］.延吉：延边大学出版社，2018.

［10］卢少辉，蔡国栋.外向型经济［M］.北京：中国计划出版社，2000.

［11］李元.政策导向与外向型经济发展［M］.北京：中国经济出版社，2006.

［12］刘洪钟.韩国赶超经济中的财阀制度研究［M］.北京：光明日报出版社，2009.

［13］金光錫.韩国通货膨胀的原因与影响［R］.韩国开发研究院，1973.

［14］李世旭，李江镐.韩国经济新增长模式与政策选择，韩国开发研究院，2006.

［15］李明博.李总统光复节66周年祝词全文，韩国联合通讯社，2011年8月15日。

［16］韩国联合通讯社，李健熙带领三星27年，任内公司总市值涨近350倍，2020.10.25。

〔17〕韩国财经新闻，去年经济增长率达到 2.0%，归功于政府财政支出扩大，2020.1.22.

〔18〕韩国贸易协会，韩国贸易史，2006 年。

〔19〕韩国财务部，财政投融资白皮书，1982 年。

〔20〕韩国经济企画院，主要经济指标，1988 年。

〔21〕韩国银行，经济统计年报 1973-1994 年。

〔22〕韩国重化学推进委员会企划团，重化学工业推进现状，1979 年。

〔23〕韩国重化学推进委员会企划团，重化学工业发展计划，1973 年。

〔24〕韩国统计厅，韩国统计年鉴，1964 年。

〔25〕韩国产业银行，韩国的产业，1962 年。

〔26〕韩国银行，经济统计年报 1960 年。

〔27〕韩国产业银行，韩国产业经济 10 年史，1955 年。

〔28〕韩国公报处统计局，韩国统计年鉴（创刊号），1952 年。

〔29〕韩国银行，http：//www.bok.or.kr/portal。

〔30〕韩国统计厅，http：//kostat.go.kr/portal。

〔31〕韩国产业通商资源部，http：//www.motie.go.kr。

〔32〕韩国贸易协会，https：//www.kita.net/。

〔33〕世界银行，http：//data.worldbank.org/。

〔34〕daum 百科辞典，http：//www..daum.net。

〔35〕解决青年就业难韩国政府拟补助录用青年单位〔EB/OL〕.http：//finance.eastmoney.com/news/1351，20180315843940532.html.

〔36〕韩国失业青年实际超百万？韩媒：每 4 名青年就有 1 人没稳定工作〔EB/OL〕.https：//finance.sina.com.cn/roll/2019-08-28/doc-ihytcitn2410616.shtml.

〔37〕韩生育率创近十年新低文在寅：恐面临人口断崖〔EB/OL〕.http：//news.sina.com.cn/o/2017-08-31/doc-ifykpzey3330983.shtml.

〔38〕韩国财政部：将 2020 年韩国经济增长率下调至 -1.1%〔EB/OL〕.https：//www.163.com/money/article/FU25SQ4100259FVR.html.

〔39〕联合国 57 年首次认定韩国为发达国家〔EB/OL〕.https：//3g.163.com/money/article/GED9KJI500258105.html.

第六章

韩国经济发展的破局与突围

第一节　发展非接触产业，推动数字经济发展

数字内容产业是指利用信息技术，生产、加工和传播各种以数字媒体为基础的信息并提供这方面的服务①。数字内容最早可以追溯到 1995 年西方七国信息会议上提出的 "Digital Content Industry"（数字内容产业）概念。此后，欧盟在《信息社会 2000 年计划》中进一步明确了数字内容产业的内涵，它涉及移动内容、互联网服务、游戏、动画、影音、数字出版、数字教育等多个领域。不同国家也对数字内容产业做出了各自的定义和概念阐释。美国将其定义为多媒体交互式数字内容产业，澳大利亚称其为创意性内容产业，英国将其归类为创意产业，加拿大则称为电子内容产业。虽然各国在叫法上有所差异，但涵盖的领域基本与欧盟所界定的范围相一致。

数字产业以信息为加工对象，以数字技术为加工手段，以意识产品为成果，以全社会各领域为市场，对本身无明显利润但是可以提升其他产业利润的公共产业。因此，数字产业以其高科技、高附加值和环境友好成为现代服务业的重要组成部分。

美国国际贸易委员会（USITC）2017 年 8 月发布的《全球数字贸易的市场机遇与主要贸易限制》报告中提到：2016 年，全球数字内容市场（视频游戏、视频点播、数字音乐和电子出版）总收入达到 895 亿美元。其中主

---

① 新馨.韩国将制定新法以促进数字内容产业发展 [J].当代韩国，2000（2）.

要的市场是电子游戏，当年收入为 489 亿美元。美国在大部分数字内容领域的利润率相对较高。在视频游戏领域，中国是第二大市场，受其强大的手机游戏市场的推动（美国的收入为 116 亿美元，2016 年中国的收入为 107 亿美元）。

中国信息通信研究院在 2021 年 8 月发布的《全球数字经济白皮书》报告中提到：2020 年，虽然各国经济受疫情冲击较大，但数字经济持续表现出良好的发展势头和较好的发展前景，数字经济成为疫情冲击下世界主要国家推动经济稳定复苏的关键动力。

如图 6-1 所示，在规模方面，美中德日英数字经济规模占全球的 79%。2020 年，美国数字经济蝉联世界第一，规模达到 13.60 万亿美元，占全球比重的 41.7%，中国数字经济位居世界第二，规模为 5.36 万亿美元，德国、日本、英国位居第三至五位，规模分别为 2.54 万亿美元、2.48 万亿美元和 1.79 万亿美元。此外，法国、韩国、印度、加拿大、意大利等几个国家数字经济规模超过 500 亿美元。

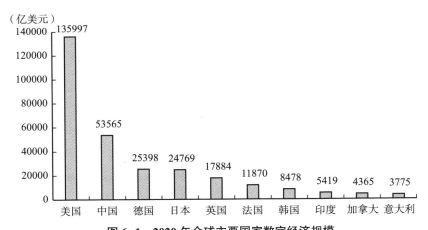

图 6-1　2020 年全球主要国家数字经济规模
资料来源：根据中国信息通信研究院资料整理。

德英美韩数字经济成为国民经济主导。2020 年，受疫情影响，各国经济明显下滑，但数字经济新模式新业态获得较大发展空间，数字经济在国民经济中的占比显著提升，数字化已成为一国经济现代化发展的重要标志。根据中国信息通信研究院发布的 2020 年全球主要国家的数据，德国、英国、美国数字经济占 GDP 的比重超过 60%，分别为 66.7%、66.0% 和 65.0%，韩国数字经济占比也超过 50%，达到 52.0%。日本、爱尔兰、法国、新加坡、中国、芬兰、墨西哥 7 个国家数字经济占 GDP 比重也都超过 30%，其余 36 个国家数字经济占比低于 30%。

数字内容产业已经成为许多国家经济发展的重要支柱，很多国家都由政府出面规划相关产业发展战略。智研咨询在 2022 年 2 月发布的《2022—2028 年中国数字文化产业市场运营态势及投资机会分析报告》中指出：截至 2021 年底，全球 60 多个国家和地区已部署了 AI 战略；超过 15 个国家和地区推动了量子技术战略，制定研究框架及投资布局。2021 年全球主要国家和地区的前沿数字产业战略文件数量是 2017 年战略文件数量的 1.5 倍之多，战略制定速度不断加快。图 6-2 反映了 2017~2021 年全球主要国家和地区数字产业战略布局情况。

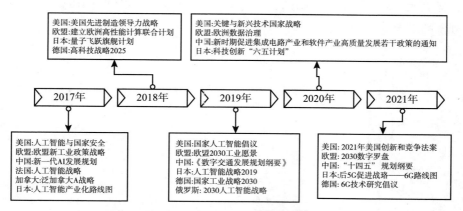

图 6-2　2017~2021 年全球主要国家数字产业战略布局
资料来源：根据智研咨询整理。

一、韩国数字产业现状

（一）韩国数字产业的政府主导模式①

韩国的数字内容产业包括数字游戏、数字动漫、数字学习、数字内容软

---

① 邹积凯，郭瀚文，张伟.比较视域下的中韩数字出版产业推动力分析［J］.科技与出版，2021（2）.

件、数字影音、移动增值服务和网络服务、数字出版等领域，其中游戏和动漫最为重要，在市场规模和市场占有率方面都位居亚太地区前列。①

2003 年，韩国政府宣布确立"数字内容产业发展基本计划"，把其作为牵动国家经济的 21 世纪核心产业。数字内容产业的年均增长率始终保持在较高水平。目前，数字内容产业属于韩国政府确定的"十大新引擎产业"之一，其产值已经超过传统的制造产业，成为韩国第一大产业。

韩国文化体育观光部于 2022 年 1 月 24 日发布的《2020 年韩国内容产业调查》报告显示，韩国 2020 年文化产业出口额突破了 14 万亿韩元（119.2428 亿美元），同比增长 16.3%。其中计入项包括出版、漫画、音乐、游戏、电影、动画、电视节目、广告、卡通形象、知识产权、内容解决方案共 11 个韩国承认的内容产业。

韩国关税厅公布的 2020 年国内总出口情况显示，国内出口总额较 2019 年下降 5.5%，而数字内容产业的出口同比大幅增长。特别是在韩流热潮的影响下，通过全球平台的出口增加，出版、电影、漫画、广播、游戏等领域的出口大幅增加，分别为 61.1%、43.0%、36.3%、28.5%、23.1%。据调查，游戏产业出口额最大，达 81.9356 亿美元，紧随其后的依次是卡通形象（7.1581 亿美元）、广播电视节目（6.9279 亿美元）、知识产权（6.9199 亿美元）、音乐（6.7963 亿美元）等。

2020 年韩国内容产业销售额为 128.2870 万亿韩元，比 2019 年的 126.7123 万亿韩元增长了 1.2%。尤其是随着对非面对面网络文化内容需求的增加，以数字发行为主的游戏和动漫呈现出较高的增长速度，分别增长了 21.3% 和 14.7%。与此相对的，由于新冠肺炎疫情限制了电影院和公演场等面对面的现场营业，电影、动画片、音乐等销售额分别减少了 53.6%、13.6%、11.0%。②

（二）韩国政府对数字产业的扶持政策

韩国数字内容产业在政府主导下，通过建立健全相关法律制度，完善政策体系，设立专门管理机构，注重培养专门人才，建设完善的投融资机制，

① 王建会，李宁.中日韩数字内容产业发展简析［EB/OL］.http://www.istis.sh.cn/list/list.aspx?id=5214.
② 조성민.K 콘텐츠, 2020 년 수출액 14 조원 돌파［EB/OL］.http://www.segye.com/newsView/20220124513270?OutUrl=naver.

并积极采取市场战略开拓国外市场,实现了产业的快速发展。①

1.建设政策、法律体系,提供良好发展环境

1996年信息通信部在"信息通信产业发展综合对策"中将多媒体内容和电脑游戏定为战略性产业,将游戏产业定为未来出口潜力产业。1997年,韩国制定了《创新企业培育特别法》,针对数字内容等领域的文化产业进行支持和鼓励。1999年韩国为适应数字化时代,颁布、修订完善了《影像振兴法》《著作权法》等音像制品和游戏软件相关法令,鼓励游戏软件制作、人才培养、加强基础设施,同时实行游戏软件的评判监督和分级制度。2001年信息通信部推出"数字内容产业发展综合计划",决定到2005年政府和民间共同投资6124亿韩元培养数字内容产业。2002年,韩国制定了《出版与印刷振兴法》,规定每3年进行一次振兴出版与印刷产业政策制定,并提出建立电子出版物和图书定价法制化等法律框架。同年,发布Contents Korea Vision 2021,将数字内容定位为国家重点发展的战略性产业,三年投入8546亿韩元,目标是成为全球主要数字内容生产国。2003年拟定了未来五年的"游戏产业振兴中长期计划",计划提出到2007年全球市场占有率目标为5%,并成为全球三大游戏强国之一。韩国数字内容相关法律包括《网络数字内容产业发展法》、Contents Korea Vision 2021、《文化振兴基本法》等。

2.设立专门机构,加强组织管理

韩国文化观光部和信息通信部是政府建设数字内容产业的重要机构。其中文化观光部是职能最集中的一个部门,下设韩国文化内容振兴院、韩国文化产业振兴中心、韩国游戏产业开发学院,地方政府相关机构有京畿数字内容振兴院和首尔动画中心等;信息通信部下设软件产业振兴院,主要负责网络数字内容产业的振兴工作。1999年,文化观光部、产业资源部、信息通信部合作建立了各自下属的游戏综合支援中心、游戏技术开发中心,主管游戏产业技术开发,从而推进韩国游戏产业的快速发展。②

3.重视专业人才的培养和应用

政府通过制定一系列措施,不断加强艺术学科的实用性教育,培养和造就了一批服务于数字内容产业的优秀人才。韩国成立"CT产业人才培养委员会",通过"产、学、研"联合方式,制定了文化产业人才培养计划;在

---

① 穆宝江.韩国文化产业发展的政府运作模式及其重要启示[J].行政与法,2012(4).
② 骆莉.韩国的文化发展战略与文化产业的发展[J].东南亚研究,2005(3).

高校设立了相关研究机构和专业，加强了专业人才的培养。在游戏人才培养方面，除了在一些知名学校开办游戏专业外，韩国政府为解决游戏开发人才的不足，成立了为其国内游戏构筑坚实基础，以开发、普及 VR 等游戏技术为目的的专业研究机构——"游戏研究所"，通过官方机构向游戏企业特别是小型企业提供人才培训、调查行业人才需求状况等。另外，为鼓励优秀的人才投身游戏业，韩国政府推出了一系列优惠政策，比如到游戏公司任职或在游戏比赛中得奖均可免服兵役等。

4.完善投融资机制，为产业发展提供资金支持

韩国投资"共同制作室"，为相关企业提供资金支持和平台保障；成立数字内容产业发展的各类基金和游戏投资联盟，如游戏专门投资组合、文化产业振兴基金、信息化基金、文化产业基金等。在资金方面，韩国政府平均每年拨出 1.7 亿美元辅助游戏厂商进行研发，对于有市场发展前景的技术与服务优先给予资金扶植等，并为游戏企业提供长期的低息贷款，对指定的风险企业实行各种税制优惠政策，减免游戏企业的税负。

（三）韩国数字产业之出版产业发展

出版产业是经济发展的重要力量，将文学资源转化为出版物可以更好地将文化向外传播。2008 年以来，出版产业已经成为韩国国家重点扶持的战略性产业之一。韩国扶持出版产业的战略目标和政策课题主要集中在提升图书出版发行流通能力、激活更多优秀图书项目、培养数字出版产业成长动力、建造出版文化产业基础设施、借助"韩流"文化推动国际出版等几个方面。[①]经过出版产业的结构调整，韩国的出版产业灵活运用新媒体及网络的特性，将出版传播产业化，出版产业进入了数字化阶段。

在世界范围内传统出版产业下行的背景下，传统的纸质图书无论是发行量还是阅读量都在下降，韩国出版业同样面临着图书流通市场的萎缩、实体书店持续减少、图书馆利用率下降、出版项目需求减少等问题。

韩国整体数字化程度高、起步早，网络的普及率排在世界前列。这种高度的数字化也因此极大地促进和影响着韩国出版产业的走向。韩国按照以网络为金融基础的指导方针、以 IT 业为国民经济支柱产业的原则，经过几年

---

① 刘忠波，李贞玉.韩国数字出版产业发展的战略布局与实施方式［J］.出版科学，2017（5）.

的发展，实现了出版流通领域的网络化。①

数字出版为整个出版行业的发展带来了契机，数字出版产业的发展不仅可以创新出版需求，还可以克服流通结构不够完备、地区出版发展失衡等传统问题。韩国政府意识到数字出版的重要性，制定了一系列激活数字出版的战略规划。具体实施上，韩国文化体育观光部负责制定《出版文化产业振兴5年计划（2012—2016）》《出版文化产业振兴5年计划（2017—2021）》等五年计划政策，由韩国出版文化产业振兴院负责政策执行，出版产业支援中心、出版出口支援中心等有关出版的机构和团体进行协作。

韩国积极完善相关法律法规。为适应网络信息时代文化产业发展的需要，韩国政府陆续对现有相关法律进行了部分或全面修订。韩国政府不断推进出版文化产业振兴法、图书馆法、著作权法、税法等相关法律的修订和完善，推进电子书著作权保护、数字出版税收优惠等。目前，韩国涉及出版方面的法律法规有《出版社及印刷所注册法律》《外国出版物进口、发行法律》《版权法》《图书馆及图书阅读振兴法》《出版文化产业振兴法》《青少年保护法》《国家保安法》《利润税法》等。这些先后推出的出版振兴政策和读书振兴政策及法规都对韩国数字出版产业的发展做了充分考虑。

同时，韩国出版技术应用也特别重视对电子书的版权保护问题，推行违法复制的检测系统。为了保障电子书出版市场并确立可信赖的流通秩序，韩国出版管理部门采用适用音像和视频的非法出版物追踪系统（Illegal Copyrights Obstruction Program，ICOP），计划建立并运营电子书非法复制追踪的机构和部门，杜绝数字出版物的非法出版流通。另外，通过数字资源著作权管理系统（Digital Rights Management，DRM），能够使电子书的流通渠道、销售额和下载数量等信息透明，还能够防止非法复制，采取密码、认证、水印、密钥管理或特定机器才能使用的方式保护著作权。

网络书店为数字书籍的销售提供了平台。1998年，韩国最早的网络书店韩波书店（Han Baro Book）中出现电子书产品。以创立于1998年的YES24和创立于2000年的morning365为标志，韩国网络书店的发展，有力推动了韩国数字出版的起步。2000年，25家韩国出版社和34家韩国IT企业共同组织了Electronic Book Korea，制定了韩国电子图书的标准规格。此后，

① 陶丹.数字化时代的韩国出版产业特色［J］.中国编辑，2005（6）.

120 家出版社集资 70 亿韩元,成立了 Book topia,由其集中全力开发各种电子图书。这是韩国数字出版比较早的尝试。2005 年韩国大型书店教保文库(Kyobo Book)正式进军电子书市场,数字出版的发展逐步被提上日程。借鉴美国亚马逊网络书店的经验,韩国网络书店将书籍降价销售,逐步扩大了市场规模。韩国大韩出版文化协会 2021 年 6 月 30 日公布的《2020 年出版市场统计》报告显示,2020 年,韩国三家线上 / 线下并行的综合书店(教保文库、YES24、永丰文库)的图书销售额为 1.74 万亿韩元,同比增加17.4%。其中,教保文库 2020 年线上销售收入同比增长 30.3% 至 3395 亿韩元,线下销售同比增长 0.7% 至 2556 亿韩元。图书流通市场结构逐渐趋向于以线上为主导。

但由于早期电子书品种少、技术标准缺乏、读者阅读习惯等因素,韩国电子书市场从 2000 年到 2010 年并不活跃,基本以企业对企业的 B2B(business to business)形式流通。而随着技术的进步和以手机为代表的智能移动媒介的融合发展,对数字出版物的需求增多,电子书的利用环境也在不断改善,并成为出版产业发展的成长点和动力点。智能手机、电子阅读器在出版流通领域的作用扩大,电子书流通渠道剧增,网络书店快速成长,电子书的销售额持续增长,激活了面向个人消费者的 B2C 市场。2013 年韩国文化体育观光部发布的《电子书阅读情况调查报告》显示,读者首次接触电子书与手机等智能移动媒介的普及密切相关,其中用智能手机阅读电子书的人达到 44.1%。

总之,出版业作为韩国的文化产业源泉,注重激活数字出版活力,强化出版产业的国际竞争力,实行"韩流"走出去的国际化战略,为韩国的经济发展和成为国际数字出版产业大国做出了巨大的贡献。

(四)韩国数字产业之大数据产业发展现状

数据是国家基础性战略资源,是 21 世纪的"钻石矿"。随着物联网、电子商务等的快速发展,就像世界经济论坛中所说的,"大数据为新财富,价值堪比石油",大数据已经越来越成为世界经济和社会发展不可缺少的内容。随着互联网、云计算等技术的发展,大数据应用也随之不断丰富,并逐步扩展到医疗、交通、政府等领域。大数据产业将依赖快速聚集的社会资源,在数据和应用驱动的创新下,不断丰富商业模式,构建出多层、多样的市场格局，成为引领信息技术产业发展的核心引擎和推动社会进步的重要力量。

　　韩国政府高度重视大数据发展，科学、通信和未来规划部与国家信息社会局（NIA）共建大数据中心，大力推动全国大数据产业发展。《2015年韩国数据行业白皮书》指出，数据服务市场规模占韩国总体市场规模的47%，位列第一；数据库构建服务以41.8%的占比紧随其后。[①] 韩国的大数据产业具备较高的水平。韩国宽带的建设以及应用发展在全球都具备领先优势，尤其是宽带、游戏产业和硬件终端创新。

　　韩国的大数据产业在数据中心、宽带等硬基础设施以及智慧城市服务方面表现出良好的发展状态。韩国政务大数据发展良好。首尔十分重视向公众开放政府数据，并在数据治理方面做出了许多有益探索。2011年，首尔提出了"智慧首尔2015"计划，旨在通过信息通信技术（ICT）将首尔建成世界首屈一指的智慧城市。2012年4月，首尔开发建立了"开放数据广场"项目，使第三方开发商和研究人员可以访问城市数据集，从中产生新的服务和见解。该城市数据集包括十大门类的数据，分别是综合行政文件，福利、文化和旅游，城市管理，环境，治安和安全，教育，健康，产业，经济，交通。城市数据集以这几个门类为纲，整合了33个公共信息系统以及880个不同种类的数据库，涵盖育儿服务、公共交通路线、巴士到站时间、停车位、各地区天气预报、餐厅推荐等方方面面。整理后的数据则以地图、网站链接、图表、元数据等多种形式提供。2013年10月，韩国开放数据的专门法律《公共数据供给与利用促进法》正式生效。同年12月，韩国设立开放数据战略委员会，作为韩国开放数据领域最高决策制定部门，负责审核、协调有关公共数据的重大政策和规划，并评估这些政策和规划的执行情况。目前，首尔的开放数据广场已创建上千个应用程序，覆盖生活各领域。为了使更多居民参与城市管理，首尔政府还推出"社区地图绘制"项目。基于地理信息系统、移动首尔平台和社交网络，实现市民与市政机构之间的双向交流。比如首尔与公共交通相关的所有数据，都会通过数据网络传输到首尔市政府监管的数据库里，再通过官方的网站，向大众公开这些数据。高铁数据流量分析也已经成功应用到旅游产业上。配合数据开放和提升政务服务，首尔政府还开发了一系列智能手机应用，其中以"智慧首尔地图"为代表，通过该应用可以

---

　　① 方申国，谢楠. 国内外大数据产业发展现状与趋势研究［J］. 信息化建设，2017（6）.

查询残疾人设施、首尔市免费无线网络热点、健康餐饮店、图书馆、厕所的位置以及行政信息等，还可以向政府举报违章停车或道路破损问题。

不过，韩国在大数据产业发展过程中也暴露出一些问题，如数据搜集、处理的能力不足，在人才培养、隐私立法等方面也不够完备，这些都限制了其大数据产业发展的步伐。韩国的隐私政策规定，个人所有信息在未经本人同意的情况下向第三方转售都是违法的。受限于这种严苛的法律制度，目前韩国商用数据产业发展缓慢。近年来，各个企业都在搭建自己的大数据平台。对于大数据，信用卡公司应用得最快，其次是移动通信公司。韩国的 naver 相当于中国的百度，也在逐步推进这两个层面的大数据业务。

（五）韩国数字产业之数字虚拟货币产业发展现状

数字货币（digital currency）目前并没有统一的定义。一般而言，数字货币是指没有中央发行者（如中央银行和互联网公司等）、基于分布式账簿技术（distributed ledger technology，DLT）产生的、去中心化的、能够实现点对点交易的一种虚拟货币，主要代表是比特币。与其他货币相比，数字货币最大的创新之处在于运用了全新的技术作为支撑。由于数字货币的底层技术多基于密码学的原理，也有研究将数字货币称为加密货币（crypto currency）。目前，有些国家的央行也在发行数字货币，这类由央行发行的数字货币被称为法定数字货币（central bank-issued digital currency，DBDC）。[1]

韩国的数字货币行业一直走在全球前列。区块链是分布式数据存储、点对点传输、共识机制、加密算法等计算机技术的新型应用模式。本质上区块链是比特币的一个重要概念，它本质上是一个去中介化的数据库。狭义来讲，区块链是一种按照时间顺序将数据区块以顺序相连的方式组合成的一种链式数据结构。很多区块链项目把韩国作为一个"温床"。2018 年，韩国政府就表示支持数字货币交易，同时鼓励银行促进与数字货币相关的交易合作。7 月，韩国政府表示将公布有关区块链及数字货币的十项产业分类标准，包括区块链系统构造、数字货币交易、分散式应用（DApp）开发等。数字货币交易所将归属于"加密资产的交易或中介方"类别，而像 EOS、ETH 等区块链项目将归属于"基于区块链系统的软件开发或供给方"类别。同时，多

---

① 陈健，赵雪.数字货币发展现状及其监管的国际经验与启示［J］.中国物价，2018（11）.

数韩国政府机构，包括统计局、科学技术情报通信部等，共同设计"区块链技术产业分类方案"。

而韩国数字货币行业发达的背后，则是财团的垄断导致的阶层固化，也可以说数字货币是韩国普通人的一种精神寄托。韩国的社会状况（高失业率、阶层固化），使得韩国人更容易接受数字货币。而在韩国的年轻人中，约有40%以上对于数字货币非常热衷，并且20岁上下的年轻人正在成为炒币主力军。韩国有不到世界1%的人口，但是数字货币交易总量占到了全球的20%~30%。以比特币、以太坊为代表的数字货币成为韩国民众的刚需，而韩国民众炒币是为了赚钱实现阶层的飞跃。另外，韩国民众数字货币观较为成熟，韩国政府也在2020年3月5日颁布《特别金融信息法》法案，为炒币提供了一个法律基础。目前，韩国境内的六家交易所UpBit、Bithumb、Coinone、Korbit、Gopax和Hanbitco已获得了KISA的ISMS许可证。①

二、韩国数字新政

韩国政府为推进数字新政采取了一系列措施，并强化与其他国家的合作。

2020年6月，韩国提出，到2025年，在数字化、绿色化和稳就业等领域投入约76万亿韩元（1美元约合1207韩元），建设数字产业基础设施，包括大数据平台、第五代移动通信（5G）、人工智能等，发展"非接触经济"，促进社会间接资本的数字化发展，克服疫情影响，挖掘经济增长新动力。该系列政策共分两个阶段：从2020年至2022年为第一阶段，该阶段韩国政府计划投入31.3万亿韩元，创造约55万个就业岗位。其中，数字化方面投入13.4万亿韩元，计划创造33万个就业岗位。具体措施包括扶持数据、网络、人工智能生态系统，在中小学教室覆盖无线网络，淘汰替换老旧笔记本电脑，打造远程教育和非接触医疗基础设施，对18余万套老旧公租房、托儿所、卫生站、国立中小学及幼儿园进行环保改造等。第二阶段从2023年到2025年，韩国政府计划投入45万亿韩元。②

---

① 想了解韩国币圈及生态？看这一篇文章就够了［EB/OL］.https：//www.jinse.com/blockchain/1130578.html.

② 韩国宣布数字化经济支持政策［EB/OL］.https：//baijiahao.baidu.com/s?id=1669782276742739695&wfr=spider&for=pc.

2020 年 7 月 14 日，韩国政府发布"新政"，"数字新政"是其中重要的内容，着力推动各经济领域的数字化转型，推动韩国成为世界数字强国，涉及的重点领域包括 5G 网络建设、人工智能人才培养、"数据大坝"、人工智能政府、智能医疗基础设施等。

2020 年 12 月，韩国政府公布计划称，将在 2025 年前投入 160 万亿韩元（1 美元约合 1111 韩元），大力发展数字经济和绿色经济，推动经济转型。按照计划，韩国将加快构建人工智能和大数据平台，培养 10 万名人工智能和软件领域专业人才，并面向全体国民开展人工智能素质教育。到 2025 年，政府计划开拓规模 43 万亿韩元的数据市场，创造 90 多万个工作岗位，并完成所有公共部门系统的云计算改造。相关计划推出后，韩国企业界积极响应。目前已有 5700 多个企业和机构表示，希望参与政府主导的大数据平台建设。韩国产业银行宣布，将出资 3500 亿韩元设立数字物流基金，主要用于投资智能物流中心和物流技术创新企业。[①]

2021 年 7 月，韩国政府又推出了"数字新政 2.0"计划，计划重点把上年完成的数字经济基础设施投入到经济生产和社会服务当中去，并拟于 2025 年之前投入 49 万亿韩元，为全社会使用数据资源提供便利，进一步推动数字经济发展。"数字新政 2.0"将重点打造"数据大坝"项目，即在韩国政府的主导下加强大数据基础设施建设。韩国计划在 2025 年前，在"数据大坝"中打造出 1300 余个支持人工智能学习功能的数据库以及 31 个不同种类的大数据平台。此外，"数字新政 2.0"还将构建 5G 差异化网络。不同地区和不同场景对 5G 网络的需求有所不同，"数字新政 2.0"将针对实际需求提供差异化服务。如针对智慧工厂建设，在周边建设覆盖该工厂所需的 5G 通信频段和服务等。韩国政府计划先于 2021 年内完成相关制度的完善工作，并逐步为部分区域提供所需的通信频段。"数字新政 2.0"还将搭建开放性元宇宙平台，提供符合当地需求的人工智能服务。元宇宙是一个虚拟空间和时间的集合，由增强现实（AR）、虚拟现实（VR）和互联网共同组成。韩国拟打造的开放性元宇宙平台主要是为了给今后企业制作元宇宙产品或研发元宇宙核心技术提供有力支持，并让企业在开发其他新产品和新服务时，能便利地使用其积累的数据。

---

① 韩国出台政策推动经济转型 大力发展数字经济和绿色经济［EB/OL］.https：//m.3news. cn/news/guoji/2020/1222/488615.html.

2021 年 8 月，韩国已完成加入《数字经济伙伴关系协定》（DEPA）的国内程序，9 月中旬正式向新西兰等其他 DEPA 成员国通报加入意向。

2021 年 9 月 23 日韩国海洋水产部表示，为了引进 5G、AI、大数据等最新技术，韩国将积极推进第四次产业革命时代制定的修订计划课题，积极开发新一代海上导航及航标设施，引进自主航行低碳船舶，构建智慧型港湾。

2022 年 3 月，在《产业数字转换促进法》基础上，韩国政府产业部门着手制定《产业数据合同指南》。

第二节　发展低碳环保产业，施行绿色新政

低碳绿色经济是把清洁能源与可再生能源经济、节约能源资源经济、循环经济、低碳经济以及保护生态环境经济等包括在内的广义概念。低碳绿色增长具有先进性、创新性、系统性、国际性等主要特征。

面对全球气候变暖和其他环境破坏所造成的频繁发生的自然灾害，全球性环境污染和能源短缺问题日益得到人们的重视。韩国作为一个环境污染较为严重、自然资源和能源都十分贫瘠的国家，以传统能源为主的能源消费结构导致其对海外能源有过高的依存度，深受"能源危机"的影响。在此背景下，韩国制定了低碳绿色增长战略，着力推进绿色发展。[①]

一、韩国环保产业发展情况

在 20 世纪 90 年代之前，韩国的工业发展模式是先发展工业、后治理环境污染。近年来，韩国吸取环境污染教训，积极学习西方国家经验，走上了工业经济与环境协调发展道路，取得了不错的成绩，2008 年韩国前总统李明博被联合国授予生物多样性公约奖，由此可见，韩国的环境形势得到了改善，韩国政府对环境领域的多年努力和经验得到了世界的认可。[②]韩国环保产业发展速度很快。韩国环保产业技术优势主要集中在大气污染防治、水处理、废弃物处理、污染土壤修复方面，在海洋潮汐能、氢燃料电池车、浮动

---

① 薛朋.韩国低碳绿色增长战略研究［D］.长春：吉林大学，2011.
② 金裕景，司林波.韩国环境保护政策实施状况、特征及启示［J］.长春理工大学学报（社会科学版），2014（7）.

海上风电、生物质能等清洁能源方面也有十分突出的技术优势，呈现出大企业与中小企业齐头并进、分工合作的良性发展态势。

韩国将"低碳绿色增长"作为国家战略。韩国制定了《低碳绿色增长的国家战略》，确定了从 2009 年到 2050 年低碳绿色增长的总体目标，提出大力发展低碳技术产业、强化应对气候变化能力、提高能源自给率和能源福利，全面提升绿色竞争力。

韩国产业研究院 2021 年 6 月 16 日发布的《韩国近期出口向好背景及启示》报告称，近期韩国出口呈现良好势头，主要得益于因新冠肺炎疫情而发展的非接触式经济和环保产业。为防止气候变化，国际环境规则得到强化，部分出口产品获得了反射利益①。虽然存在新冠肺炎疫情的影响，但新能源汽车在 2020 年出口仍有所增加，2021 年第一季度，出口业绩更是超过上一年度同期水平，保持了增长的势头；使用绿色燃料的双重燃料船舶、液化天然气（LNG）运输船等高附加值船种出口增加；生物健康、二次电池等品目的出口也较 2020 年第一季度同比增长了 12.4%，表现良好。

韩国在氢燃料电池领域居于世界优势地位，且政府支持力度大、补贴高，产业链较为完善。2018 年韩国运营燃料电池汽车达到 889 辆，加氢站 14 座，发电站装机量达到 307MW。计划到 2040 年燃料电池车达到 290 万辆，加氢站达到 1200 座，发电站装机量达到 15GW。据韩国《首尔金融》2021 年 9 月 23 日报道，韩国政府将投入 424 亿韩元用于推动氢能有轨电车的发展，并计划到 2023 年和 2024 年分别实现氢能有轨电车的商用化和量产。氢能有轨电车有望成为替代地铁的交通工具，其车内搭载氢燃料电池，无须外部电力供应设施，建设费用相对低廉。特别是，目前该产业全球市场尚处于初期阶段，如果充分利用韩国现有的氢燃料电动汽车技术和经验，有望在 2030 年和 2050 年分别达到 4 万亿韩元和 18 万亿韩元规模，将在全球环保车竞争中占据优势。韩国产业通商资源部相关人士表示，目前韩国氢燃料电动汽车技术处于世界领先地位，但氢能在其他领域的应用相对缓慢，希望该事业能成为将氢能技术应用于其他行业的成功范例，成为加速氢能在运输全领域商用化的契机。

韩国在 LED 照明行业也实现了快速发展。具有重大节能和环保意义的

---

① 反射利益指的是当法律完全为了实现公共利益，而不是以保护特定个人的利益为目的时，该法实施给私人带来的利益。

LED 产业备受韩国政府重视，被重点推动。韩国在半导体生产领域占据世界领先地位，将其作为关键元件的 LED 产业也得到了极大的发展。LED 照明的普及率是 LED 照明产业发展的关键。为此，韩国政府先后在 2006 年和 2011 年分别制定了"LED 照明 15/30 普及计划"和"LED 照明 20/60 计划"，前者的目标是到 2015 年 LED 占韩国整体照明比重达到 30%，后者则将长远目标定于到 2020 年 LED 照明普及率达到 60%。为从源头上实现 LED 照明的普及，韩国产业通商资源部还宣布，韩国将从 2014 年 1 月 1 日起永久停止进口、制造省电效率偏低的白炽灯泡。目前，三星集团和 LG 集团等大企业在 LED 方面的营收居全球前列。

二、韩国环保产业振兴政策

韩国在 1982 年启动的《第五次经济社会发展五年计划》是韩国环保产业政策的开端。20 世纪 90 年代以来，大气和水质等环境的相关管理与监管标准得到加强，对经济手段和环境基础设施的投资导致开始在公共范围内大规模地出现创造市场需求的政策和制度。

（一）韩国着力推进环保产业技术提升

关于技术研发部分的政策最早始于 1992 年颁布的《环境科学技术开发十年规划》，该规划中的"G-7 项目（环保技术的领先产业）"是把韩国环保技术提高为"G-7（德国、美国、法国、日本、英国、加拿大）"的水平，这是推进韩国环境技术开发的开端。1992~2001 年，韩国实施了水污染防治技术、清洁技术和废物处理技术等环保技术项目的开发。2001 年韩国环境部以 G-7 环保技术开发项目为基础，以环保技术（ET）产业为国家战略产业，在接下来的十年中持续推进《下一代核心环保技术开发项目》（ET21 项目）。2009 年初，韩国公布了《新增动力前景及发展战略》，提出了 17 项新增长动力产业，其中有 6 项属于绿色技术领域，包括新能源和再生能源、低碳能源、污水处理、发光二极管应用、绿色运输系统、高科技绿色城市。2011 年，韩国又开始推进《生态创新技术开发项目》。[①] 自 2017 开始，韩国开始研究氢还原冶炼技术，并将其作为国家核心产业技术加紧研发。韩国政府把"以

---

① 朴多珍（Park Dajin）. 韩国环保产业发展及其国际竞争力研究 [D]. 武汉：武汉大学，2018.

高炉副生煤气制备氢气"和"替代型铁原料电炉炼钢"两项关键技术作为研究课题，积极开发采用氢还原冶炼的创新型环保技术。韩国的氢还原冶炼技术计划在 2017~2020 年进行实验室开发，在 2024 年之前推进中试阶段的技术开发，在 2024~2030 年完成商业应用的前期研究，在 2030 年之后开发具有经济性且切实可行的应用型技术，并投入商业化应用。该技术最多有望减排 15% 的二氧化碳。[①]

（二）韩国着力减少能源依赖

2008 年 8 月，韩国公布《国家能源基本计划》，提出提高资源循环率和能源自主率的要求，其中，资源循环率将由 1995 年的 5.5% 提高到 2012 年的 16.9%，能源自主率由 2007 年的 3% 提高到 2012 年的 14%，2050 年实现能源自主率超过 50%。同时要将能源消费中煤炭和石油的比重从目前的 83% 降低到 61%，扩大太阳能、风能、地热等新能源与再生能源的比重，从 2006 年的 2% 提高到 2030 年的 11%，2050 年达到 20% 以上。

2009 年 7 月，韩国公布绿色增长国家战略及五年计划，未来五年间韩国将累计投资 107 万亿韩元发展绿色经济。韩国政府还计划在大城市开展"变废为能"活动，充分利用废弃资源，到 2012 年在全国建立 14 个"环境能源城"，到 2020 年建成 600 个利用农业产品实现能源 40% 自给的"低碳绿色村庄"。此外，韩国政府还计划在未来四年内拥有 200 万户使用太阳能热水器的"绿色家庭"。

韩国产业通商资源部于 2019 年 4 月 19 日公布《第三次能源基本计划》草案，提出力争到 2040 年将可再生能源占比提高到 30%~35%，大幅降低煤炭发电比重。该计划将未来能源政策基本方向从供应中心结构转变为消费中心结构，如推出更多电费制供消费者选择，继续整顿天然气资费体系等。该计划的另一个主要内容是摆脱以大型发电站为主的能源生产体系，通过光伏、风力等进行小规模发电。此外，计划还提出了扶持能源产业、实现传统能源产业高附加值化。

2020 年 10 月 28 日，韩国总统文在寅宣布韩国将在 2050 年前实现碳中和的目标。文在寅在演讲中提到了"绿色新政"，表示要用可再生能源替代

[①] 同花顺财经.韩国应对气候变化 2.0 提前登场 钢铁界呼唤氢还原炼铁技术商业化［N/OL］.中国冶金报，https://baijiahao.baidu.com/s?id=1650682875894497601&wfr=spider&for=pc.

化石燃料，结束韩国对煤炭的依赖。这项计划预计将投资 8 万亿韩元（约合 474.7 亿元人民币），用于建设环保基础设施，投资清洁能源和电动汽车。韩国在多领域推进碳中和政策，制定国家绿色战略，推动能源转型。12 月相关部门联合制定碳中和推进战略，果断地推进减少发电厂和扩大可再生能源等能源转换措施，推进绿色新政项目。

2021 年 8 月 31 日，韩国国会通过了《碳中和与绿色增长法》，成为第 14 个承诺到 2050 年实现碳中和的国家。同时，还构建了 2050 年碳中和委员会等治理体系，引进气候变化影响评估、应对气候变化预算体系等新制度，为了向碳中和政策提供财政支持，新增了气候应对基金。为实现 2050 年碳中和目标，除了制定政策之外，韩国也在普及新能源和可再生能源。数据显示，韩国新能源和可再生能源的发电比率从 2010 年的 1.7% 增加到 2019 年的 6.5%，并计划到 2030 年将新能源和可再生能源的发电比率提高到 20% 以上。①

为推动能源转换，韩国政府还出台了相关计划，包括《第 3 次采矿基本计划（2020-2029）》《第 5 次新能源·可再生能源技术开发及利用、推广基本计划》《第 6 次合理化利用能源基本计划（2020-2024）》《第 9 次电力供需基本计划（2020-2034）》以及"2022 年度产业技术国际合作项目"综合实施计划等。

第三节　发展生物医药产业，推动生物药研发

随着世界老龄化趋势的发展，对痴呆、中风、帕金森病等老年性疾病的治疗需求剧增，而且因收入增加，生活方式的变化和提高生活质量的要求也不断扩大，因此，保健医疗产业的整体增长和药品产业的增长也在持续。医药产业是为国民的健康管理及疾病的预防、治疗、处理、诊断而开发、制造、销售药品的产业的总称，一直是以化学合成的低分子药品为中心发展起来的，但利用生物技术、以生物体功能及信息为基础的生物药品产业的发展

---

① 刘旭．韩国环境部长韩贞爱：面对环保议题，韩中如何"双向奔赴"？［EB/OL］.https：// baijiahao.baidu.com/s?id=1712943863672256513&wfr=spider&for=pc.

越来越突出。生物制药包括抗体治疗剂、基因治疗剂、干细胞治疗剂、疫苗等，与以往新药管线主要集中在癌症治疗药物、预防疫苗、糖尿病治疗药物等不同，2014年以来，与生物类似药相关的管线正在迅速增加。从被称为疫苗和血液制品的第一代生物制剂开始，结合基因操作和细胞培养技术的重组药物和细胞培养药物，以及最近结合细胞融合技术和信息技术的单克隆抗体、基因治疗等先进生物药物，细胞疗法和DNA疫苗正在开发中，干扰素、白介素、胰岛素、生长激素、黄芩苷等是其中的代表性生物药品，韩国抢占世界市场的生物仿制药也在生物药品之列。

一、韩国生物药产业发展概况

韩国生物药产业起步于20世纪80年代，为鼓励传统制造业向高技术产业的转变，韩国政府日渐重视生物医药产业并予以大力扶持，通过资助基因工程等生物医药研究项目及相关人才培养，鼓励高校、科研单位与企业建立研发体系开展生物医药研究，药品监管和质量管理体系不断完善，生物医药产业发展势头强劲，一系列产业发展支持政策，使其生物药尤其是生物类似药的研发进展令人瞩目[1]。

21世纪初，韩国生物药产业发展水平仍较薄弱，从业人员约14000名，生物技术公司数量约600个，上市企业近30家。[2]经过韩国药品监管机构和制药企业的不断努力，国内生物技术的科学研究环境有了明显改善，约69%的生物技术公司从事生物药研发与市场开发研究，LG Life Sciences、SK等大型企业也开始进军生物药领域。韩国已跻身亚洲第三大医疗器械市场、世界十大药品进口国，成为全球7个新兴制药市场国家之一，在全球制药行业占据重要地位。[3]从学习生物药研发技术、建立生物药研发体系到引进生物医药产业，韩国生物药研发和市场开发水平不断提高，新型和改良型生物制品的研发水平提高迅速。同时，生物药行业中的私人投资也开始增加。2010年以来，韩国的生物医药产业年产值已进入世界前15位，其生物类似药约

① 王峻霞，李梦颖，蒋蓉.基于Celltrion公司案例分析韩国生物药产业发展政策及其启示[J].中国医药工业杂志，2021，52（8）.
② 魏蔚.韩国生物技术产业的发展及其资金支持[J].韩国研究论丛，2007（2）.
③ 莫富传，胡海鹏，袁永.韩国生物医药产业创新发展政策研究[J].科技创新发展战略研究，2021，5（3）.

占全球生物类似药市场的 2/3，[1] 生物类似药产业在亚太地区甚至全球市场中的影响力逐渐增强，成为引领国家经济发展的新引擎。韩国产业通商资源部发布的《2021 年全年进出口动向》显示，2021 年韩国医药品出口额为 84.9 亿美元，同比增长 20.5%。如果加上 2021 年韩国国内制药、生物技术企业通过技术出口达成 13.2 万亿韩元的合同，韩国医药品出口额将超过 23 万亿韩元，创历史新高。制药、生物产业正在成为引领未来韩国经济的主力产业，虽然在整体出口中所占的比重还不高，但增长势头领先于其他产业。

如今，韩国的生物药市场已引起全球关注，生物医药公司也致力于生物类似药开发，生物药产品正全力进军全球市场。生物药品出口规模 2016 年为 1.2 万亿韩元，主要出口国家为匈牙利和克罗地亚。另外，主要出口产品是 celltrion 的 ramsima 原液和 troxima 原液，这些产品的出口总额为 9.1275 亿美元，占生物药品出口总额的 66.7% 左右，今后出口有望进一步增加。韩国生物药品的主要进口国是美国、英国、瑞士等国，其比重为 58% 左右。截至 2017 年，在所调查的 50 多家生物药品制造企业中，在国内生产业绩居首位的是 celltrion，占生物药品生产总量的 35%。从韩国生物药品生产业绩来看，ramsima 原液居首位，与 troxima 原液和 herzuma 原液等一起占整个生物药品生产的 31% 左右。韩国生物医药产业作为新兴产业，与发达国家的技术差距并不大，国内企业在尖端生产工厂和设备建设方面拥有丰富的经验。不仅是原版生物医药品，以三星生物制药为首的生物仿制药也有望走强，celltrion 在生物仿制药领域也是成功的典型。作为生物医药领域的主要生产国，韩国的三星生物制药、celltrion 等已成长为世界最高水平的全球生产企业。从生产比重来看，三星生物制药占世界生产量的 6%，celltrion 公司占 5%。2018 年，生物药品的主要产品——细胞治疗剂和基因治疗剂的全球市场规模为 6510 万美元，年平均增长率为 41%，预计到 2025 年将扩大到 7.2 亿美元。韩国政府制定政策支持细胞及遗传基因治疗领域的研究，为了将基础研究与临床领域联系起来，对细胞及遗传制剂的临床开发支持力度也在持续扩大。[2]

---

① LEE D H.Bio-based economies in Asia : economic analysis of development of bio-based industry in China, India, Japan, Korea, Malaysia〔J〕.Int J Hydrogen Energy, 2016, 41（7）：4333-4346.
② 홍성인, 최윤희, 정은미 et al. 2019 한국의 산업 -LNG 운반선과 바이오의약품의 가치 사슬 분석, KIET 연구보고서.

二、韩国生物医药产业政策体系

韩国政府通过立法和产业战略规划明确生物医药产业发展方向，同时加强对生物医药产业的投资和研发激励，形成了一整套完备的生物药产业政策体系。

（一）立法与产业规划战略

1983 年，为鼓励并支持对已有生物技术成果的应用，韩国政府制定了《基因工程促进法》，提出建立生物工程研究开发体制，之后又对上述法律进行修订，颁布了《生物技术促进法》，明确国家生物产业的发展方向。除立法支持以外，韩国政府先后于 1994 年、2001 年、2014 年制定了《生物技术促进基本规划》（1994~2007 年）、《生物技术前景 2000 规划》（MO-CIE）、《生物制药产业的前景及发展战略》，部署韩国生物技术产业发展愿景与目标，提出要通过加大药品研发投入，实现成为世界七大制药强国之一的目标。2018 年年初颁布《第四期科学技术基本计划（2018~2022 年）》（以下简称《第四期科技计划》），提出了韩国未来 5 年重大战略规划和支撑战略规划的具体任务。[①] 韩国将生物医药产业创新发展纳入《第四期科技计划》，从机构设置、对未来社会变化趋势的分析和预测，到具体目标、重点技术任务，都体现了政府对生物医药产业的高度重视和顶层设计。为促进《第四期科技计划》顺利实施，韩国政府于 2019 年 2 月和 3 月先后颁布了《投入 20 万亿韩元研发资金的政府研发中长期投资战略》《2020 年政府研发投资的方向和标准》，围绕以主力产业、未来和新兴产业、公共和基础设施、民众生活为中心的四大技术投资领域和以优化创新环境为中心的政策投资领域，提出提高科技实力、提高经济活力、实现幸福生活三大远景目标、9 个投资方向和 6 项完善投资体系的任务，其中，远景目标"实现幸福生活"提出要支持创新研发，制定科学的计划，保障国民健康，提高生活便捷性，满足女性、残疾人、老年人等群体的健康和医疗需求等。[②] 2022 年 3 月，韩国还推动制定了

---

① 郭滕达. 韩国第四期科学技术基本计划及其政策启示［J］. 世界科技研究与发展，2018，40（4）.

② 宋微，史琳，杨婧. 2019—2020 年韩国政府研发投资方向及战略［J］. 全球科技经济瞭望，2019，34（10）.

疫苗产业的国家标准，系统地培养疫苗企业、原料企业、设备生产企业等疫苗相关企业，建立疫苗产业支援体系，韩国政府经讨论后决定在 2022 年上半年参照生物产业分类代码，制定疫苗产业专用的韩国产业标准（KS）草案，并按照疫苗产业的要求，建立"疫苗行业协议"。

（二）完善临床研究监管

随着生物技术的发展，韩国政府将生物药制造和临床标准的提升作为重点大力扶持，生物药的国际影响力逐渐增强，临床试验中心也广受青睐，目前 69% 的国际多中心临床试验均在韩国进行。[①]

首先是建立临床研究监管机构。根据韩国《医疗器械法规》，食品、药品、化妆品和医疗器械的管理工作主要由韩国卫生与福利部及其下属机构负责。其中，韩国卫生与福利部下属的食品药品管理局独立地专门负责对药品研发及其临床研究的监管，只有当食品药品管理局为履行其职责而要求立法时，才需获得卫生与福利部的批准。

其次是完善立法加强监管。韩国《药事法》第 34 条对临床试验计划的批准进行了规定，明确进行临床试验前要书写临床试验计划书并取得食品医药品安全厅长的批准，强调实施临床试验前要向试验对象说明临床试验的内容及当临床试验产生伤害时的补偿和步骤并获试验对象的同意。2001 年韩国政府规定执行国际最新的人用药品技术要求——国际协调理事会（ICH）的《药物临床试验管理规范标准》后，不断开展国际多中心临床试验，韩国的医药研发合同外包服务（CRO）市场发展迅速，积极接受委托临床试验，首尔市在全球临床试验城市排名中名列首位。[②]

最后是支持临床试验中心等临床研究服务机构发展。韩国政府将临床研究服务体系视为社会基础设施的重要组成部分并进行大力支持。在临床研究网络建设方面，韩国致力于建设区域性的临床试验中心，用于协调开展临床试验并确保区域内医院、学术机构所进行的临床试验符合国际标准；保健福祉部投资建立国家临床试验机构，设立专项基金资助新兴技术的创新研发，发起临床试验全球计划，资助医院成立全球卓越中心并形成区域联合体，[③]以

① 郭晓丹.韩国医药市场全解［J］.进出口经理人，2017（1）.
② 马玉琴，张象麟.韩国生物类似药的研究进展［J］.现代药物与临床，2018，33（6）.
③ 中国临床研究体系设计与实施的顶层设计思考［J］.中国新药杂志，2018，27（11）.

推动临床试验发展和能力建设，全面提升国际竞争力，在满足国内临床试验需求的同时吸引全球医药企业进入韩国开展研发活动。此外，韩国政府还批准了大学附属医院、公立和私立医院以及专科诊所等设立临床试验中心，完善临床研究服务体系。

（三）产业基金支持

20世纪90年代以来，韩国扶持生物医药产业的基金主要包括政府基金、政府对私企的投资及风险投资基金。政府基金主要包括教育部研究基金与科技部科学计划研究基金，前者主要用于支持合作研究和捐赠研究所，而后者主要用于国家实验室、高技术国家计划（HAN计划）、创新研究和功能基因的研究；风险投资基金来源较多元，主要为风险投资公司，还包括天使投资、国际间风险投资合作等。

1. 政府基金和私人投资

2005年，韩国科技部用于资助生物技术产业的金额提高到100亿韩元（韩国生物药企业在生物技术企业中占比超69%）。[①] 韩国政府曾于2003年和2007年两次发起Bio-Vision 2016项目，投资数百亿美元，积极推动基础生物医药研究的商业化，提升生物药专利和许可证的数量和质量，使生物医药市场在这一阶段迅速发展。此外，由韩国政府在2005年启动的为期10年的"Bio-STAR"计划，不仅专注于生物药研究项目资助，也为生物药研发的不同阶段提供帮助，如为合同研究组织（Contract Research Organizations，CRO）提供资金支持。[②] 政府对生物医药产业的基金投入以每年20%以上的速度递增，并开始投资生物医药企业的研发，受益的生物医药企业包括三星、CJ、ISU、Daesang等，每家企业的获赠基金均超过1亿美元。

2. 风险投资基金

韩国的生物技术风险投资协会隶属于国家能源部，作为中介机构上联政府，下联研究机构、企业与投资机构。自1996年开始，风险投资基金为韩国生物医药产业发展提供了大量资金支持，以韩国技术银行等为代表的投资企业，先后向韩国生命工学研究院（KRIBB）、KLK生物公司投资数百万元

①　汪开治. 韩国将2005年生物技术产业资助金提高到100亿韩元［J］. 生物技术通报，2008（1）.
②　Kermani F.A viewpoint on South Korean Biotech［J］.Drug Discov Today，2005，10（10）.

美元，用于基因治疗产品研发和 DNA 合成研究等，鼓励大学和研究机构的生物医药科研成果转化。

3. 实施医疗保险药品目录动态调整机制

为提高企业研发新药的积极性，韩国对医疗保险制度进行了改革，将医疗保险支付方式由按项目支付转变为基于疾病诊断相关分组的预付制和按项目支付的混合支付，药品补偿目录从负目录调整为正目录。[①] 由于医疗保险机构只对正目录中的药品予以补偿，为使所生产的药品进入药品补偿正目录，制药商积极向卫生与福利部下设的医疗保险审核与评估机构（Health Insurance Review & Assessment Service, HIRA）提出申请，[②] 由 HIRA 下属药品报销评估委员会初步审核评估结果后请相关专家进行评议，提出是否列入药品补偿正目录的建议，但药品能否列入药品补偿正目录，需由隶属于卫生与福利部的国家医疗保险公司通过药品价格谈判决定。

（四）加强生物医药领域的国际合作与交流

2020 年 8 月，为支持生物融合领域的国际联合开发，韩国—以色列工业研究与发展基金会发布了"2021 韩以国际联合技术开发项目生物融合新任务"，鼓励相关组织参与。

为加强中韩生物医药产业资源对接、促进企业跨境交流，2020 年 10 月"中韩生物医药产业专场线上交流会"在北京、首尔举行。数据显示，2009~2019 年，韩国生物医药产值年均增长率达 8.13%。中韩在该领域贸易合作稳步增长：2018 年中韩医药领域贸易额达 11.4 亿美元，中国连续多年位列韩国第三大医药贸易对象国。

2021 年 2 月 1 日，RCEP 在韩国正式生效。加入 RCEP 有助于知识产权保护的加强，激发韩国医药企业创新活力，助推产业协作。韩国政府正考虑修改医保制度，以便引入"药品优惠定价体系"等多个重磅支持政策，来支持本土创新型制药公司。同时，韩国开展了医药行业知识产权教育，培养引领医药产业的人才，促进其在医药产业竞争力方面发挥巨大作用。这为

①　常峰，刘洪强，席悦.韩国药品正目录和价格谈判制度改革经验及其启示［J］.价格理论与实践，2015（5）.
②　程文迪，王海银，金春林.韩国创新医疗技术支付政策及启示［J］.中国卫生资源，2020，23（1）.

医药企业的未来发展提供了支持。RCEP 对于关税的削减和运输便利化水平的提高以及医药企业原材料及制成品的运输提供了广阔空间。韩国医药原料大部分依靠进口，RCEP 的推进，必将为医药企业成本的降低提供有益保障。

韩国为进一步强化东盟国家在生物医药领域的合作，于 2021 年 8 月 31 日至 9 月 15 日举行"韩国 – 东盟生物合作周"，来自文莱、印度尼西亚、老挝、马来西亚、菲律宾、新加坡、越南 7 国的 40 余家企业参加了此次活动。活动涉及制药、健康功能食品、制造业、纳米技术、临床试验、医疗器械等多个产业，参会企业通过实时线上洽谈，讨论了产品和服务进出口、投资、设立合作法人、营销、共同研究、技术合作等事宜。①

（五）上市审评政策

在生物类似药注册管理方面，韩国制定了明确的法律法规框架，2003 年 5 月 23 日，韩国食品医药品安全部（MFDS）颁布了《生物制品审评与批准条例》（MFDS 通知 No.2003–26），旨在确保产品批准和审评的适合性，对审查安全性和有效性、规格和分析方法、标准和要求制定了详细的程序，并根据《药事法》《医药品等安全相关的规则》对生物类似药的制造、销售和变更事项给予批准。②

韩国在生物医药产业发展中，一直强调以生物类似药的研发与生产为契机，2009 年 6 月 MFDS 发布了生物类似药总体性指南《生物类似药评估指南》，并随后对其研发与审评制定了详细的技术指南，尝试帮助生物类似药企业将开发和批准时间缩减到 3~4 年。③生物类似药按照基于数据评估的药品中的第 8 类进行申报，即在新药的申请要求项目类别下，可免除提交单剂量毒性数据、致癌性数据、桥接研究数据，且如果考虑到药品的性质，可免除提交其中稳定性数据项目下药物和药品的加速稳定性数据及影响因素研究数据。

---

① 韩国与东盟强化生物医药领域合作［EB/OL］.https：//swt.fujian.gov.cn/xxgk/swdt/swyw/gjyw/202109/t20210902_5680067.htm.
② 马玉琴，张象麟.韩国生物类似药注册管理法规体系概况［J］.现代药物与临床，2018，33（6）.
③ 李光慧，林涛，王海辉，杨建红.各国生物类似药立法发展现状和批准产品的研究进展［J］.现代药物与临床，2019，34（4）.

自 2010 年 3 月韩国食品医药品安全部宣布生物制药政策以来，韩国监管当局相对支持生物类似药，MFDS 曾尝试帮助行业将生物类似药的开发和批准时限缩减到 3~4 年。韩国生物制药企业领跑高研发风险的单抗生物类似药。① 自 2012 年 7 月韩国首个生物类似药上市至 2020 年 8 月，韩国共批准了根据 7 种不同参照药开发的 13 个生物类似药。

（六）注重培育创新型医药人才

韩国在 1999 年进行"医药分离"改革后，社会药店数量快速增长，加之《药事法》规定药店经营者和药品零售从业者均需获得药师执业资格证书，药学人才需求量大幅度增加，高校纷纷开设药学专业。② 韩国药学教育经过不断创新改革，教育理念已经由"药物为中心"转变为"病人为中心"，以国家公民和社会发展需求为立足点，培养合理使用药品、促进公众健康的临床型药学人才。③ 2009 年，韩国大学药学人才培养计划由原先 4 年制改为开放型的"2+4"年制教育，私立大学药学院也着手修订教学计划、课程体系，加强临床药学的理论教育和实务教育，以培养优秀的创新型药学人才。

韩国有 11 所大学开设韩医科专业，设有学士、硕士、博士学位，其中庆熙大学、园光大学、东国大学和东义大学 4 所为综合性大学，庆山大学、太田大学、东信韩医大学等 7 所为专科大学。④ 根据 2020 年 QS 世界大学排名榜，韩国共有 4 所高校进入 2020 年 QS 生命科学与医学学科前 200 名之列，分别为首尔国立大学、成均馆大学、延世大学和高丽大学。⑤ 其中，首尔国立大学是韩国最高学府，是亚洲顶尖、世界知名的研究型国立综合大学之一，在 2020 年 QS 生命科学与医学学科排名中居 32 位，其医学院教学质量出色，

---

① Sohn J Y.Korea approves Samsung Bioepis' Herceptin biosimilar［EB/OL］.http：//www.koreaherald.com/view.php?ud=20171109000714.

② 代志明.韩国医药分离改革的经验及其对我国的启示［J］.郑州轻工业学院学报（社会科学版），2011，12（3）.

③ 张晓丹，刘向前，金小花，徐涛，梁宗锁.浅谈韩国药学高等教育教学模式改革及其借鉴［J］.药学教育，2015，31（1）.

④ 杨芸峰.八段锦对社区血脂轻度异常的痰湿体质人群脂代谢的影响［J］.国际中医中药杂志，2016，38（4）.

⑤ Quacquarelli Symonds.QS world university rankings by subject 2020：life sciences and medicine［EB/OL］.https：//www.qschina.cn/en/university-rankings/university-subject-rankings/2020/life-sciences-medicine.

科研实力雄厚，拥有很多领先世界的医学成就，在脊柱病治疗方面达到了世界先进水平。

第四节　推动老龄亲和产业发展，应对老龄化社会危机

一、韩国人口现状：老龄化速度快、程度高

在经历了近几十年的快速现代化和经济增长后，伴随着社会结构、文化观念的急剧变迁，自 21 世纪初韩国已拉开了老龄化危机的序幕，生育率和生育意愿都出现了明显下降。2000 年，韩国 65 岁以上老龄人口数达到 7% 以上，2017 年已超过 14%。据韩联社报道，韩国统计厅 2022 年 2 月 23 日发布的统计数据显示，2021 年韩国人口自然减少 5.73 万人，连续两年出现人口负增长。据统计，2021 年韩国人口"总和生育率"[①]仅为 0.81，远低于人口维持和代际更替 2.1 及以上的总和生育率标准，创下有统计以来的新低。[②]

根据韩国统计局 2021 年 9 月 29 日发布的《2021 年老龄人口统计》报告，如图 6-3 所示，2021 年，韩国 65 岁及以上老年人口占总人口的 16.5%。预计到 2025 年，老年人口将占总人口的 20.3%，韩国将成为超高龄社会。在老龄人口占总人口 20% 以上的超高龄地区中，全南（23.8%）、庆北（21.5%）、全北（21.4%）、江原（20.9%）4 个地区在 2021 年成为超高龄社会。

2020 年，韩国 65 岁以上老人户数达到 473.2 万户。其中，1 人老人家庭占 35.1%（166.1 万户）。按年龄分组的 1 人老人家庭中，70~79 岁的老人家庭所占比例最高，为 44.1%；按性别划分的 1 人老人家庭中，女性占 71.9%。独居老人家庭呈现出不断增加的趋势。与 2021 年相比，预计 2037 年 1 人老人家庭将增加 2 倍，达到 333.5 万户，2047 年将增加到 405.1 万户。

[①] 总和生育率是一个国家或地区的妇女在育龄期间（通常为 15~49 岁），每个妇女平均的生育子女数。
[②] 장석인, 문혜선: 베이비붐 세대 은퇴 관련 산업 활성화 방안 – 고령친화 산업의 유형별 분석 및 정책 방안 –, KIET 연구보고서.

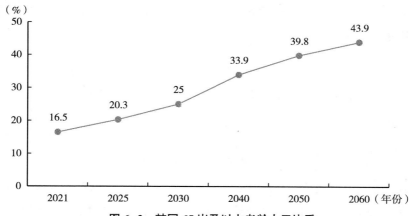

图 6-3 韩国 65 岁及以上老龄人口比重
资料来源：韩国统计局，http://kostat.gc.kr/。

二、韩国老龄亲和产业现状

（一）韩国老龄亲和产业定义及政策

2005 年开始，韩国政府用"老龄亲和产业"的名称代替发达国家称为"银发产业"（silver industry）的老龄产业。[①] 老龄亲和产业是指包括老年人使用的用品及医疗器械、老年人居住的住宅、老年人疗养服务等以老年人为主要消费者的产品和服务的产业，具体产业范围由《老龄亲和产业振兴法》第 2 条定义：

"老龄亲和产业"是指研究、开发、制造、建筑、提供、流通或销售老龄亲和产品（以老年人为主要需求者的产品或者服务）等的产业。以下为主要包括的老龄亲和产品：（1）主要由老年人使用或者穿戴的用具、用品或者医疗器械；（2）主要由老年人居住或使用的住宅及其他设施；（3）老人护理服务；（4）为老年人提供的金融、资产管理服务；（5）老年人的信息设备和服务；（6）为老年人提供的休闲、旅游、文化或健康支援服务；（7）适合老年人的农业用品或务农支援服务；（8）其他由总统令规定的以老年人为对象开发的产品或服务，包括老年人医药品、化妆品，适合老年人出行的交通工具、交通设施及其服务，以及为老年人提供的健康功能食品及供餐服务等。

[①] 田杨.韩国老龄产业发展现状与国家政策［J］.中国民政，2015（13）.

20 世纪 60 年代初，韩国将保证国民生存权和建设福利国家写进宪法，并依据宪法出台了一系列法律，如《国民福利养老金法》（1973 年）、《老年人福利法》（1981 年）、《国民养老保险法》（1988 年）、《老年人照护保障体系试行案》（2004 年）、《老龄亲和产业振兴法》（2006 年）、《老年人长期照护保险法》（2007 年）等。

韩国 20 世纪 80 年代末推行了国民养老计划。2005 年，韩国制定了《低生育·老龄社会基本法》，以该法为基础，每 5 年发表国家层面的中长期计划《低生育·老龄社会基本计划》，先后 3 次制定了低生育率老龄社会《基本计划（2006—2010）》《基本计划（2011—2015）》《基本计划（2016—2020）》。第一次计划提出将老龄亲和产业作为未来经济增长动力，由政府投资 67 万亿韩元，扶持老龄亲和产业的发展。为支持老龄亲和产品、服务的商用化和高附加值化，政府还设立了引进优秀产品质量标识、优秀服务事业者指定制度等。第二次计划开发了老龄亲和产品使用性评价系统；通过对老龄亲和产品及服务的标准化，扩大老龄亲和优秀产品指定、标识制度等，扩大了对老龄亲和产品服务的商用化支持，通过运营社区贴身型展示体验馆、启用老龄亲和产品服务综合体验馆、支持开拓老龄亲和海外市场等，提出了市场进军支持计划。为了将老龄亲和产业培育成新增长动力，第三次计划将培育 IT 联系智能护理、老龄亲和旅游产业、老龄亲和食品产业等，并支持环球设计开发等以用户为中心的产品开发。

除此之外，各部门的主要计划中还包括反映老龄者的需求或应对人口老龄化引起的社会变化的老龄化相关研发支持课题。保健福利部的《第二次保健医疗技术培育基本计划（2018-2022）》中提出了与"国家痴呆症责任制"相关的痴呆症安心研发推进、量身定做型照顾·康复机器人、解除障碍技术开发、量身定做型精密医疗及生物再生医疗基础扩充等主要相关课题。文化体育观光部的《第 3 次文化技术 R&D 基本计划（2019）》指出，作为体现文化福利感受服务的一环，应开发辅助工具，以扩大残疾人及老龄者的文化、艺术创作和享受；推进虚拟体验服务支援等，通过开发反映老年人认知特点的虚拟现实技术等，推进构建老年人的文化活动基础。随着人口结构变化，各部门的应对方案也在推进中，2019 年，韩国政府提出了扩充劳动年龄人口、缓解绝对人口减少冲击、应对老龄人口增加、管理福利支出增加四大战略。从劳动、福利、产业、财政、国防等各个领域制定了应对人口老龄化的中长期政策方向和短期实践任务；产业领域则提出了"培育老龄亲和新产业"课题。

李镇敏等（Lee et al., 2012）[①] 考虑到人口老龄化的趋势，基于 1985~2010 年行业数据对韩国经济和工业的组织变革进行中长期预测，结果显示，就产业结构而言，制造业占整个产业的份额将通过降低相对价格而缩小，而因为一些多样化和高档化的需求以及休闲活动的增加，服务业的份额将持续增加。由于 GDP 增长放缓、生产率提高和劳动力市场灵活性的上升，劳动力需求增长率预计将放缓。特别是，生产设备的自动化和海外制造设施的扩张将导致制造业出现无就业增长，从而使劳动力需求高度依赖服务业。

韩国保健产业振兴院（2011，2015）为进行老龄亲和产业的实态调查和现状分析，提出了如表 6-1 所示的细分体系。[②]

表 6-1　　　　　　　　　　老龄亲和产业具体分类体系

工业部门	分类系统	
	大类	细分类目
老龄亲和疗养产业	设施疗养服务	老年人疗养设施、老年人疗养共同生活家庭
	居家疗养服务	上门疗养服务、上门洗浴服务、上门护理服务、昼夜照护服务、短期照护服务、福利用具提供和支援服务
	预防性支持服务	健康体检服务、疾病咨询与管理服务、营养改善服务、运动技能提升服务
老龄亲和医药品产业	高血压溶剂	强心剂、利尿剂、降血压药、血管扩张剂
	糖尿病溶剂	
	肿瘤用药	
	解热、镇痛、消炎药	
	其他中枢神经用药	
老龄亲和食品产业	食品	特殊医疗用途食品、豆腐类或凉粉类、传统、发酵食品（包括酱类、泡菜类、酱类、腌制食品）
	保健食品	保健食品
老龄亲和化妆品产业	功能性化妆品	
	防臭产品类	

---

① Jin-Myon Lee et al.Mid-& Long-Term Projection of Korean Industry Considering An Aging Population.
② 문혜선: 고령사회 수요 변화에 대응하는 고령친화산업 발전 과제와 시사점, KIET 연구보고서.

续表

工业部门	分类系统	
	大类	细分类目
老龄亲和医疗器械产业	牙科领域、康复领域	牙科用料、牙科种植牙、牙科铸造机、医用手器、手器传动机构
		助听器、人工晶状体
	诊断规程	诊断用X射线摄影装置、数字X射线摄影装置、血糖仪、血糖测量检查纸
	治疗领域	红外线照射仪、个人红外线照射仪、医用暖气片、医疗用组合激振器、医用磁发生器、医用激光器组
老龄亲和用品产业	个人健康医疗用品	健康测量用品、呼吸机治疗用品、用药用品、褥疮预防用品、温热及寒凉用品、按摩器、刺激器、韩方（药妆）器具、鞋类、服装、身体保护用品
	移动器	单手操作步行用品、助行器、福利车、手动轮椅、电动轮椅、电动踏板车、换姿用具、升降机、助行器配件、轮椅配件、汽车改装用配件
	洗浴用品	助浴用品、其他沐浴用品
	排便用品	排便处理器、尿布用品、厕所用品
	床上用品	床、床垫、毛毯及枕头、床用桌子、床配件
	临时用品	炊事用品、清洗用品、餐饮用品、清洁用品、服装制作及修补用品、桌子
	住宅设备用品	灯具、椅用家具、收纳家具、家具高度调节装置、安全扶手、门窗窗帘开关装置、住宅用建筑配件、垂直升降装置、建筑物用安全装置
	信息通信器材	视觉用品、听觉用品、发声用品、画画及写作用品、电话及通话用机器、信号指示器、警报器
	休闲用品	玩具、游戏、体育用品、乐器、摄影用品、手工艺用品、宠物用品
老龄亲和居住产业	房屋翻修	房屋翻修
	老年人住宅供应	老年人住宅供应
老龄亲和金融产业	长寿风险	个人年金（含即时年金保险）、企业年金（退休年金）、住房年金（反向抵押）制度
	健康风险	健康保险（包括癌症保险、意外伤害保险）、长期护理保险
	财务风险	资产管理服务（PB、WA、FP）
老龄亲和休闲产业	功能性游戏	
	老龄亲和广播	
	提供信息的网站	
	设施运营业（其他体育服务业）	
	老龄亲和休养园区	体育和文娱教育机构
		旅游便利设施业

资料来源：根据韩国保健产业振兴院（2011，2015）整理。

235

　　根据韩国保健产业振兴院 2015 年所做的预测，以 2012 年为基准，涵盖上述范围的老龄亲和产业的市场规模为 27.3988 万亿韩元，预计到 2020 年年平均增长 13%，2020 年市场规模将达到约 73 万亿韩元。如表 6-2 所示，从细分产业的市场来看，市场规模最大的产业群是老龄亲和休闲产业，其次是老龄亲和食品产业，增长率方面变化最大的是老龄亲和疗养产业。

表 6-2　　　　　　　　　老龄亲和产业市场规模及展望　　　　　　　单位：亿韩元

项目	2012 年	2018 年	2020 年
疗养	29349	73778	100316
医药品	37791	77190	97937
医疗器械	12438	25550	32479
化妆品	6945	16316	21690
食品	64016	136880	176343
休闲	93034	202441	262331
居住	13546	14257	14301
用品	16869	20957	22907
全部	273988	567369	728304

　　资料来源：根据韩国保健产业振兴院（2015）整理。

　　除此之外，人口老龄化也成为带动相关产业增长的动力，例如医疗器械产业得益于牙科用种植牙、整形用填充剂等维持健康和年轻的需求扩大，呈现快速增长。另外，在现有的老龄亲和器械、用品领域，通过设计和性能的改善，提高了产品本身的竞争力，市场持续增长。

（二）韩国老龄亲和产业现状简述

1. 与养老准备相关的保险和金融产业

　　老龄化和低出生率导致社会结构发生剧变，在这种情况下，仅靠政府运营的社会保险制度是有局限性的，利用与养老准备相关的保险及金融资产管理及咨询业等服务、个人自行制定养老对策是世界趋势。韩国政府对完善养老保障的金融产品的培育和扶持努力不足，除个人年金、退休信托、保险外，大部分金融产品的使用度仍然很低，活性不足。但随着老龄化和低出生率趋势的扩大，与养老准备相关的保险和金融资产管理及咨询业市场规模将继续增长。

围绕满足老年人经济需求和照护需要，韩国完善了国民年金、养老保险和长期照护等制度。20世纪80年代的《国民年金法》构建了以普通国民为对象的年金制度，实现了年金全民覆盖。2008年，依据《老年人长期照护保险法》，韩国开始推行老年人长期照护保险制度，使享受照护服务群体从低收入阶层和生活服务对象扩大到所有需要长期照护的老人，实现了老年福利制度和健康制度的整合。其中，老人长期疗养保险的财政资金系由政府、保费收入和受照顾者自费资金共同负担。但这主要是有劳动收入的年轻人积累一定金额后，以年金或一次性支付的形式获得的。在消费水平大幅提高的婴儿潮一代拥有的资产不均衡（低金融资产和高实物资产）状态下，很难用资产收入来应对自己的老年生活。

2. 抗衰老产业

伴随着老龄化、预期寿命增加、老年化指数提高等，抗衰老产业越来越受到关注和重视。抗衰老产业是指在衰老的预防、延缓和老年健康生活相关的产品的高附加值尖端融合产业。抗衰老产品产业的产品包括生物产品、医疗器械、药品、化妆品、食品等；抗衰老服务产业包括健康管理服务、外貌管理服务和医疗服务等。

艾媒咨询（iiMedia Research）的数据显示，全球抗衰老市场规模从2015年的1395亿美元增长至2021年的2160亿美元，增长了765亿美元。2021年全球抗衰老市场规模同比增长率高达11.1%，预计未来全球抗衰老市场规模将保持较高增速，抗衰老市场具有巨大的发展潜力。[①]

随着人口老龄化的加剧，韩国抗衰老产业迅速发展，衰老诊断及医疗器械，心血管疾病、糖尿病、癌症、肥胖等治疗药物，以及抗衰老化妆品、抗衰老食品等抗衰老相关产品市场有望增加。

3. 健康管理服务行业

健康管理服务行业是指为预防慢性病和降低国民医疗费用等，提供改善个人生活习惯、引导正确健康管理的个人针对性咨询、教育、实践项目的服务。随着人口老龄化、预防性健康管理的必要性增加等，与移动健康设备、U-Health、IT、BT产业相连的普适性、大众性健康管理服务市场有望扩大。

---

① 全球抗衰老行业发展：2021年市场规模达2160亿美元［EB/OL］.https：//www.iimedia.cn/c1020/86584.html.

U-Health 和家庭护理产业可以分为远程监控、远程诊疗等的 U-Medical 和老年人健康管理（痴呆症老人位置确认、长期疗养质量管理）的 U-Silver, 以及提供营养（运动）、健康信息等的 U-Wellness。韩国的 U-health 服务模式开发及验证事业正在积极推进中，但由于标准及法律、制度不完善，导致正式产业化缓慢。U-Health 相关上市企业包括三星电子、LG 电子、SKT、KT、仁诚信息、比特电脑等。

韩国支持养老机构发展。韩国设立有总统直属机构——老龄化及未来社会委员会，负责制定包括养老机构发展在内的老龄产业规划和法规，出台机构建设运营标准。韩国企划财政部、保健福利家庭部、劳动部、文化体育观光部、知识经济部、农林水产食品部、国土海洋部等众多中央部门参与养老机构建设运营，但各部门分工不同。韩国保健福利部负责加强中央机关部门间、中央和地方间的协作，统筹政府和民间力量，使之相互配合，通力合作，共同应对老龄化压力。韩国政府注重各种力量参与养老机构建设运营，以充分利用社会资源，丰富服务内容。《老年人福利法》明确规定：企业和个人可以建立和经营有偿养老机构。韩国政府也鼓励民间企业参与投资照顾服务机构的建设，并颁布了《老龄亲和产业支援法》。为鼓励民间力量参与，韩国设立基金，养老机构可获取上限为 50 亿韩元的融资。韩国出台《老年人长期护理保险法》对养老机构人员配置提出了具体标准。为提高养老资源利用率，防范道德风险，国民健康保险公团针对入住养老机构人员制定了详细标准，以区分护理需求者等级，判定申请资格，决定入住机构类型、享受的服务内容和具体收费标准等。国民健康保险公团负责养老机构日常运行监管。若发现机构违法，可建议政府予以撤销；韩国保健产业振兴院建立了养老服务信息系统，对养老机构服务进行抽检，对服务好的机构给予经费倾斜，引导机构间良性竞争，保证服务质量。韩国依据《老年人福利法》设置中央和地方两个层面的老年人保护专门机构，建立了申诉制度，监督养老服务。[①]

4. 老龄亲和住宅产业

老龄亲和住宅产业是指将住宅改造为只供老龄者居住和生活的产业，或提供老龄者独立居住或使用的专用住宅。以老龄者为对象的住宅产业，根据

---

① 陆继锋，陈偲. 韩国养老机构建设与运营经验［N/OL］. 学习时报，http：//www.360doc. com/content/18/1008/17/921136_793020090.shtml.

老龄者的健康状况或资产状况，潜在需求的范围很广，商业潜力很大。

老年人口的增加以及社会步入老龄化，特别是小家庭及女性进入社会，导致家庭内部赡养老人的困难，老人对老年防护设施的需求增加，而现有的设施供给相对不足。老年人福利设施在各地区差异很大，面向中低收入阶层的银色设施几乎为零。由于市场不成熟，企业对老龄亲和住宅产业的参与非常消极。

5.老龄人口再就业及与再就业相关的教育服务产业

在人力资源利用方面，人口老龄化成为如何积极培养和利用中老年龄层人力的问题。在政府主导下，通过社会及老人福利会馆及老人教室、老年大学等实施继续教育及退休准备教育。比如，通过"老年教育专家培训课程"促进老年教育专家的培养和教育；将退休人员活用为终身教育志愿者，推进老年教育课程示范运营支援事业等。

为了让即将退休的婴儿潮一代在退休后也能利用相关领域的经验和专长，中老龄专业人员被派往其他企业工作。韩国政府引入工资封顶制，包括退休年龄延长型、工作时间缩短型和退休者再雇佣型等不同方式，促进中老龄者雇佣延长和青年雇佣并行。韩国企划财政部在2022年2月10日宣布，将重点出台老年人连续就业制度，规定企业即使在退休年龄后也有义务延长就业至一定年龄，允许他们在60岁之后继续工作。

韩国企业三星电子和SK海力士等大公司也开始陆续出现以技术人才为核心的退休后扩大就业。从2022开始，三星电子将引入"高级跟踪"系统，让优秀的员工在退休后也能继续工作。该制度是在2021年11月人事制度改革方案公布时出台的。目前，企业内部正在审查具体的指导方针，如详细的资格要求。自2018年12月起，SK海力士一直运行"技术专家系统"，同样是让优秀的技术专家在退休后也能继续工作，并在2020年产生了不受退休年龄限制的"名誉工程师"第一人选。此外，SK海力士正在实施"专业教授制度"，在该制度中，主要管理人员在退休后被任命为SK海力士内部大学"SK海力士大学"（SKHU）的专业教员，并传授他们的知识。类似的案例在LG电子也越来越多，如拥有专业技术的优秀人才在退休后可以通过个人咨询合同担任咨询角色。[1]

---

[1] "技术人才没有60岁退休……"行业采取措施扩大高级就业［EB/OL］.https：//www.donga.com/news/article/all/20220213/117762075/1.

6.老年人休闲和旅游产业

老年人休闲和旅游产业由电视、电影、音乐等文化产业和旅游、休闲等旅游休闲产业及运动、体育设施运营等体育产业等组成。以 2006 年为例，韩国休闲产业总规模为 71.3 万亿韩元，其中休闲用品产业 21.9 万亿韩元、休闲空间产业 36.5 万亿韩元、休闲服务产业 12.9 万亿韩元。通过韩国老年人问题研究所整理的老年人休闲活动的类型表和老年人福利设施表能够直观看出，老人开始根据自身身体状况及兴趣爱好选择休闲活动，且福利设施主要集中在室内活动场所。① 韩国老年人的休闲活动主要集中在趣味娱乐活动、休闲活动、旅游活动、其他社会活动等，旅游及其他社会活动参与率较高。

参考文献

［1］Jin-Myon Lee et al.Mid-& Long-Term Projection of Korean Industry Considering An Aging Population，2012.12.

［2］Kermani F.A viewpoint on South Korean Biotech［J］.Drug Discovery Today，2005，10（10）：685-688.

［3］Lee D H.Bio-based economies in Asia：Economic analysis of development of bio-based industry in China，India，Japan，Korea，Malaysia［J］.International Journal of Hydrogen Energy，2016，41（7）：4333-4346.

［4］Quacquarelli Symonds.QS world university rankings by subject 2020：life sciences and medicine［EB/OL］.https：//www.qschina.cn/en/university-rankings/university-subject-rankings/2020/life-sciences-medicine.

［5］Sohn J Y.Korea approves Samsung Bioepis' Herceptin biosimilar［EB/OL］.http：//www.koreaherald.com/view.php?ud=20171109000714.

［6］문혜선：고령사회 수요 변화에 대응하는 고령친화산업 발전 과제와 시사점，KIET 연구보고서.

［7］장석인，문혜선：베이비붐 세대 은퇴 관련 산업 활성화 방안 – 고령친화산업의 유형별 분석 및 정책 방안 –，KIET 연구보고서.

［8］조성민：K 콘텐츠，2020 년 수출액 14 조원돌파［EB/OL］.http：//

---

① 张金勇，李美，刘齐.老龄化时代公园占地内的休闲形态空间构成研究——以韩国釜山龙头山公园为例［J］.住宅与房地产，2020（3）.

www.segye.com/newsView/20220124513270?OutUrl=naver.

［9］홍성인, 최윤희, 정은미 et al. 2019 한국의산업 –LNG 운반선과바이오의약품의가치사슬분석, KIET 연구보고서, 2019.

［10］韩国出台政策推动经济转型 大力发展数字经济和绿色经济 ［N/OL］.https：//m.3news.cn/news/guoji/2020/1222/488615.html.

［11］想了解韩国币圈及生态？看这一篇文章就够了［EB/OL］.https：// www.jinse.com/blockchain/1130578.html.

［12］常峰，刘洪强，席悦.韩国药品正目录和价格谈判制度改革经验及其启示［J］.价格理论与实践，2015（5）.

［13］陈健，赵雪.数字货币发展现状及其监管的国际经验与启示［J］. 中国物价，2018（11）.

［14］程文迪，王海银，金春林.韩国创新医疗技术支付政策及启示［J］. 中国卫生资源，2020（23）.

［15］代志明.韩国医药分离改革的经验及其对我国的启示［J］.郑州轻工业学院学报（社会科学版），2011（12）.

［16］"技术人才没有 60 岁退休……"行业采取措施扩大高级就业 ［EB/OL］.https：//www.donga.com/news/article/all/20220213/111762075/1.

［17］方申国，谢楠.国内外大数据产业发展现状与趋势研究［J］.信息化建设，2017（6）.

［18］郭滕达.韩国第四期科学技术基本计划及其政策启示［J］.世界科技研究与发展，2018（40）.

［19］郭晓丹.韩国医药市场全解［J］.进出口经理人，2017（1）.

［20］韩国与东盟强化生物医药领域合作［EB/OL］.https：//swt.fujian. gov.cn/xxgk/swdt/swyw/gjyw/202109/t20210902_5680067.htm.

［21］金裕景，司林波.韩国环境保护政策实施状况、特征及启示［J］. 长春理工大学学报（社会科学版），2014（27）.

［22］李光慧，林涛，王海辉，杨建红.各国生物类似药立法发展现状和批准产品的研究进展［J］.现代药物与临床，2019（34）.

［23］刘旭.韩国环境部长韩贞爱：面对环保议题，韩中如何"双向奔赴"？［EB/OL］.https：//baijiahao.baidu.com/s?id=1712943863672256513&wfr= spider&for=pc.

［24］刘忠波，李贞玉.韩国数字出版产业发展的战略布局与实施方式［J］.出版科学，2017（5）.

［25］陆继锋，陈偲.韩国养老机构建设与运营经验［N/OL］.学习时报，http：//www.360doc.com/content/18/1008/17/921136_793020090.shtml.

［26］骆莉.韩国的文化发展战略与文化产业的发展［J］.东南亚研究，2005（3）.

［27］马菲.韩国宣布数字化经济支持政策［N/OL］.https：//baijiahao.baidu.com/s?id=1669782276742739695&wfr=spider&for=pc.

［28］马玉琴，张象麟.韩国生物类似药的研究进展［J］.现代药物与临床，2018（33）.

［29］莫富传，胡海鹏，袁永.韩国生物医药产业创新发展政策研究［J］.科技创新发展战略研究，2021（5）.

［30］穆宝江.韩国文化产业发展的政府运作模式及其重要启示［J］.行政与法，2012（4）.

［31］朴多珍.韩国环保产业发展及其国际竞争力研究［D］.武汉：武汉大学，2018.

［32］全球抗衰老行业发展：2021年市场规模达2160亿美元［EB/OL］.https：//www.iimedia.cn/c1020/86584.html.

［33］宋微，史琳，杨婧.2019-2020年韩国政府研发投资方向及战略［J］.全球科技经济瞭望，2019（34）.

［34］陶丹.数字化时代的韩国出版产业特色［J］.中国编辑，2005（6）.

［35］田杨.韩国老龄产业发展现状与国家政策［J］.中国民政，2015（13）.

［36］同花顺财经.韩国应对气候变化2.0提前登场 钢铁界呼唤氢还原炼铁技术商业化［N/OL］.中国冶金报，https：//baijiahao.baidu.com/s?id=1650682875894497601&wfr=spider&for=pc.

［37］汪开治.韩国将2005年生物技术产业资助金提高到100亿韩元［J］.生物技术通报，2008（1）.

［38］王建会，李宁.中日韩数字内容产业发展简析［EB/OL］.http：//www.istis.sh.cn/list/list.aspx?id=5214.

［39］王峻霞，李梦颖，蒋蓉.基于Celltrion公司案例分析韩国生物药

产业发展政策及其启示［J］.中国医药工业杂志，2021（52）.

　　［40］魏蔚.韩国生物技术产业的发展及其资金支持［J］.韩国研究论丛，2007（2）.

　　［41］新馨.韩国将制定新法以促进数字内容产业发展［J］.当代韩国，2000（2）.

　　［42］薛朋.韩国低碳绿色增长战略研究［D］.长春：吉林大学，2011.

　　［43］杨芸峰.八段锦对社区血脂轻度异常的痰湿体质人群脂代谢的影响［J］.国际中医中药杂志，2016（38）.

　　［44］张金勇，李美，刘齐.老龄化时代公园占地内的休闲形态空间构成研究——以韩国釜山龙头山公园为例［J］.住宅与房地产，2020（3）.

　　［45］张晓丹，刘向前，金小花，徐涛，梁宗锁.浅谈韩国药学高等教育教学模式改革及其借鉴［J］.药学教育，2015（31）.

　　［46］中国外商投资企业协会药品研制和开发行业委员会，中国药学会药物临床评价研究专业委员会，北京大学亚太经合组织监管科学卓越中心等.中国临床研究体系设计与实施的顶层设计思考［J］.中国新药杂志，2018（27）.

　　［47］邹积凯，郭瀚文，张伟.比较视域下的中韩数字出版产业推动力分析［J］.科技与出版，2021（2）.